우리 시대의
아나키즘

Anarchism by Seán M. Sheehan
was first published by Reaktion Books, London, UK, 2003
All Rights Reserved

Korean translation copyright © 2003 by Philmac Publishing Co.
Korean edition is published by arrangement with REAKTION BOOKS LTD
through BookCosmos, Seoul

이 책의 한국어판 저작권은 북코스모스의 중개로
저작권자와 독점계약을 한 필맥이 소유합니다.
신저작권법에 의하여 한국 내에서 보호를 받는 저작물이므로
무단전재와 복제를 금합니다.

우리 시대의
아나키즘

손 쉬한 지음 | 조준상 옮김

필맥

우리 시대의 아나키즘

숀 쉬한 지음 | 조준상 옮김

1판 1쇄 펴낸날 | 2003년 9월 30일
1판 2쇄 펴낸날 | 2003년 10월 20일

펴낸이 | 이주명
편집 | 문나영
디자인 | 이현주
출력실 | 문형사
종이 | 화인페이퍼
인쇄 | 한영문화사
제본 | 영신사

펴낸곳 | 필맥
출판등록 제2003-63호
주소 | 서울시 종로구 송월동 99-2 송월빌딩 401호
이메일 | philmac@philmac.co.kr
전화 | 02-3210-4421
팩스 | 02-3210-4431

ISBN 89-954116-4-3 03300

* 잘못된 책은 바꾸어 드립니다.
* 값은 뒤표지에 있습니다.

| 서문 |

현대 아나키즘으로의 여행

이른바 '신자유주의'라는 이름 아래 미국을 중심으로 벌어지는 '세계화'에 대한 반발은 지구 도처에서 여러 가지 모습으로 나타나고 있다. 선진7국(G7)이니 뭐니 하는 세계 지도국 수뇌들의 모임에 대한 반대시위로부터 멕시코 산골의 사파티스타에 이르기까지 그 모습은 다양하다.

다른 나라에서는 물론 우리나라에서도 이런 것들에 대한 소개와 분석이 적지 않게 나왔으나, 그것들을 '아나키즘'으로 설명하는 견해는 아직 흔치않다. 우리나라에서는 특히 더 그렇다. 따라서 최근의 반세계화 운동과 더불어 19세기부터 지금까지 전개된 아나키즘 사상 및 운동의 여러 양상들을 다양하게 서술한 숀 쉬한의 《아나키즘》을 우리말로 소개하는 것은 여러 모로 뜻이 깊다.

저자 숀 쉬한에 대해 나는 아는 바가 없다. 원서에 씌어진 간단한 저자 소개에 따르면 그는 역사와 여행, 그리고 비트겐슈타인에 대해 글을 쓰는 사람이라고 한다. 이런 그가 아나키즘에 대한 책을 쓴 데 대해 의문을 갖는 사람도 있으리라. 그러나 이런 의문은 반드시 어떤 영역을 학문적으로 전공한 사람만이 그에 대한 책을 써야 한다는 고루한 아카데미즘 전문가주의에서 비롯된 것에 불과하다.

 이 책에는 역사에 대한 저자의 박식함이 유감없이 드러난다. 또 아나키즘 운동 현장에 대한 고찰은 그의 수많은 여행 경험에서 비롯되었을 것이다. 저자가 글쓰기의 주제로 삼고 있다는 비트겐슈타인은 비록 아나키스트로 분류되는 철학자는 아니나, 그 어떤 철학자보다도 반권위주의적이고 반전통적이라는 점에서 아나키한 인물이다.

 여하튼 책은 책으로 평가돼야 한다. 이 책에서 다루어지는 사람이나 사상 및 사건들에 대한 저자의 이야기는 현란할 정도로 화려하다. 저자는 1장에서 세계화 반대운동을 비롯한 현대 아나키즘의 새로운 모습들을 묘사하고, 2장에서는 반중앙집중주의를 주장한 프루동에서 슈티르너에 이르기까지의 고전적 아나키스트들과 함께 푸코나 촘스키 같은 현대 아나키스트들의 아나키즘도 소개한다. 스스로 아나키스트임을 자처하는 촘스키는 최근 매우 자주 소개되었으므로 그가 아나키스트라는 것은 이제 상식이 될 법도 하나, 아직 우리나라에서는 그렇지 못하다. 특히 촘스키보다 더 오래 전부터 국내에 소개된 푸코를 아나키스트로 보는 저자의 견해는, 내가 아는 한 그동안 국내에서는 나 외에는 없었으므로 너무나 반갑다.

 3장은 더욱 도발적으로 마르크스와 니체를 아나키스트로 본다. 도발적이라고 함은, 그러한 주장이 적어도 우리나라에서는 이단적인 것이기 때문이다. 물론 저자는 주의 깊게 마르크스와 니체가 정통 아나키스트들과 다른 점을 관찰하면서 신중한 결론을 내리고 있다. 이러한 저자의 견해는 마르크스와 니체에 대한 새로운 이해로 참조할 가치가 충분히 있다. 나아가 마르쿠제를 비롯한 마르크스의 제자들도 아나키스트로 다루고 있는 점 또한 도발적이다. 그러나 벤야민이나 아도르노 등 프랑크푸르트 학파를 비롯한 네오 마르크스주의자들이 아나키즘과 깊은 연관을 맺고 있음은 이미 주지의 사실이다.

아나키즘 사상을 다룬 2~3장에 이어 4장에서는 국가에 대한 반대를 주장한 아나키즘 운동을 설명한다. 설명의 범위는 디거스로부터 마흐노, 스페인 시민전쟁, 간디, 1968년의 학생운동, 마인호프, 사파티스타에 이르는 아나키즘 운동사 전체를 포함한다. 간디나 1968년 학생운동은 물론 사파티스타까지 아나키즘으로 이해하는 입장도 우리나라에서는 아직 일반적이지 않다는 점에서 도발적이다.

5장과 6장은 영화와 문학, 팝 등을 중심으로 반권위주의이자 반자본주의인 아나키즘의 본질을 흥미롭게 묘사한다. 블레이크와 와일드의 시, 성에 대한 라이히의 논의, 특히 드보르의 상황주의 등에 대한 아나키즘적 조명 역시 우리나라에서는 새로운 부분이고, 우리 젊은이들에게 사랑 받는 섹스 피스톨스나 클래시 등 록 그룹에 대한 소개도 흥미롭다. 물론 저자는 단순한 소개의 차원을 넘어, 그들을 통해 아나키즘의 현대적 모습을 보여주고자 한다.

이상이 내가 읽은 이 책의 내용이다. 현란하다고 할 정도로 많은 사람과 사건들이 등장하는 이 책의 무대에서 독자들도 나처럼 무한한 독서의 즐거움을 느낄 것으로 기대한다. 이 책은 결코 건조한 간추림이나 체계에 관한 책이 아니다. 지극히 자유로운 아나키즘 여행 안내서다. 저자가 안내하는 길을 따르다 보면 아나키즘에 대한 이해가 가능하리라. 아나키즘 하면 우리는 흔히 국내에서 영화로 만들어졌던 테러리스트 아나키즘을 떠올린다. 그러나 이 책을 통해서 독자들은 과격한 사회적 아나키즘뿐 아니라 현대를 살아가는 인간의 길로서의 아나키즘에 대해서도 새롭게 눈뜨게 될 것이다.

워낙에 방대한 지식을 바탕으로 자유자재로 풀어낸 저자의 현란한 안내에 자칫 혼란스러움을 느낄지도 모른다. 따라서 아나키즘이 무엇이냐에 대한 약간의 설명을 해두는 것도 독자들에게 도움이 될 수 있겠다.

아나키즘이 무엇이냐는 근본적인 물음에 대한 답은 그리 쉽게 얻어지지 않는다. 아나키스트들의 수만큼이나 아나키즘의 내용은 다양하기 때문이다. 사실 아나키즘이라고 하는 것 자체가 반권위주의를 기본적인 원칙으로 삼고 있으므로 어떤 하나의 권위 있는 아나키즘이란 것 자체가 존재할 수 없는지도 모른다. 그래서 아나키즘 자체가 아나키하다는 이야기도 가능하다.

그러나 공통분모는 분명히 있다. 나는 그것을 나름대로 자유, 자치, 그리고 자연을 중심으로 한 삶의 태도라고 보고 있다. 즉 자유로운 개인들이 자치하는 사회를, 자연을 훼손하지 않고 살아가는 삶을 말한다. 이에 대해 그것은 지극히 당연한 말이고, 따라서 무슨 특별한 의미가 있느냐고 되물을 수 있다. 누구나 자유, 자치, 자연의 가치를 부정하지 않기 때문이다.

우리가 일반적으로 말하는 자유, 자치, 자연이라는 것은 국가와 자본주의의 틀 속에서 말하는 것이다. 즉 국가를 전제로 해서 국가에 의한 자유나 지방자치 또는 자연보호를 말하는 것이다. 반면 내가 언급한 아나키즘적 자유, 자치, 자연이란 우선 국가나 재벌을 비롯한 모든 권력과 권위에 근본적으로 반대하는 것으로부터 진정으로 가능해지는 자유, 자치, 자연을 말한다.

이런 이야기는 지금 우리가 살고 있는 세상과는 다소 동떨어져 보이는 게 사실이다. 그래서 아나키즘을 꿈꾸는 사람들의 헛소리라고 하는 비판도 만만치 않다. 또 이로 인해 오늘날에도 여전히 아나키즘에 대해 흥미롭기는 하나 비현실적이라든가, 대안이 없다든가, 체계가 없다든가 하는 식으로 반론을 제시하는 이들이 많다. 허나 반드시 그런 것만은 아니라는 점을 이 자리를 통해 짚어두고 싶다.

아나키즘은 흔히 무정부주의로 번역되는 데서 생긴 오해처럼 정부를 전적으로 부정하는 것이 아니다. 아나키즘은 자유로운 개인이 자치할 수 있는 적정 규모의 작은 공동체를 핵으로 하여 그것들이 연대하는 점점 더 큰 공동체를 인정하는 점에서 국가나 정부를 전면 부정하지 않는다. 중요한 것은 어디까지나 자유인들과 그들로 구성되는 자치체가 사회의 핵이 돼야 하고, 국가나 정부는 그 느슨한 연대로서 최소한의 권력만을 가져야 한다는 것이다.

그러나 이는 신자유주의에서 말하는 '작은 정부'를 뜻하는 것이 아니다. 신자유주의는 정부 대신 기업, 그것도 대기업, 재벌, 다국적기업이 세상을 지배하는 것을 지향하고, 따라서 어디까지나 자본주의의 융성, 그것도 세계를 제패하는 제국자본주의를 목표로 한다. 게다가 신자유주의에서 사실상 국가나 정부는 재벌의 방패가 된다.

여기서 아나키즘이 재벌이나 다국적기업들이 지배하는 국가 및 세계 자본주의에 어떻게 대응할 수 있느냐가 문제가 된다. 그것에 반대하는 운동만으로는 대안이 될 수 없음은 물론이다. 이에 대해 아나키즘은 소규모의 공동체 자치 경제를 주장하나 현실적으로 당장 그 꿈이 이루어지기는 어려운 것이 사실이다. 그러나 최근 자치적인 생태농업을 비롯해 자치적인 거래운동 등이 범세계적으로 펼쳐지고 있다는 점도 무시할 수 없다.

그러나 무엇보다도 중요한 것은 자유, 자치, 자연의 생활태도를 익히는 것이다. 내가 아나키즘에 관심을 갖는 이유는 우리나라에서 특히 국가주의, 중앙집권주의, 권력주의, 권위주의, 집단주의, 자본주의, 기계주의, 물질주의 등이 강하게 나타나고 인간의 자유, 자치, 자연에 대한 배려가 너무나도 낮다고 보기 때문이다. 그도 그럴 것이 우리는 역사적으로도 왕조와 식민지를 거쳐 오랜 독재의 세월 속에서 우리도 모르게 그런 체질을 당연시 해왔다. 특히 일제로부터 비롯된 군사문화는 민주주의가 들어선 이후에도 여전히 자유, 자치, 자연을 압살하는 풍토를 조성했다. 이에 우리는 아나키즘을 통해 진정한 자유, 자치, 자연의 의미를 다시금 깨닫고 체화해 나가야 할 것이다.

쉬한의 《아나키즘》에서 가장 감동적인 부분은 처음에 나오는 반세계화 시위운동의 아나키한 모습이다. 그것은 바로 자유, 자치, 자연의 삶이다. 부끄럽지만 나는 나의 생활을 적는 것으로 그 삶을 묘사하고자 한다.

이 글을 쓴 지금 닭 울음소리와 함께 첫 새벽이 밝아온다. 곧 나는 개를 데리고 밭에 나가 일을 할 것이다. 우리 부부는 아침저녁으로 몇 시간씩 밭을 가꾸어 그 생산물로 식생활을 꾸려나간다. 농약이나 비료를 일체 사용하지 않아 생산물은 많지 않지만, 우리 가족의 식탁을 풍성하게 하고 많은 친지들과 나눠 먹는 수준으로 치자면 매우 풍부한 양이다.

손수 가꾼 야채들로 한상 가득한 아침을 먹고 나면 자전거를 타고 학교에 가서 공부를 하고, 학생들과 대화를 나누고 돌아온다. 나는 노동법을 가르치는 사람이지만, 지식을 전달하기보다 함께 토론하면서 학생들을 일깨우는 것을 교육 철학으로 삼고 있다. 하교 후 해질녘이면 다시 밭을 가꾸고 들어와, 밤이 되면 책을 읽다 잠자리에 든다.

그리고 가끔은 노동운동이나 사회운동 등에 참여한다. 그곳에서도 역시 사람들과 함께 토론하고, 집회나 시위를 하기도 한다. 더욱 가끔씩

이지만 미국이나 일본 또는 유럽에 가서 반세계화 운동에 참여하기도 한다. 내년에는 멕시코 사파티스타 마을을 찾아갈 예정이다.

2003년 9월 25일
박홍규 영남대 법학부 교수

차 례

서문 | 현대 아나키즘으로의 여행

1장 다시 일어서는 아나키즘
새로운 아나키즘 · 17
폭력의 옷을 벗고, 축제로! · 26

2장 아나르코스, 지배받지도 지배하지도 않는
국가권력에 반대한다 · 45
장단 맞춰 춤추는 혁명 · 55
아나키즘의 스펙트럼 · 65
누가 변소를 치우나 · 77
실제적인 것을 상상하기 · 82

3장 마르크스, 니체 그리고 아나키즘
마르크스 구하기 · 93
사회적 존재론 · 97
단지 근사할 뿐 · 106
니체적 아나키즘 · 114

4장 국가에 대한 공격

　직접행동 · 127
　키스는 받을 만해야 · 140
　분노한 사람들 · 151
　사회적 관계를 폭파할 순 없지만 · 165

5장 위계의 전복

　머릿속 수레바퀴 · 181
　욕망의 정치학 · 191
　아나키즘의 미학 · 206
　멋진 전복들 · 212

6장 아나키즘적 긴장

　현실과 타협하지 않는 비판의 눈 · 225
　신념과 원칙 그 이상의 것 · 237

옮긴이 후기 | 더 나은 세계를 향한 창조적 전복

1장 다시 일어서는 아나키즘

아나키즘은 하나의 정치운동이나 철학 또는 예술적 감각의 측면에서 정의될 수 없다. 아나키즘은 그 모든 것이며, 그 이상이다.

아나키스트들과 노조원들의 집회

새로운 아나키즘[1]

1999년 11월 미국 시애틀. 자본에 대항하는 축제가 벌어졌다. 세계무역기구(WTO) 각료회의를 저지하기 위해 수천 명의 활동가들이 11월 29일 저녁 시애틀에 도착했다. 그들은 세단과 리무진을 타고 '엑서비션 센터 (Exhibition Center)'에 도착할 예정인 각국 대표단을 기다리고 있었다. 1960년대 이후로 미국에서 이처럼 많은 시위자들이 모인 것은 처음 있는 일이었다.

시애틀을 가로지르는 첫 행진이 다음날 오전 6시에 시작됐다. 사람들이 모여 가두 파티를 벌인 데 힘입어 거리의 봉쇄선은 오후까지 유지됐다. 수요일 오전 7시, 경찰의 대응이 강경해졌음에도 더 많은 시위자들이 모였다. 무장 병사들을 실어나르는 수송차가 거리에 등장했다. 금요일에는 경찰에 체포된 시위자들이 구금된 시 구치소 바깥에 수많은 사람들이 모

---

[1] 아나키즘(anarchism)은 보통 '무정부주의'로 번역되곤 한다. 하지만 무정부주의는 혼란, 혼동 등 온갖 부정적 의미의 대명사처럼 돼버려 anarchism의 정확한 번역어가 되기 어렵다. 무질서나 혼돈이 아닌 긍정적인 의미를 담아 이 말을 사용한 최초의 사람은 피에르 조제프 프루동으로 알려져 있다. 이 단어의 어간인 아나키(anarchy)는 그리스어에서 유래한 것으로 '강제가 없는'(without coercion), 또는 '지배자가 없는'이라는 뜻이다. 이 책에서는 이런 원래 의미를 살려 '아나키즘' '아나키스트'라는 말을 한국어로 바꾸지 않고 원어 발음 그대로 사용하고자 한다. (역자)

여 비폭력 연좌시위를 벌였다.

서로 연대감을 느끼는 여러 단체 대표들이 매일 저녁 둥그렇게 모여 앉아 회의를 열고 전술을 논의했다. 이런 회의는 한 창고 건물에서 열렸다. 11월 29일 전까지는 여기서 여러 날에 걸쳐 비폭력을 훈련하는 수업이 진행됐고, 구치소 바깥 연좌시위를 준비하는 워크숍도 열렸다. 일단 행동이 시작되면, 이 창고 건물은 임시 응급치료 강습소로 바뀌었다.

5일간의 시위기간 내내 아나키즘의 주요 원칙들이 매우 성공적으로 작동했고, 아나키스트가 아닌 사람들도 그러한 원칙들을 받아들였다. 그 어떤 중앙집중화한 권위나 위계적 관료제도 출현하지 않았다. 그런데도 여러 상이한 단체들이 거리 행진, 인간 사슬, 현수막 게시, 거리 선전, 가두 연극 등 다양한 행동들을 조직하는 과정에서 놀라울 정도의 조율이 이뤄졌다. 사람들은 그가 가진 신념이 어떤 것이든 '컨버전스 센터(Convergence Center)'에 가면 모두 환영을 받았다.

아나키즘 분위기를 띤 컨버전스 센터는 숙박 문제에 관한 도움을 주고받는 일에서부터 환자를 간호하거나 새로운 방식의 선동 계획을 짜는 일에 이르기까지, 조직적으로 풀어야 할 다양한 문제들을 해결하는 장소로 기능했다. 사람들이 서로 의사소통을 하는 데는 휴대폰은 물론 컨버전스 센터에 대형 공고문을 내거는 방법, 심지어는 티셔츠에 전달하고자 하는 메시지를 새겨 넣는 방법 등이 복합적으로 사용됐다.

시위가 한창인 거리는 마치 해골이 그려진 해적 깃발이 휘날리는 가운데 벌어지는 해상전투를 방불케 하는 매캐한 연기로 가득 찼다. 그러나 시위대가 한 맥도널드 가게를 덮쳤을 때 유리창을 강타한 것은 로크포르 치즈[2] 덩어리들이었다. 총, 폭탄, 군대 등 혁명의 전통적인 표현 형식들은 장난스럽게 해체됐다. 사진효과를 겨냥한 평화적 항의 방식을 취했기 때문이다.

반자본주의 시위에서 이런 장난기 섞인 비폭력 전술은 전혀 낯선 것이 아니다. 활동가들은 온몸에 흰색 천을 뒤집어쓰거나 모의 제복을 입고 나타났다. 시애틀 시위가 있은 지 1년이 채 안된 2000년 9월 프라하에서 국제통화기금(IMF)에 반대하는 시위가 벌어졌다. 이날 시위자들은 요정처럼 차려입고 깃털로 만든 먼지떨이를 들고 나타났다. 깃털 먼지떨이는 중무장한 경찰들을 간질이듯 치는 무기 아닌 무기였다. 이런 시위에서는 불타는 바리케이드와 가두 싸움이 아닌 '해방 인형' 등 고속도로의 한 지점을 거의 장악할 수 있는 거대하고 기발한 장치들이 등장해 교통을 차단하곤 했다.

2001년 퀘벡에서 벌어진 시위에서는 중세 투석기처럼 생긴 것이 동원됐다. 이 장치는 미주자유무역지대(FTAA) 참석자들을 보호하기 위해 대열을 이룬 경찰들의 머리 위로 부드러운 장난감들을 발사했다. 2000년 필라델피아에서 열린 공화당 전당대회에서는 시위자들이 억만장자와 독재자들을 조롱하는 옷차림을 했고, '래디컬 치어리더스(Radical Cheerleaders)'[3] 회원들은 외설적인 스커트를 입고 방울솔을 흔들면서 급진 페미니즘을 주장했다.

이런 익살스런 몸짓들은 주변에 거의 아무런 위해도 가하지 않는다. 그렇지만 이런 반자본주의 운동들은 1960년대식 시위로 후퇴하는 것이 결코 아니다. 오히려 21세기의 근본적 변화를 추구하는 하나의 새로운 운동이 시작됐음을 알리는 것이다. 이 운동은 침묵의 시기를 거쳐 다시 떠

---

2 남프랑스의 산지 이름을 딴 진한 양젖 치즈.(역자)
3 시위가 너무 따분하다고 생각한 미국 플로리다의 두 자매가 시위에 활력을 불어넣는 이벤트를 벌인 것을 계기로 1999년 이후 북미 전역으로 확대된 단체다. 2001년 3월 캐나다 오타와에 북미 전역의 회원들이 모여 제1회 전국대회를 열기도 했다.(역자)

오르게 된 아나키즘과 관련이 있다.

7만 5000명이 넘는 시위자들이 5일 동안 벌인 평화적인 반란으로 인해 세계무역기구 회의는 거의 마비됐다. '거리 되찾기(Reclaim the Streets)'[4] 스타일의 시위 행사들은 공적인 공간에 대한 차 없는 사람들의 권리를 주장했다. 흰색 옷을 입어 쉽게 눈에 띄는 '야 바스타(Ya Basta!, 이제 그만!)' 그룹과 '블랙 블록(Black Block)'[5] 아나키스트들은 프랑스와 한국에서 온 농민들, 청년단체 회원들, 환경주의자들, 평화주의자들, 철강 노동자들, 생명공학 식품 반대자들을 포함한 다양한 단체 사람들과 거리를 공유했다. 이들 모두는 오늘날 세계적인 부정의(不正義)가 세계무역기구의 책임이라고 생각하고 그에 강력히 항의한다는 목표를 공유했고, 이전에는 볼 수 없었던 방식으로 자신들의 관심사를 공적인 영역에 부각시키는 데 성공했다.

영화 〈스타워즈〉에 나오는 다스 베이더처럼 차려입은 경찰과 체포대가 고무탄을 쏘고 경찰봉을 휘두르고 최루가스, 후추 분무기, 충격 수류탄을 던져댔다. 항의의 규모와 참가한 단체들의 수에 위협을 느낀 경찰이 광포하고 노골적인 무력진압에 나선 것이다. 이는 그날 시위 과정에서 체포된 631명 가운데 재판에 회부된 사람이 단지 14명에 지나지 않았던 데서 확인됐다. 경찰이 비폭력 시위자들을 무력으로 진압하는 모습은 여과할 새도 없이 그대로 대중매체에 의해 세계 곳곳으로 보도됐다.

---

[4] 권력이 행사되는 장소를 상징하는 동시에 사유화된 거리를 모든 사람들의 공적인 영역으로 되찾자는 취지의 세계적인 운동이다.(역자)

[5] '블랙 블록'은 특정한 단체나 조직이 아니다. 이는 '시민 불복종'처럼 특정한 시위에서 항의 행동을 조직하는 아나키스트들이나 아나키스트 관련 단체들의 집합이 취하는 일종의 전술을 말한다. 블랙 블록이란 호칭은 1980년대 독일에서 경찰이 전투적인 연좌시위자들을 그렇게 부른 데서 유래했다. 북미에서는 1991년 걸프전 반대시위 때 블랙 블록이 처음으로 나타났다. 블랙 블록 전술은 항의시위에 참가하는 이들에 의해 자율적으로 결정되기 때문에 시위마다 다르게 나타난다.(역자)

시애틀에서 불붙은 반세계화 축제는 불꽃같은 기세를 내뿜으며 세계무역기구 회의 개막식을 취소시키는 성공을 거두었다. 같은 시간, 프랑스 전역과 인도 그리고 암스테르담, 베를린, 부에노스아이레스, 콜롬보, 제네바, 마닐라, 밀라노 등 세계 각지의 주요 도시들에서도 대중시위가 벌어졌다.

세계적인 대중매체들은 시애틀 사건을 즐겼다. 스타벅스, 플래닛 할리우드, 나이키 매장 습격 사건과 같은 대혼란을 상징하는 시각적인 장면들을 제공했기 때문이다. 대중매체들에 있어 시애틀 사건은 아나키즘의 유령을 부활시키고, 아나키스트 시위자들을 '가면 뒤에 숨어서 난폭하게 날뛰고 포장도로에서 돌멩이를 뜯어내어 던지고 약탈에 탐닉하는 사람들, 이해할 수 있는 한도를 넘어 터무니없고 광적이며 위험한 사람들'이라고 악마화할 수 있는 절호의 기회였다.

그러나 그들의 바람과는 달리 난폭한 시위자의 수는 매우 적었다. 지금까지의 수많았던 시위 그룹들에 비해 그다지 비중 있는 기삿거리를 제공하지 않았다는 데 대해 대중매체들은 오히려 곤혹스러움을 느꼈다. 난폭한 시위자들과는 거리가 먼 아나키스트들, 평화주의자들, 농민들, 노동조합 조합원들, 환경주의자들은 자연스럽게 서로 동맹하면서 5일 동안 지속적이면서도 고도로 조직적인 '비폭력 시위'를 펼쳤다.

시위는 전체적으로 조율되고 탄탄히 짜여진 양상이었다. 시위대에서 따로 떨어져 나온 소규모 시위자 그룹들은 거리와 호텔을 봉쇄함으로써 각국 대표들이 회의장에 접근하는 것을 방해했다. 하지만 이런 행동들에는 특정 단체나 지도자와 같은, 흔히 있을 법한 그 어떤 배후도 존재하지 않았다.

시위대는 신중하게 선택한 가게 시설에 대해서만 제한적인 공격을 했다. 공격 대상이 된 가게들은 상징적 역할이나 실질적인 역할이 세계를 식민지화하려는 자유시장 근본주의를 반영한다고 여겨지는 곳들이었다.[6] 로크포르 치즈가 시위의 소재로 선택된 이유도 같은 맥락에서다. 유럽이 미국의 유전자조작 쇠고기 수입을 거부했을 때 미국이 100퍼센트의 보복관세를 물린 유럽 상품들 가운데 하나가 바로 로크포르 치즈였다.

시애틀 사건은 대중매체 외에 주류 직업 정치인들과 정부 관리들에게도 충격을 주었다. 수천 명의 항의시위자들은 도대체 어디에서 온 사람들인가? 그들은 어느 당이나 단체에 속한 이들인가? 30년 전의 베트남 전쟁 반대시위, 가깝게는 원자력 발전 반대시위로 거슬러 올라가는 반자본주의 운동의 뿌리는 아직 제대로 파악되지 않은 상태였다. 위계질서에 반대하고 아나키즘 정신으로 충만한 각종 자율적 동지단체(affinity group)[7], 대변인 평의회, 합의제 의사결정 절차 등은 조직 측면에서 시애틀 시위의 성공을 뜻하는 것들이었으나, 이들의 존재를 미리 알고 있던 사람은 거의 없었다. 그렇기에 대중 매체와 정치인, 관리들은 시애틀 시위의 이런 구조가 자유지상주의적(libertarian)[8] 조직의 실현이라는 점도 이해할 수 없었다.

자율적 동지단체라는 형식은 1930년대 스페인 내전에 참가한 아나키스트들에서 유래되었다. 이런 단체는 시위자들의 인간사슬에서부터 가두

---

6 이를테면, 시애틀에서 자신들의 행동을 설명하고 있는 'N30 블랙 블록'의 성명을 볼 것. 이 성명은 www.infoshop.org/n02wto.html을 비롯해 다양한 웹 사이트에서 찾아 볼 수 있다. 1999년 시애틀 거리에서 일어난 상황들에 대한 박진감 넘치는 설명은 Alexander Cockburn, Jefrey St Clair, Allan Sekula가 시애틀 시위 직후에 펴낸 5 Days That Shook the World(London, 2000)에 잘 나와 있다.
7 affinity group은 유연단체(類緣團體), 동질그룹, 동호단체 등으로도 번역되지만, 이 책에서는 그 뜻을 명확히 드러내기 위해 자율적 동지단체로 옮긴다.(역자)
8 libertarianism은 '자유주의'나 '자유방임주의'으로 옮겨지기도 하고, '완전자유주의'나 '자유지상주의'로 번역되기도 한다. 여기서는 문맥에 비춰 일체의 권위와 위계를 거부한다는 의미가 잘 살아나는 것으로 보이는 '자유지상주의'로, libertarian은 '자유지상주의적' 또는 '자유지상적'으로 옮긴다.(역자)

연극 단체, 체포될 것을 각오한 행동에 이르기까지 시위활동 전반의 매우 세세한 부분에까지 두루 걸쳐 있고, 자율적으로 활동한다.

대변인 평의회는 자율적 동지단체의 대표들로 구성된다. 이 대표들은 각자가 대변인인 동시에 전체 조직이라는 바퀴에서 하나하나의 살이 된다. 이들은 평의회에서 각각 자신이 속한 단체를 대표해 발언하며, 구체적인 시위행사를 벌이기 전과 후에 자율적 동지단체들 사이에 신축적인 결합이 이뤄지도록 조정하는 역할을 한다. 모든 수준의 의사결정은 참여적이고 민주적이어서 언제나 이견을 허용하며, 소수자의 의견을 수용하고 갈등을 원만하게 해결하기 위해 개발된 절차를 갖추고 있었다.

그렇다면 검은색, 빨간색, 녹색의 시애틀 무지개는 무엇에 대한 항의였을까?[9] 냉전은 이미 끝났고, 겉으로 보기에 핵으로 인한 인류의 절멸은 과거의 쟁점이 돼버렸는데도 반대 목소리의 통제된 분출이 있었다. 항의시위는 좌파 정당들에서, 적어도 전통적인 의미의 좌파 정당들에서 시작된 것이 아닌 게 분명했다. 왜냐하면 시애틀 현장에서는 그런 정당들을 찾아볼 수 없었기 때문이다. 제도화된 좌파는 이 사건을 계획하지 않았다. 하지만 항의시위자들 모두를 이어주는 의식적 연대 그 자체는 정신과 조직 두 측면에서 좌파적이면서도 자유지상주의적이었다.

시애틀 항의시위는 세계무역기구, 세계은행, 국제통화기금과 같은 조직들에 반대했다. 이들 국제기구는 겉으로 드러나지 않지만 자본주의의 심장, 다시 말해 국민국가를 초월하는 사실상 최고 집행기구다. 새로

---

[9] 시애틀 시위로 이어진 사고 및 풀뿌리 행동주의에 대한 가장 상세한 설명은 Benjamin Shepard와 Ronald Hayduk이 엮은 *From Act Up to WTO*(London, 2002)에서 찾아볼 수 있다. 농민들이 기억한 바를 알아보려면 *New Left Review* 12(2001년 11~12월)에 실린 Jose Bove의 인터뷰 내용인 'A Farmers' International'을 참조할 것. 반자본주의 운동의 아나키즘적인 특성은 *New Left Review* 13(2002년 1~2월)에 게재된 David Graeber의 'The New Anarchists'에 다뤄져 있다.

운 세계질서를 지향하는 경제정책을 지시하고 부과하는 이들 기구는 선출된 것도 아니고 책임도 지지 않으면서 국제적으로 활동한다. 그런 신자유주의적 자본주의에 반대해 자유지상주의적 공산주의를 주장하는 정치사회적 근본주의인 아나키즘이 최근 몇 년 사이에 다시 떠오른 것이다.

신자유주의 이데올로그들은 신자유주의를 떠받치는 자유시장 경제의 틀은 모든 이들에게 동등한 성공과 번영의 기회를 제공하는 민주적인 자본주의라고 합리화하고 있다. 이와 반대되는 목소리도 있다. 신자유주의 담론은 특권 엘리트들에 의한 경제 지배의 실상을 감추고, 그들의 야망 속에 존재하는 새로운 형태의 식민주의를 옹호하기 위한 이론적 위장이라고 단언하는 목소리가 그것이다.

비단 아나키스트들만 이런 말을 하는 게 아니다. 경제적 신식민주의를 바탕으로 국제 자본가 계급과 미국을 비롯한 몇몇 특정 국가들은 모든 민중공동체들을 자기들의 경제적 위성으로 전락시키고 있다. 이렇게 생겨난 위성국가들은 세계무역기구와 같은 국제기구들에 의해 감시된다. 과거 냉전 시기에는 자본주의에 대해 이런 식의 날카로운 비판이 가해지면 자유시장 옹호자들은 소비에트 체제의 불평등을 지적했고, 자본주의 비판자들에게 공산주의자라는 비난의 꼬리표를 붙였다.

이제 교전수칙은 변했다. 반자본주의 운동은 전통적인 의미의 정치권력 장악을 시도하지 않으며, 전통적인 의미의 공산주의도 아니다. 지금까지 자본주의에 대한 논리적 반대는 흔히 좌파 이데올로기, 또는 좌파 이데올로기를 옹호하는 정당과 연관돼 있었다. 그러나 시애틀 항의시위의 이면에는 이런 정당들이 없었다. 시애틀의 행동가들이 추구한 목표는 의회 의석을 획득하는 게 아니라, 인류 역사를 자신의 이기적인 모습대로 만들고자 하는 자유시장 이데올로기의 사상과 관행을 해체하자는 것이었다.

이 운동은 풀뿌리 조직을 믿으며, 세계화가 낳은 국제 차원의 항의시위를 신뢰한다. 시애틀을 덮친 이 운동의 역사는 부분적으로 저개발 지역에서 시작됐다. 사파티스타가 장악한 멕시코 치아파스에서 1996년에 열린 '인간성 옹호와 신자유주의 반대를 위한 국제적 해후'란 회의와, 반대자들의 네트워크 형성을 위한 선언이 바로 그것이다.

> 인간성을 옹호하고 신자유주의를 반대하기 위해 발언할 뿐 아니라 투쟁하고 저항하기도 하는 목소리들을 하나로 잇는 네트워크.
> 5대륙에 걸쳐 권력이 우리에게 필연적으로 가져다 줄 죽음에 저항하는 노력을 지원하는 네트워크.
> 중앙의 지배자나 의사결정권자가 없어 중앙의 통제나 위계가 존재하지 않는 네트워크.
> 우리, 저항하는 우리 모두가 바로 그 네트워크다.[10]

반자본주의 운동이 열망하는 정치, 사회적 자율의 모형은 아나키즘적이며, 그 정신도 아나키즘적이다. 반자본주의 운동의 비권위주의적인 기질, 전통적인 좌파 정당들에 대한 거부, 직접행동주의 등은 자유지상주의적 사회주의의 정신에 딱 들어맞는다. 이 운동은 스스로 국가의 속성을 띠어가는 초국적, 지구적 기업들의 진로를 방해하려고 한다. 그 과정에서 제1세계 활동가들은 제3세계 및 제4세계 활동가들과 연대하는 데서 새로운 가능성을 발견하게 될 수도 있다.[11]

---

10 Graeber, 'The New Anarchists' 63쪽.
11 Amorty Starr, *Naming the Enemy*(London, 2000) 223쪽.

자유시장 경제학에 대한 반자본주의 운동의 근본적 비판은 기존의 사회경제 질서에 대한 마르크스주의 분석과 많은 공통점을 갖고 있다. 마르크스주의와 아나키즘의 관계에 대해서는 3장에서 다룰 예정이다.

자유지상주의적 공산주의의 계보는, 마르크스의 초기 저작과 같은 방식으로 자본주의의 착취적인 논리와 이것이 인간들 사이의 관계를 좀먹는 효과에 초점을 두고 행하는 자본주의 분석을 포함한다. 이런 점에서 아나키즘과 마르크스주의는 서로 겹친다. 자본주의 아래서의 소외, 다시 말해 민중의 불행하고 불완전한 실존에 대한 마르크스의 설명 역시 공산주의와 아나키즘 양쪽에 공통된 부분이다. 마르크스주의와 아나키즘의 진화과정은 자본주의 경제체제의 사회적, 정치적 효과에 대해 질문을 던지는 근본적인 경로를 밟는다는 점에서 같다.

공산주의와 아나키즘이 갈라지는 지점은, 기존 질서에 도전하고 그것을 변화시키는 최선의 방법이 무엇인가 하는 대목이다. 이런 차이점은 반자본주의 운동의 태도에 반영돼 있다. 반자본주의 운동은 자유시장에 대한 마르크스의 분석을 폭넓게 수용하면서도 '레닌과 국가사회주의'의 마르크스주의와는 단호히 결별하는 태도를 취해왔다.

폭력의 옷을 벗고 축제로!

지금까지 묘사한 아나키즘의 모습은 허무주의 또는 제멋대로인 도스토예프스키적 파괴와 동일시돼온 전통적 아나키즘의 이미지와는 거리가 멀다. 그렇게 정형화된 전통적 아나키즘의 이미지는 19세기 말 아나키즘에 고무된 일련의 암살 행위들로 인해 생겨나고 굳어진 것이다.

러시아 황제 알렉산더 2세[12], 프랑스 대통령 카르노[13], 미국 대통령 매킨리[14]와 같은 희생자들을 감안할 때 '구레나룻을 기른, 미친 살인자'라는 아나키스트의 이미지가 뿌리 내린 것은 놀라운 일이 아니다. 언론은 아나키즘, 사회주의, 그리고 테러리스트의 폭행을 하나로 연결해 보도했고, 많은 대중 소설과 영화는 '비합리적이고 파괴적인 충동'이라는 아나키즘에 대한 고정관념에서 벗어날 줄 몰랐다.

1907년에 나온 조지프 콘래드(Joseph Conrad)의 소설 《비밀요원(The Secret Agent)》에는 런던 아나키스트들의 공동체가 등장한다. 이 공동체 소속원 중 한 명인 칼 윤트는 '챙이 넓은 검은색 중절모로 지치고 굴곡진 얼굴을 가리고 다니는' 인물이다. 또 다른 등장인물인 대학 교수는 이런 윤트를 무색하게 만들 정도다. 제 정신이 아닌 이 교수는 주머니에 폭탄을 넣고 다니며 '신을 거부한다! 군주를 거부한다!'고 되뇐다. 교수가 갖고 다니는 폭탄은 작동 20초 뒤에 폭발하는 것이다. 교수는 그러나 이에 만족하지 못하고 '완벽한 기폭장치'를 만들기 위해 실험실에서 오랜 기간 연구에 몰두한다. 그는 아르키메데스를 흉내 내어 큰소리로 외친다. '광기와 절망! 나에게 지렛대로 그것을 달라, 그러면 세계를 움직이겠다.' 소설은 교수가 런던 거리로 소리 없이 파묻히면서 끝난다.

혐오스러운 사람들로부터 그의 눈을 돌리면서…. 그에겐 미래가 없었다. 그는 미래를 경멸했다. 그는 하나의 폭력이었다. 그의 머리는

---

12 1855년 황제에 즉위한 알렉산더 2세(Alexander II, 1818~1881)는 1881년 3월 1일 상트페테르부르크에서 나로드니키(인민주의자) 혁명조직의 하나인 '인민의 의지' 단원인 한 학생이 던진 폭탄에 치명적인 부상을 입고 사망했다.(역자)
13 1887년 취임한 사디 카르노(Sadi Carnot, 1837~1894)는 1894년 6월 24일 하원을 폭파하려 한 아나키스트에 대한 사면을 거부한 뒤 암살됐다. 4장 참조.(역자)
14 1901년 아나키스트 레온 출고즈가 당시 미국 대통령 윌리엄 매킨리를 저격한 사건을 말한다.(역자)

폐허와 파괴의 이미지를 애무했다. 그는 쓰러질 듯이, 멍하게, 초라하게, 비참하게, 그리고 세계의 재건을 위해 광기와 절망을 불러낸다는 단순한 생각에 사로잡힌 채 걸어갔다. 아무도 그를 바라보지 않았다. 사람으로 가득 찬 거리를 한 마리 해충이 기어가듯, 그는 아무런 의심도 받지 않고 죽은 듯이 지나갔다.[15]

20세기 초기 영화들 역시 아나키스트를 음흉하게 묘사함으로써 비합리적이고 부정적인 이미지를 더욱 부추겼다. 당시의 영화들은 아나키스트를 흔히 보헤미안풍으로 치장하여 영화를 관람하는 일반인들이 아나키스트에 대해 본능적인 이질감을 느끼게 했다. 심지어는 한참 훗날인 1960년대에도 로버트 베이커(Robert Baker)는 그의 영화 〈시드니 거리에 대한 포위공격(The Siege of Sidney Street)〉에서 예전부터 내려온 구태의연한 고정관념들을 재활용했다.

이 영화는 1911년 런던 이스트엔드 중심부에서 경찰과 은행강도들이 총격전을 벌인 사건을 영화화한 것이었다. 영화에서 은행강도들은 아나키스트로 그려졌으나, 이는 사실과 전혀 다른 근거 없는 설정이었다. 아무튼, 영화 속 은행강도들은 정치적인 동기를 갖고 있다. 그들은 비록 스스로 아나키스트라고 밝히지는 않지만, 바텐더가 형사와 잡담을 나누던 중 한 말대로라면 "아나키스트, 무신론자, 채식주의자들이 자주 찾는 클럽"에 자주 간다. 배우 피터 윈가드는 강도단의 주요 멤버인 '화가 피터'를 진지하지만 무정한 이데올로그로 연기한다. 강도단의 또 다른 일원으로 혐오감을 주는 '칼잡이 요스카'는 다른 사람들에게 일방적인 폭력과 성적인 공격을 가하는 데서 잔인한 즐거움을 느끼는 인물이다.

---

15 Joseph Conrad, *The Secret Agent*(London, 1997) 228쪽.

이들의 이웃들 중에는 비정치적인 구경꾼들이 많았고, 그들은 최후의 총격전을 구경하기 위해 모여든다. 영화에는 시가를 피우는 내무장관이 나온다. 당시 영국의 내무장관은 윈스턴 처칠이었고, 그는 실제로 시드니 거리에 자주 나타났다고 한다. 영화에서 총격전은 그와 비슷하게 생긴 내무장관을 포함한 최고위층 신사들이 지휘하는 국가권력이 완전히 비영국적인 정치폭력의 분출에 대항해 싸우는 것으로 묘사된다.

1970년대 중반에 나온 클로드 샤브롤(Claude Chabrol)의 스릴러 〈나다(NADA)〉는 미국 대사를 프랑스로 납치하려는 시도가 실패로 끝난다는 내용을 담는 등 좀더 동시대적인 배경을 설정했다. 하지만 여기서도 '검은 옷을 입은 광적인 우상 파괴자'라는 아나키스트의 이미지에는 티끌만큼의 변화도 없었다. 이 영화에 나오는 납치단의 스페인계 두목 부에나벤투레 디아즈는 〈시드니 거리에 대한 포위공격〉에서 거칠고 수염이 덥수룩한 보헤미안풍 인물로 그려진 '화가 피터'의 한층 세련된 버전이다. 디아즈는 검은색의 긴 가죽 코트에 근사한 중절모를 맵시 있게 쓰고 산뜻하게 턱수염을 깎은 외모를 갖고 있지만, '죽음이여 영원하라!'[16]고 외치는 장면에서는 기존에 묘사돼오던 과격한 활동가로서의 아나키스트의 모습과 하나도 다를 바 없다.

샤브롤의 영화는 기꺼이 사람들을 죽이려 하는 국가의 의지와 테러리즘은 도덕적으로 볼 때 결국은 같은 것이라는 관점으로 귀결되는 복잡성을 띠고 있다. 냉소주의가 반영된 것이다. 이런 관점은 콘래드의 소설에서도 발견된다. 하지만 샤브롤의 영화에서 독자적인 신조로서의 아나

---

16 실존한 아나키스트였던 프란시스코 사바테의 죽음에 대한 1960년대 미디어 보도들을 보면 경찰이 자신을 살려둘 뜻이 없다는 것을 알았을 때 그가 '죽음이여 영원하라'란 마지막 말을 남겼다고 돼있지만, 이는 거짓이다.

키즘은 관심의 대상이 되지 않는다.

미국 대사가 억류된 농장에 경찰이 급습해 동료들이 몰살당한다. 홀로 살아남은 디아즈는 카메라 앞에서 "국가는 테러리즘을 증오하지만, 혁명보다는 테러리즘을 선호한다"고 말한다. 이는 테러에 호소하는 폭력은 국가권력을 강화시킬 뿐임을 인정하는 말이다. 그러나 그는 아나키즘적인 사고의 풍부함을 내비치는 말은 한마디도 하지 않는다.

아나키즘적 사고에 깔린 근본적인 신념은 무엇일까? 아나키즘은 자유지상주의적 사회주의 이념에 바탕을 둔 새로운 사회질서를 열망한다는 점에서 혁명적이다. 아나키즘은 강요되거나 집중화하거나 위계적인 권위에 대해서는 그 어떤 형태를 막론하고 비판과 반대의 입장을 취한다. 그런 형태의 권위가 구현된 제도와 조직, 사상과 예술은 사람들의 창조적이고 생산적인 능력을 통제하거나 억압하기 때문이다. 아나키즘은 아담과 이브가 타락하기 이전과 같은 비현실적인 상상의 시대를 불러오자는 게 아니라, 일상의 삶에 책임을 지는 가운데 복잡한 현대 사회에 맞는 참여적이고 민주적인 형태의 정부를 만들어가는 과제를 짊어지자는 것이다.

아나키즘은 자유지상적이고 탈중앙화한 사회질서를 창조하려는 시도가 직면하는 어려움을 과소평가하지 않는다. 아나키스트인 에리코 말라테스타(Errico Malatesta)가 "모든 사람이 파트리지[17]를 먹고 싶어 하고 키안티산 포도주[18]를 마시고 싶어 한다면 … 변소는 누가 치울 것인가?"[19] 라고 물은 것도 같은 맥락에서다. 아나키즘은 스스로 없애려고 하는 권위

---

17 닭고기와 비슷한 고기의 일종.(역자)
18 키안티는 이탈리아의 피렌체, 시에나, 피사 등을 잇는 구릉 지역이며, 포도주로 유명하다.(역자)
19 Errico Malatesta, *Anarchy*(London, 2001) 45쪽.

주의의 씨앗을 내포한 관료제를 낳지 않으면서 자율적으로 조정되는 의사결정 구조를 개발하는 데 따르는 어려움을 분명히 인식하고 있다. 흔히 반세계화 운동으로 불리는 흐름이 지닌 긍정적인 측면인 친지역화(pro-localization)는 탈중앙화한 공동체들을 창조하는 것을 의미한다. 이런 공동체들은 엘리트나 관료집단의 손에 권력이 집중되는 것을 허용하지 않는다.

원칙은 불변일 수 있으나, 역사는 시대를 바꾼다. 그리고 아나키즘은 도전에 대응하기 위해 변화했다. 19세기와 20세기의 혁명적 정치는 사회의 성격을 바꾸기 위한 수단으로, 기존 정부를 폭력으로 전복하는 데 기대를 걸었다. 오늘날에는 역설적이게도 미국이 이런 혁명적 정치의 진원지가 되고 있다.

왜냐하면 미국은 세계 유일의 초강대국이라는 무적의 지위를 이용해서 전세계에 신자유주의를 수출하는 과정에서 자국의 경제적 우선순위에 순종하기를 거부하는 나라들을 폭력으로 위협하고, 필요할 경우에는 그런 나라들의 정권을 무너뜨리기도 하기 때문이다. 미국의 외교정책을 통해 분명히 드러난 대로 신자유주의는 미국 헤게모니의 수용을 꺼리는 나라들을 협박하기 위해서는 대규모의 물리적 폭력도 기꺼이 휘두르겠다는 의향을 점점 더 강하게 보이고 있다.

이에 대항해 반자본주의 운동으로 대표되고 있는 새로운 아나키즘은 폭력성을 띤 반란이라는 전통적 관념을 뒤엎는 '우회(détournement)'의 의제를 발전시키고 있다. 특유의 항의 방식과 상징적인 몸짓을 통해 신자유주의에 대항하는 새로운 형식을 취하는 것이다. 그리고 이런 상징주의는 때때로 실용주의와 결합한다. 멕시코 사파티스타 봉기에 호응해 1996년 이탈리아에서 지도자가 없는 연대운동으로 시작된 '야 바스타'

는 신자유주의 정책 아래서 사람들이 무력해져 '보이지 않게 된 상태'를 상징하기 위해 흰색 옷을 선택했다. 하지만 야 바스타는 정강이 패드와 헬멧을 갖춘 미셰린 맨(Michelin Man)[20] 복장과 방패도 활용한다. 경찰의 폭력으로부터 스스로를 보호하기 위해서다.

냉전 종식 이후 미국은 국민국가간 동맹을 결성하고 국제적인 자본-시장 스탈린주의를 주도적으로 촉진시키고 유지해왔다. 이러한 국민국가간 동맹에 효과적으로 도전하거나 맞서기 위해서는 반자본주의 운동이 반드시 비폭력적이어야 한다는 데 대해 전부는 아니지만 대다수의 아나키스트들이 동의할 것이다.

전쟁으로 이어지는 조직적 폭력은 국민국가가 늘 보여 온 대표적인 행동으로, 이로 인해 지난 100년간의 지배계급은 역사상 가장 폭력적이고 파괴적이었다. 공산주의 국가와 자본주의 국가는 둘 다 똑같이 전쟁이라는 장치를 채택했고, 치안을 유지하고 국가에서 재가한 폭력을 실행하는 데 서로 비슷한 방법을 사용했다. 지구적 자본주의라는 새로운 시대에 들어서면서 국제무대에서도 이와 같은 폭력이 사용되고 있으며, 여기엔 유엔, 북대서양조약기구(나토) 또는 신축적으로 적용되는 '테러와의 전쟁'이 이용된다.

이런 폭력에 대해 똑같은 폭력으로 반대하고 맞서는 것은 원칙적으로나 실천적으로나 성공하기 어렵다. 아나키즘은 국가권력을 틀 지우고 구조화하는 중앙집중적이고 위계적인 사고방식에 반대하며, 따라서 국가가 실행하는 조직적 폭력을 거부한다. 고성능 플라스틱 폭탄인 셈텍스

---

20 자전거는 물론 우주왕복선, 자동차, 모터사이클, 중장비, 버스, 지하철, 항공기 등 각종 이동장비에 사용되는 타이어를 만드는 프랑스계 다국적 기업인 미셰린 그룹의 로고를 말함. 타이어를 칭칭 두른 사람의 모습을 하고 있다.(역자)

(Semtex)가 아닌 물감폭탄, 총이 아닌 물총을 사용하고 요정 차림을 하거나 흰색 옷을 걸치고 시위에 나서는 것, 그리고 솜을 넣어 우스꽝스럽게 부풀린 옷을 입거나 고무로 길쭉하게 만든 팔과 다리를 몸에 붙이고 시위에 나서는 것은 유약한 히피식 점진주의를 표현하는 게 아니다. 이는 비위계적인 반대운동이 취하는, 극적으로 시각적인 운동방식이며 대중적 반대시위에 적합한 형태이기도 하다.

그들은 정상회담 장소 등지에서 다소 무질서한 혼란을 부추기며 떠들썩한 축제의 분위기로 시위를 이끌어간다. 이러한 아나키즘의 원칙들은 반자본주의 운동 전반의 비위계적인 조직 형태들과, 경제적 변화와 정치적 변화를 위해 반자본주의 운동이 내세우는 제안들을 틀 짓는 원칙들과 맥을 같이 한다.

그렇다고 자본주의 질서가 자신의 이익을 방어하기 위해 휘두르는 폭력에 대해 아나키즘이 나 몰라라 하고 있는 것은 아니다. 아나키스트들은 정부가 행사하는 거대한 폭력과, 반자본주의 시위자들 가운데 일부 집단이 채택하는 대결적 태도 및 파괴적 행동 사이에는 차이가 있다고 강조한다. 해소될 수 없는 것처럼 보이는, 아나키즘과 폭력 사이의 관계에 대해서는 4장에서 다루고자 한다.

아나키즘에 대해 부정적인 시각을 가진 이들의 공통점은 아나키즘이 기존의 현실이나 상황에 극단적으로 대치되는 유토피아적 이상주의라고 생각한다는 것이다. 만약 격변의 시대의 어느 날 갑자기 잠에서 깨어 정부가 철폐됐다는 소식을 들었다고 하자. 부정론자들은 으레 이런 경우 "누가 쓰레기통을 비울 것이며, 누가 살인범을 붙잡을 것인가?"라며, 아나키즘에 대해 좋게 말해 공상적이고 나쁘게 말해 위협적인 반응을 보일 것이다.

아나키즘에 대한 이런 부정적 선입견은 우리가 사는 방식에 근본적 변화, 즉 개선을 가져오기 위한 프로그램으로서의 아나키즘의 선의조차 위험스러운 무질서라 왜곡하고 있다. '아나키(Anarcy)'라는 말의 사용에는 불가피하게 신축성이 따르는데, 바로 이 점이 아나키즘에 대해 혼동을 일으키는 원인이 된다. 2장에서는 이런 사실을 염두에 두면서, 하나의 진지한 정치사회 철학으로서의 아나키즘을 구성하는 주요 요소와 줄기들을 살펴볼 것이다.

아나키즘적 사고의 핵심에는 사람들이 각자 스스로의 자유, 존엄성, 창조성에 근거해 자신의 미래를 결정해야 하며, 자신의 운명을 가능한 한 스스로 통제할 수 있게 하는 경제체제 속에서 살면서 일할 수 있어야 한다는 신념이 자리 잡고 있다. 신자유주의는 바로 이런 신념을 조롱하는 것이라고 간주한다. 신자유주의에서는 너무 많은 삶의 영역들이 보편적인 시장거래 형식으로 환원돼, 거의 모든 것들에 가격이 붙지만 가치가 부여되는 것은 거의 없게 되기 때문이다. 이런 신자유주의 경제학과 그것이 낳는 윤리적 파장에 대한 아나키즘의 반대는, 인간의 본성이 고정된 게 아니라고 본 마르크스에 뿌리를 두고 있다. 인류는 무한한 자기창조 능력과 새로운 현실을 탄생시킬 능력을 갖고 있다는 프로메테우스적 신념을 마르크스와 아나키스트들은 공유한다.

자본주의는 봉건제를 전복하고 새로운 세계를 만들고, 연이어 이 '시장의 세계'를 제3세계와 제4세계 공동체들의 마음과 정신에까지 확대하려고 시도하고 있다. 이와 마찬가지로, 자본주의가 만든 오늘날의 '시장의 세계'를 다시 전복하고 새로운 경제학과 전혀 다른 가치를 창출해 근본적 변화를 이룰 가능성은 얼마든지 있다. 아나키즘은 가능할 수 없는 변화의 가능성을 내포한 역사의 본질에서 나오는 힘에 대한 역동적이고 혁명적인 믿음을 마르크스와 공유한다. 현실은 우리가 만드는 것이며 언제나 새로운 현실이 형성되고 있다는 인식은 강력한 사회적 존재론의 토대다. 이에 대해서는 3장에서 더 자세히 다루고자 한다.

모든 이상들이 다 그렇듯이 자유지상주의의 이상을 표방하는 아나키즘 역시 유토피아적이다. 하지만 그렇다고 해서 조직된 개화적 활동을 가능케 하는 토대로서의 아나키즘이 단지 이론적인 관심의 대상에 그치는 것은 결코 아니다. 국경이 없고 소유자도 없는 구조로 된 인터넷은 아나키즘에 하나의 패러다임을 제시한다.

인터넷이 1990년대 초에 시작될 때 전제된 원칙은 이 시스템의 실현을 기술적으로 가능하게 한 핵심 자원들의 '허가 없는 공유(unlicensed sharing)'였다. 인터넷의 전체 시스템과는 독립적으로 활동하되 이 시스템을 통제하려는 시도를 하지 않은 개인들이 검색을 위한 월드와이드웹, 이메일, 온라인 채팅 등 인터넷에 영향을 준 중대한 혁신들을 가져왔다. 어느 누구도 인터넷을 소유하지 않는다. 이렇게 소유자나 통제자가 존재하지 않는 인터넷의 성공은 마치 신이 없는 불교가 세계적인 종교가 된 것과 맞먹을 만큼 매우 놀라운 현상이다.

인터넷이 띠고 있는 이런 자율적 메커니즘은 아나키즘의 그것과 일맥상통한다. 하지만 다른 한편으로 인터넷의 역사는 자본의 힘이 새로운 자원을 착취하고 통제해온 부정적 역사의 전례를 재현하고 있다. 이미 마이크로소프트나 아메리칸온라인(AOL) 등 몇 안 되는 사이트들이 인터넷 이용자들의 검색 시간의 대부분을 차지하고 있다. 마이크로소프트가 운영체제 시장을 장악하고 있고, 막대한 가입자 수를 자랑하는 아메리칸온라인이 엄청난 양의 콘텐츠를 자사 웹사이트에 올리고 있다는 점을 생각하면, 마이크로소프트와 아메리칸온라인 등 극소수 사이트들이 인터넷

이용자들의 웹 서핑 시간을 독차지하고 있다는 게 놀랄 일은 아니다.

인터넷은 마오쩌둥의 '백화제방(百花齊放)' 정책의 전자적 버전을 표방하며 1994~1995년 사이에 비약적인 발전을 이루었다. 하지만 마오쩌둥이 제시한 해방의 복음이 얼마 지나지 않아 중앙집중적이고 권위주의적인 통제로 역전락했듯이[21], 인터넷도 새로운 통제의 수단으로 전락할 위기에 처했다.

인터넷의 놀라운 성장과 대중적 확산은 사람들이 자신의 컴퓨터를 지역 전화선에 연결할 수 있었던 데 힘입은 것이었다. 인터넷서비스 공급자들(ISPs)이 전화선에 접속하는 데 대해 전화 회사들이 거부하거나 제한할 권리가 없었다. 인터넷이 번창했던 것은 이처럼 값싼 지역 전화선에 누구든 접속할 수 있었기 때문이다. 그 같은 물적 토대는 이제 케이블과 같이 좀더 빠른 광대역 기술에 밀려나고 있다. 이로 인해 예전의 전화 회사들은 시도하지 못했던 콘텐츠에 대한 통제가 조만간 도입될 가능성이 있다. 전화 회사들과 달리 케이블 회사들은 자신들의 시스템에 대한 사람들의 접근을 통제할 수 있다.

뿐만 아니라 인터넷의 개방형 구조를 통제하기 위해 기존 법률이 활용되거나 아예 새로운 법률이 제정되기도 한다. 인터넷을 이용해 서로 음악을 공유하도록 한 냅스터는 미국 법정에서 예정된 운명을 맞았다. 5개 대기업이 세계 음반시장의 80퍼센트 이상을 독점하고 있는 기존 음반업계에 패소한 것이다. 인터넷의 개방적 성격을 억압하는 방식은 이밖에도 많이 생겨났다. 몇 년 전에 인터넷을 이용해본 사람이라면 누구나 이 점에 대해 증언할 수 있을 것이다. 5~6년 전의 웹 서핑은 미지의 세계를 향

---

[21] "그러나 공산주의가 얼마나 좋은지 생각해 보라! 국가는 더 이상 우리를 괴롭히지 않을 것이다"; 1919년 마오쩌둥의 발언. Ross Terill, *Mao: A Biography*(London, 1980) 4장에서 인용.

한 여행이었으며, 링크를 클릭하면 어디로 연결되는지 예측할 수 없었다. 그러나 오늘날에는 웹로그와 검색엔진들이 인기도를 기준으로 사이트들의 목록을 관리하는 상황이어서 인터넷 공유 의식이 웹의 아나키즘적 구조에 사이버 철로를 깔게 될 위험이 있다.

하지만 동시에 인터넷은 '해커 활동주의'(hacktivism)', 다시 말해 사이버 파괴활동자들이 정치적으로 고무된 해킹 행위의 형태로 저항에 나서는 장소가 되었다. 좀더 심오한 측면에서 인터넷은 자신들의 사상과 운동을 널리 알리고자 하는 아나키즘 지향의 집단 및 조직들에게 이상적인 매체임이 입증됐다. 이에 대한 가장 생산적인 사례는 바로 인디미디어(Indymedia) 현상이다.

인디미디어란 활동가, 예술가, 독립적인 DIY 미디어 작업자 등을 기반으로 하는 탈중앙화하고 개방적인 역정보의 네트워크다. 반자본주의 운동에서 생겨난 최초의 '독립 미디어센터(Independent Media Center)'는 시애틀 시위 직후인 1999년에 형성됐고, 첫 1주일 동안 무려 150만 번의 조회 횟수를 기록했다.[22] 독립 미디어센터는 이제 세계 도처에 거의 100개의 사이트를 둔 명실상부한 대륙간 네트워크가 됐다. 이들 사이트는 서로를 지원하고 있으며, 자본주의에 반대하는 활동가들에게 비디오 파일, 오디오 파일, 문서 파일을 직접 올리도록 권유하고 있다.

이와 마찬가지로 형식과 내용을 통합하려는 노력으로, 반국가 운동가들은 자신들의 조직을 인터넷으로 연결했다. 반국가 운동가들은 이런 노력을 통해 이전에 가능했던 수준 이상의 많은 청중에게 다가갔을 뿐 아

---

[22] Tim Jordan, *Activism!*(London, 2002) 6장. 인디미디어의 DIY 미디어센터들에 대해서 알아보려면 www.uk.indymedia.org와 Shepard와 Hayduk, *From Act Up to the WTO*, 290~297쪽에 실린 Ana Nogueira, 'The Birth and Promise of the Indymedia Revolution'을 볼 것.

니라, 그 과정에서 그들 자신의 활동과 프로그램도 거꾸로 영향을 받았다. 이런 노력은 반자본주의 운동 전반에서 펼쳐졌으며, 특히 멕시코 사파티스타 봉기는 이런 측면에서 놀랄 만큼 성공적이었다. 미국 육군은 향후 자신들이 직면하게 될 이 새로운 적의 본질에 대해 연구작업을 벌였고, 그 결과를 1998년에 발표했다.[23]

이 연구의 한 결론은, 1994년 사파티스타의 봉기 선언 이후 멕시코 안팎에서 사회활동가들 사이에 이뤄진 고도의 인터넷 소통이 물질적, 전자적으로 사파티스타 봉기에 대한 지지를 끌어 모을 수 있게 했다는 것이었다. 봉기 행위 자체와 달리 이 같은 지지의 집중은 사전에 계획된 게 아니었다. 하지만 지지의 집중은 사파티스타 봉기의 성격을 통상적인 반란에서, 미 육군의 연구의 표현대로라면 '사회적 네트전쟁'으로 바꿔놓았다. 온라인 활동가들은 사파티스타 봉기의 성격과 진행과정에 지극히 중요하고도 결정적인 차이를 낳았다.

1995년 멕시코 외무장관은 "치아파스는 … 지난 15개월 동안 단 한 방의 총알도 발사되지 않은 곳이다. … 처음에 총격전이 10일간 지속됐지만, 그 이후로 이 전쟁은 잉크의 전쟁, 문자의 전쟁, 그리고 인터넷상의 전쟁이었다"[24]고 말했다. 외무장관 자신의 입장에서 이 말은 단지 안도의 심정을 표현한 것일지 모르지만, 그 의미는 다르다. 이 점에 대해서는 4장에서 아나키스트에 의해 고무된 봉기의 역사라는 맥락에서 살펴본다.

인터넷 그 자체가 저항의 장소가 되는 것은 놀랄 일이 아니다. 자유지상주의적 충동이 일어나면, 전통적인 권위의 구조에 따라 그것을 제어

---

23 David Ronfeldt, John Arquilla, Graham E. Fuller, Melissa Fuller, *The Zapatista Social Netwar in Mexico*(Santa Monica, 1998)
24 Ronfeldt et al., *The Zapatista Social Netwar*, 70쪽

하고 가라앉히려는 시도가 나타나며, 이 두 가지 경향이 서로 투쟁하는 이야기가 바로 아나키즘의 역사를 이뤄왔다. 자기의식적 철학으로서 아나키즘의 연혁은 19세기에 시작됐지만, 인간 자율의 행동과 사상은 그 선례가 에덴동산에서 아담과 이브가 주인에 복종하지 않기로 결정한 것과 같은 신화로까지 거슬러 올라간다. 우리의 지적 역사를 틀 지운 자유지상주의적 사고의 생생하고 풍부한 궤적은 인상적이고도 왕성한 것이며, 도교와 불교로도 소급해 올라간다. 그 국제주의적 유산은 피터 마셜이 《불가능한 것을 요구하기(Demanding the Impossible)》(1993)에서 훙겹게 그렸고, 이밖에도 아나키즘적 사상의 매력을 증명하는 막대한 분량의 문헌이 있다.[25]

아나키즘적 사상은 1640년대 영국 내전[26]의 정치에서 분명히 확인할 수 있다. 그러나 직접행동에 뿌리를 둔 자기의식적 전통으로서의 아나키즘을 낳은 것은 18세기 말 프랑스혁명과 이로 인해 분출된 급진적 항변이었다. 아나키즘의 거물들, 특히 미하일 바쿠닌(Mikhail Aleksandrovich Bakunin), 페테르 크로포트킨(Peter Kropotkin), 에리코 말라테스타, 엠마 골드먼(Emma Goldman) 등이 등장한 것은 19세기와 20세기 초였다. 이들의 사상 중 많은 주요한 원칙들은 20세기 말에 지구적 자본주의와 그 철학적 가면인 신자유주의에 반대해 의식적 무의식적으로 나타난 운동에 영향을 끼쳤다.

사파티스타 봉기를 볼 때, 그리고 이와 관련해 멕시코의 다른 사람들

---

25 Peter Marshall, *Demanding the Impossible*(London, 1993), 4~10장. 가장 포괄적인 아나키즘 문헌의 출처는 www.akuk.com을 볼 것.
26 왕권신수설을 주장하며 청교도를 탄압하고 의회를 해산하는 등 절대권력을 휘두르던 스튜어트 왕조의 제2대 왕인 찰스1세가 1642년 군대를 이끌고 의회와 정면으로 맞서다 1649년 처형되면서 영국이 군주제에서 공화제로 이행하게 된 청교도 혁명을 말한다.(역자)

은 물론 모든 지역의 민중에 대해 자신이 영국 게토든 인도 게토든 사는 곳과 상관없이 경제적 독재에 저항하고 자결권을 위해 투쟁하라는 호소가 울려 퍼진 것을 볼 때, 20세기 말의 운동은 1999년 말 시애틀 사건에 영향을 준 새로운 아나키즘의 경향과 분리할 수 없다.

자유지상주의적 사고에는 국가에 반대하는 아나키즘의 정치사 외에 또 다른 차원이 존재하며, 그것은 기존의 표현 형식들이 심각하게 뒤틀려져 있다고 보는 예술가들과 지식인들에게 아나키즘적 사상이 호소력을 발휘한다는 사실에 나타나 있다. 이런 예술가와 사상가들은 자신들이 주제로 삼는 영역에서 위계를 해체하려고 함과 동시에 새로운 반위계적인 양식으로 그들의 주제 영역을 다시 주조하고자 한다.

5장에서는 아나키즘적 충동이 문학 작품과 영화, 심리학을 비롯한 각종 학문, 다다이즘에서 펑크에 이르는 미학, 상황주의(Situationism)[27]와 같은 문화적 감수성에 어떻게 영향을 미치고 고무시켰는가를 살펴본다.

이렇게 갖가지 다양한 분야에서 출현한 대안의 인식론 및 미학의 풍부한 다양성은 그 자체가 본질적으로 가치가 있을 뿐 아니라 세계화 패러다임의 바깥을 사고하고, 그 바깥이 되어가는 일의 실현 가능성에 값진 기여를 하는 것이기도 하다. 반위계적인 방식으로 창조하고 사고하는, 그러면서도 결정적으로 포스트모더니즘이라는 막다른 골목을 피해 가는 예술가와 철학자들은 제1세계에서 제4세계까지 온 세계에서 들려오는 반자본주의 항의와 다르지 않은 방식으로 대안의 가치들을 표현해

---

[27] 철학적으로는 사건들과 외부의 힘이 본질적인 특성보다 개성과 발전에 더 큰 관계가 있다고 주장하는 사조이며, 예술적으로는 상품이 완전 지배하는 일상생활과 경험에 대한 가차 없는 비판, 기존 기득권층에 대한 전투적인 도전 등이 특징인 1960년대 유럽의 반체제 예술 기풍을 말한다. 기존 지배매체의 텍스트들의 변경을 통한 '우회'(détournement), 강요된 공간질서를 거슬러 떠다닌다는 의미의 '파생(derive)' 등을 전술로 취한다.(역자)

낼 수 있다.

    궁극적으로 아나키즘은 하나의 정치운동이나 철학 또는 예술적 감각의 측면에서 정의될 수 없다. 아나키즘은 그 모든 것이며, 그 이상이다. 여기서 발생하는 긴장이야말로 아나키즘을 그토록 가치가 있고 중요한 것으로 만드는 것이다.

2장 아나르코스, 지배받지도 지배하지도 않는

불복종은 인간의 원초적 덕목이다. 진보가 이뤄져 온 것은 바로 불복종을 통해서다.
그렇다. 불복종과 반란을 통해서다.

— 오스카 와일드

1937년 스페인의 한 집단화 공장 노동자들

국가권력에 반대한다

아나키라는 말은 ἀν(not)와 ἀρχός(leader 또는 chief)가 합성된 고대 그리스어 아나르코스(ἄναρχος 고대 그리스어에서 ν는 n 발음, ρ는 r 발음이 났다)에서 유래했다.[28] '지도자가 없음' 또는 '정부가 없음'을 뜻하는 이 단어의 어원은 아나키즘의 특징을 암시한다. 그것은 바로 우리 대부분이 경험해 온 유일한 정부 형태, 다시 말해 단일 국가의 중앙집중화한 권위의 필요성에 대한 거부다.

국가란 개념은 한 사회 내부의 권위라는 관념과 분리할 수 없다. 우리가 알고 있는 것처럼 주권국가는 정치적 권위의 원천이다. 그렇기 때문에 국가라는 개념이 없는 정치학은 상상하기 어렵다.[29] 국가의 실천적 표현이 바로 정부다. 어떤 형태의 정부가 중앙집중화한 권력을 장악하느냐 하는 것은 국가 개념에 아무런 차이도 낳지 않는다. '당신이 누구에게 투표하든 당선자는 정부'라는 경구도 그래서 나온 것이다.

---

28 '아나르코스'라는 말은 그리스의 시인 호머와 역사가 헤로도투스가 처음 사용했으며, 비극작가 유리피데스는 '선장 없는 선원'이라는 의미로 이 말을 사용했다고 한다.(역자)
29 국가 개념이 없는 정치학의 어려움은 Jens Bartelson, *The Critique of the State*(Cambridge 2001)에서 검토된 바 있다.

아나키즘의 이상에 맞는 구별법은 일반적으로 국가를 의미하는 정부와, 특정 정체체제의 행정기구를 의미하는 정부를 달리 보는 것이다. 모든 사람들과 마찬가지로 아나키스트들도 정부라는 말을 국가와 동의어로 사용하곤 한다. 그러나 국가에 대한 선험적인 반대를 통해 아나키즘이 거부하는 것은 정부 그 자체 개념이 아니라 국민들에게 복종할 것을, 그리고 필요하다면 국민들에게 생명을 바칠 것을 당연한 권리인 것처럼 주장하고 요구하는 주권질서의 관념이다.

아나키즘은 국가에 의해 보존되고 강요되는 중앙집중적 형태의 권위를 거부한다. 이 같은 아나키스트들의 거부는 활기차며 뿌리가 깊다. 아나키즘이란 말을 최초로 정치철학에 사용한 피에르 프루동[30]은 자주 인용되는 다음과 같은 고발의 글에서 그의 생각을 분명히 밝혔다.

> 통치를 받는다는 것은 활동할 때마다, 그리고 거래할 때마다 기록되고, 등록되고, 과세되고, 날인되고, 측정되고, 숫자가 매겨지고, 평가되고, 허가되고, 인가되고, 경고를 받고, 금지되고, 선도되고, 교정되고, 처벌받는 것이다. 그것은 공익이라는 구실 아래, 그리고 일반의 이익이라는 이름 아래 기부금 납부를 강요받고, 훈련을 받고, 배상금을 물고, 착취당하고, 독점의 희생자가 되고, 탈취당하고, 쥐어짬을 당하고, 현혹되고, 강탈당하는 것이다. 사소한 저항을 하기만 해도, 불만의 '불' 자만 꺼내도 억압당하고, 벌금이 부과되고, 멸시당하고, 괴롭힘을 당하고, 추적되고, 학대를 받고, 구타를 당하고, 무장해제되

---

[30] 프루동((Pierre Joseph Proudhon, 1809~1864)은 프랑스 동남부 프랑슈-콩테 지방의 브장송에서 태어났으며, 경제적 불평등도 정치적 압제도 없는 자유의 왕국을 추구하는 아나키즘 사상을 완성한 인물로 평가받고 있다. (역자)

고, 질식당하고, 투옥되고, 재판을 받고, 유죄판결을 받고, 사형을 당하고, 추방되고, 희생되고, 팔려가고, 배반당하는 것이다. 그리고 결국은 조롱을 당하고, 비웃음을 받고, 모욕을 당하고, 명예를 손상당하게 된다. 이런 것이 정부이고, 정의이며, 도덕이다.[31]

이처럼 피동형 동사들을 열정적으로 나열한 문장은 권력을 행사하는 여러 기관들을 두고 쓰어진 것 같아 보인다. 하지만 분석적으로 따져 보면 문제의 원천은 경험되는 국가 기관들 못지않게 그것들을 초월해 존재하는 국가라는 관념에 있다. 국가는 모든 정부의 토대이고, 법과 폭력의 유일하면서도 정당한 원천이며, 모든 국민에게 수행해야 할 의무를 강요할 수 있는 조직으로 받아들여져 왔다. 국가는 국민국가라는 개념 속에 자신을 깊이 새겨 넣었다. 이를 통해 국가는 우리에게 충성을 요구할 수사적 권리는 물론, 자연권인 듯한 권리도 갖게 됐다. 어느 국가든 그 정치적 권위는 본질적으로 모두 동일하다. 그럼에도 각 국가는 자신의 정체성을 국민국가와 혼동하는 탓에 자신을 다른 국가들과 차별화한다.

국가권력이 행사되는 극단적인 예는 전쟁에서 찾아볼 수 있다. 전쟁이 일어나면 정부를 책임지고 있는 극소수의 사람들이 수백만 명의 생명을 희생시킬 수 있는 결정을 내리며, 텔레비전을 통해 이런 결정을 확정된 정책으로 공표한다. 그 어떤 국민투표도 실시되지 않는다. 총선이 실시되는 국가에서는 정부가 전쟁을 벌이는 게 적절하다고 판단하면 그렇게 하겠다는 의지가 담긴 포고문을 미리 발표하지도 않는다. 집권하고 있는 정부는 전쟁을 선포하고, 필요하다면 모든 성인 시민들에게 적극적인

---

31 Proudhon, *General Idea of the Revolution in the Nineteenth Century*, 옮긴이 J. B. Robinson(London, 1923) 294쪽.

참여를 요구할 무조건적인 권리를 갖는다.

1939~1945년의 2차 세계대전 때 약 8500만 명의 생명을 희생시킨 연합국들처럼 정부는 전쟁 행위에 대한 도덕적 정당화를 요구하는 게 보통이다. 그런데 정부의 이런 요구는 대체로 허구적이다. 물론 나치를 격퇴함으로써 연합국들은 자신들의 행위를 도덕적으로 정당화할 수 있었다. 하지만 윤리는 날짜를 소급해 기입할 수 있는 수표와 같은 것이 아니다. 2차 세계대전이 발생한 원인들 가운데 몇 가지, 즉 독일 자본주의 국가가 반공산주의자인 히틀러를 기꺼이 수용하고 다른 국가들이 이를 묵인한 것, 태평양에서 미국이 일본을 공격적이면서 억압적으로 봉쇄한 것 등은 1939년 이전에 유럽과 아시아의 연합국 정부들이 취한 태도와 정책이 낳은 결과들이었다.

윤리가 적용될 수 있는 가장 강력한 명분, 즉 '대학살을 자행하는 나치의 인종주의에 대한 반대'는 연합국이 전쟁을 벌이기로 결정한 동기가 결코 아니었으며, 그 같은 결정에 기여한 대의도 아니었다. 당시 개인들은 나치 독일에 반대하는 전쟁에 참여함으로써 파시즘에 반대하는 길을 선택할 수 있었고, 그렇게 함으로써 스스로의 도덕성에 대한 확신을 느낄 수 있었을지 모른다. 그러나 당시 연합국 국가들이 그런 주장을 한 것은 위선이었고, 지금 그런 주장을 한다 해도 여전히 위선일 것이다.

21세기의 전쟁 공포는 국가권력을 정당화하는 것이기보다 인간 본성의 결함을 드러내는 것이라고 생각할 수도 있다. 그러나 두 차례의 세계대전은 그것을 일으킨 정부들과 분리해 생각할 수 없다. 2차 세계대전을 일으킨 것은 정부들이었고, 그들은 자신들의 이익을 대변한다고 생각되는 방식으로 행동했다. 이 전쟁의 복잡성에도 불구하고, 그리고 나치즘 격퇴는 칭찬할 만한 것이었음에도 불구하고 2차 세계대전은 1차 세계대전만큼이나 국민국가들 사이의 권력투쟁의 성격을 지니고 있었다. 그리고 바로 이런 바탕을 가진 전쟁에, 유능한 시민들이 징집돼 싸우다가 대규모로 죽어간 것이다.

현대 국가가 시민들을 징집할 수 있는 능력은 군사주의를 강제로 고취하는 것보다는 자발적인 애국적 충성심에 의해 뒷받침됐다. 예전과 달리 오늘날에는 정부가 국민들의 애국심을 당연시하기가 어렵다. 국가권력이 약해져서가 아니다. 예를 들어 감시 기술은 국가 기관들의 권력을 오히려 증대시켰다. 국민들의 애국심을 당연시하기가 어려운 것은 재래식 전쟁에 관한 한 시민들에 대한 국가의 이데올로기적 통제가 약화됐음을 나타낸다. 그리고 계산이 빠른 현대 국가들이 작은 나라들에 대한 경제적 통제권을 확보하기 위해 대규모 군대를 모집하고 훈련시킬 가능성은 그리 높지 않다. 군사적 강제력으로 뒷받침된 식민지 경영은 경제적 세계화라는 가장한 평화로운 경제적 신식민지 경영으로 대체됐다. 물론 상황이 전쟁을 요구하는 곳에서는 전쟁을 한다는 선택권은 항상 손에 쥐고 있다.

1945년 이후 서구 사회가 누려온 상대적 평화는 자유민주주의 국가를 포함한 모든 국가들이 군대뿐 아니라 일반 시민들까지 전쟁에 참여하게 할 수 있다는 사실을 제대로 인식하지 못하게 한다. 아울러 위협을 느낀 국가는 통제력을 회복하기 위해 자국 시민들을 죽일 수도 있다는 사실도 잊기 쉽다. 1972년 북아일랜드의 한 도시 거리에서 시민 14명이 살해된 '피의 일요일' 사건은 이를 보여주는 사례다. 당시 일부 군인들이 개별적으로 미친 듯 날뛰었을지도 모르지만, 이보다는 영국 정부 당국이 영국이란 국가 체제에서 실질적으로 이탈한 독립지역인 '프리 데리(Free Derry)'를 용인하지 않았던 게 이 사건의 더 근본적인 측면이다. 프리 데리 시민들이 국가의 권위를 수용하지 않고 거부했기 때문에 이곳에 낙하산 부대가 파견된 것이다.

현대 유럽 국가가 자국 시민을 살해하는 것은 매우 드문 일이다. 하지만 영국 국가의 대응 방식은 전례가 없는 게 아니며, 현대 국가가 자국 시민들을 공개적으로 살해한 예를 드는 것은 그다지 어렵지 않은 일이다. 미국의 주립대학 캠퍼스[32]에서 1989년 중국 천안문 광장에 이르기까지 이런 일은 종종 벌어졌고, 좀더 최근에는 2001년 7월 이탈리아 제노바 거리에서 주요 8개국(G8) 정상회담에 대한 반대시위 도중 카를로 줄리아니가 총에 맞아 숨진 일이 있다.

제노바에서 경찰이 휘두른 폭력의 광포함, 그 치밀한 사전계획, 그리고 이런 폭력의 배후에서 이탈리아 정부가 제공한 정치적 지지의 정도 등은 자국 시민들에 의해 효과적으로 조직된 반대와 항의의 위협에 대해 국가가 어떻게 대응하는지를 분명하게 보여준다. 반대와 항의의 표현이 아무리 평화적으로 이루어진다 해도 마찬가지다. 이런 설명이 극단적이라고 생각하는 사람들도 있을 것이다. 그러나 인디미디어 비디오 작품인 〈제노바 적색지대(Genoa Red Zone)〉[33]는 이 도시에서 일어난 사태에 대해 이렇게 해석하는 게 타당하다는 것을 보여준다.

아나키즘이 정부 형태로서의 국가를 거부하는 데는 구체적인 이유들이 있다. 아나키스트들은 권력은 부패하며, 절대 권력은 절대 부패한다는 격언을 가슴에 새겨두고 있다. 물론 이유는 충분하다. 강제노동수용

---

32 1974년 5월 4일 오하이오주 켄트 주립대학에서 국민방위군이 베트남전에 반대하는 학생들에게 총을 발사해 4명이 숨지고 11명이 부상했다. 같은 해 5월 14일에는 미시시피주 잭슨 주립대학에서 경찰과 고속도로 순찰대원들이 흑인 여학생 기숙사를 공격해 2명을 살해하고 9명을 다치게 했다.(역자)
33 Indymedia, PO Box 587, London SW2 4HA, UK.에서 얻을 수 있다. Imc-uk-video@lists.indymedia.org

소를 둔 스탈린주의적 국가든, 기업의 통제를 받는 미국이든 죄다 똑같다. 사회의 한 부분에 속하는 사람들을 체제적으로 황폐하게 한다는 점에서 미국에도 스탈린주의적 강제노동수용소가 있다. 25~29살 인구 중 교도소에서 복역 중인 사람의 비중이 백인은 1.1%인 데 비해 흑인은 거의 10%에 이른다.[34]

권력이 집중되고 무책임하다면 어떤 체제의 정부가 들어서든 반드시 결함을 갖는다는 전제에서 아나키즘은 출발한다. 독재가 강요되는 경우에는 굳이 아나키스트가 아니더라도 누구나 이런 아나키즘적 전제에 동의할 것이다.

하지만 아나키스트들은 민주적인 사회에 대해서도 이러한 전제를 견지한다. 소수의 엘리트 계급이 정치사회적 통제를 행사하는 능력을 갖는 것도 무책임한 권력의 또 다른 형태로 간주하기 때문이다. 아나키스트들은 '무법의 야만주의에 대한 유일한 대안은 국가'라는 견해를 거부하며, 자유민주주의의 정치 기구는 정교한 은폐물이라고 생각한다. 이 은폐물이 없다면 메스껍고 야만적인 이기주의가 드러난다는 것이다.

그렇다고 해서 아나키스트들이 자유민주주의 사회에서 사는 것과 노골적인 독재 사회에서 사는 것이나 매한가지라고 생각하는 것은 아니다. 이런 오해는 사실과 거리가 멀다. 아나키스트들은 정치적 보수주의자들만큼이나 자유민주주의의 미덕을 높이 평가할 줄 안다. 그러나 위기의 시기에는 허약한 자유주의적 겉치장이 위험스러울 정도로 얇다는 사실이 드러난다. 그 한 예로 2001년의 9.11 테러 직후 미국에서 일어난 일들을 들 수 있다.

---

34 Allen J. Beck과 Paige M. Harrison, 'Prisoners in 2000', *Bureau of Justice Statistics Bulletin*(2001), www.ojp.usdoj.gov/bjs/pub/pdf/poo.pdf

9.11 테러 직후 수천 명의 시민들이 미국 정부에 의해 재판도 거치지 않고 구금됐다. 게다가 미국의 언론들은 이러한 사실들을 보도함에 있어 침묵으로 일관했다. 이에 대해 우리는 의문을 가지지 않을 수 없다. 과연 '자유언론'과 옛 소련의 〈프라우다〉 사이에 어떤 차이가 있는가?[35]

'피의 일요일' 같은 사건들과 마찬가지로, 이런 경우에 통상 제기되는 목소리가 있다. 국가에 대항하는 조직적인 폭력은 국가로 하여금 자유주의 정치질서에서 통상적으로는 용납되지 않는 방식으로 스스로를 방어하려는 의지를 갖게 한다는 것이다. 그리고 이런 경우 국가가 채택하는 비정상적인 자기 방어의 방식은 충분히 이해할 수 있는 것이며, 늘 그런 것은 아니지만 특별한 경우에는 그것을 정당하다고 봐줄 수 있다는 것이다. 사회는 특정한 자유주의적 기본규칙에 대한 모든 사람들의 합의에 기반하고 있는데, 이런 규칙들이 위반될 경우 국가는 위반자들이 취하는 방식과 같은 방식으로 응수하는 것 외에는 다른 선택이 없다는 것이다.

아나키스트들은 이것이 현대 국가들의 교묘한 구실일 뿐이라고 대응한다. 첫째로 그들이 대변하는 이들의 분파적 이익을 보호하기 위해 야만적인 힘에 의존한다는 사실을 감추기 위한 구실이며, 둘째로 자유주의적 규칙들은 지배계급이 권력을 유지하기 위해 활용하는 세련된 은폐장치라는 사실을 감추기 위한 구실이라는 것이다. 국가가 야만적 폭력을 행사하는 데는 국가에 반대하는 조직된 폭력의 도전이 굳이 필요하지 않다. 위기로 인해 국가 내 기득권층의 이익이 위협받을 때마다 국가는 그 야만적 본성을 드러낸다. 사랑과 마찬가지로 권력도 위기의 시기에 시험대에

---

35 이와 같은 미국판 '실종'에 대해서는 *The Independent*(2002. 2. 26)를 볼 것.
   9.11 이후 미국에서 재판도 없이 많은 사람들이 구금된 상황을 아르헨티나 군사독재 정권 아래에서 사라진 실종자들에 빗대고 있는 것임. 1976~1983년 군사독재의 '더러운 전쟁' 기간 동안 약 3만 명의 아르헨티나 시민들이 실종됐다. (역자)

오른다.

현대 국가는 평화롭지만 지배계급을 위협하는 조직된 운동에 맞서 경찰이나 군대를 사용할 준비가 돼있고, 나아가 전쟁을 일으킬 준비마저 돼있다는 점을 보여주는 많은 사례들을 아나키스트들은 지적한다. 1920년대에 파업 광부들을 탄압하기 위한 영국 정부의 군 동원, 1954년 과테말라에서 선출된 정부나 1973년 민주적으로 선출된 칠레 정부를 전복하기 위한 미국 정부의 적극적인 개입, 1984~1985년 광부 파업 때 광부들이 피케팅을 하러 켄트 탄전으로 가는 것을 막기 위한 영국 정부의 경찰력 동원 등은 빙산의 일각일 뿐이다. 아나키스트들은 1917년 직후 러시아에서 벌어진 사건들도 지적한다. 이처럼 비자본주의 국가들에 대해서도 일관적인 분석을 함으로써 아나키스트들은 전통적인 공산주의자들과 구별된다.

자유민주주의 사회에서 보통선거권이 보장된다고 해도 중앙집중화한 정부 권력은 무책임하다는 게 아나키스트들의 생각이다. 몇 년마다 한 번씩 투표용지에 기표하는 것, 그리고 그 뒤 몇 년간은 법제화되는 새로운 법과 의무들을 내용에 상관없이 무조건적으로 수용하는 것은 민주주의라는 가면 속에서 권력이 어떻게 보존되는가를 보여주는 확실한 예다. 투표함을 민주주의의 겉치레 형식으로 보고 거부하는 이들은 비단 아나키스트들만이 아니다. 2001년 영국 총선에서 18~24살 연령대에 있는 사람들 가운데 60퍼센트는 기권했고, 2000년 미국 대통령 선거에는 유권자의 52퍼센트만이 참가했다.[36] 이런 투표 기권이 정치적으로 계산되지 않

---

36 2001년 영국 총선에서는 투표 자격이 있는 성인 인구 가운데 8퍼센트가 등록하지 않았고, 등록한 92퍼센트 중 57퍼센트가 투표했다. 이 57퍼센트 가운데 약 42퍼센트가 노동당을 지지함에 따라 블레어는 21.8퍼센트를 얻어 '다수'의 대표가 됐다. 2000년 미국 대통령 선거도 비슷한 결과를 낳았다.

음은 물론이다. 유권자의 절반이 넘는 사람들의 지지를 얻어 집권하는 정부가 거의 없다는 점은 고사하고, 총투표 중 50퍼센트 미만의 득표로 선출된 정부조차 합법적인 정부가 된다.

민주주의가 대의제(代議制) 정부의 장점을 설파하고 있지만, 상당수의 시민들은 그 어느 후보자도 지지하지 않기로 마음먹었다는 사실을 투표율은 여실히 보여주고 있다. 물론 투표에서 기권했다고 해서 그 사람이 아나키스트라는 건 아니다. 그러나 기권을 함으로써 '당신이 누구에게 투표하든, 선출되는 것은 정부'라는 태도를 취한 것만은 확실하다. 또 '개별적인 투표는 아무런 차이도 낳지 못한다. 그래서 내가 애써 투표하러 갈 필요가 없다'는 생각이 반영된 것일 수도 있다.

이런 태도는 민주주의의 기능에 대한 불만족 또는 냉소주의가 폭넓게 퍼져있음을 보여준다. 대중매체들이 건강한 정당정치의 이미지를 지속시키는 데 도움이 되는 정치 뉴스를 끊임없이 생산해내고 있음에도 불만족은 그대로 존재한다. 대부분의 정치인들은 선거철이 되면 소수이긴 하나 일반 대중과 어울리기도 한다. 그러나 이런 어울림은 말 그대로 선거철에나 보이는 일시적인 풍경이다. 그 밖의 대부분의 시기에는 사람들이 찬동하고 수용한다는 대의제 정부 체제와 많은 사람들 사이에는 커다란 간극이 존재한다.

투표에서 기권하는 행위는 모든 후보들을 다 거부한다는 부정적인 태도다. 그럼에도 아나키스트들은 자신의 정치적 선택을 표현하는 수단으로 통상 투표 기권을 옹호한다. 그러나 선출된 대표에 적용되는 원칙, 다시 말해 검증을 받아야 하고, 책임을 져야 하며, 교체될 수도 있다는 원칙은 결코 아나키스트들의 생각과 배치되는 게 아니다. 투표 기권이라는 행위 자체가 아나키즘의 불변의 핵심 원칙이 아니라는 얘기다. 따라서

'아나키스트들은 투표권을 포기하는 사람의 수를 점점 더 늘리는 것을 목적으로 삼고 있으며, 실제로 늘어나는 기권자의 수를 즐긴다'는 생각은 그릇된 것이다.

경우에 따라서 유권자들이 기존 후보들에 대해 무관심과 적대감을 가지도록 분위기를 조장하고, 그것을 기초로 직접적인 행동으로 나아가야 할 필요가 있을 때도 있다. 이와 다른 맥락이기는 하지만, 아일랜드 유권자 중 다수는 선출된 후보들이 의원직을 거부하리라는 것을 잘 알고 있는 상황에서 대표들을 뽑는 1918년 선거에서 투표를 했다. 아일랜드 유권자들은 북아일랜드의 많은 선거구에서 계속 이렇게 행동하고 있다.

장단 맞춰 춤추는 혁명

아나키즘이 국가권력의 결과들에 반대하는 데는 하나의 근본적인 자유지상적 원칙, 곧 권위와 복종에 관한 수많은 관념에 도전할 필요가 있다고 보는 자유지상적 원칙이 바탕에 깔려 있다. 이런 원칙의 힘은 흔히 비정치적인 형식들로, 특히 미학의 영역에서 표현되곤 한다. 엠마 골드먼[37]으로 하여금 "내가 장단 맞춰 춤출 수 없는 혁명은 원하지 않는다"고 주장하게 한 사회적 제약 및 위계적 구조, 특히 강제 및 사회적 성(性) 역할의 심리적 형식들에 대한 거부의 표현이 그 한 예다. 이에 대해서는 5장에서 본격적으로 다룰 예정이다. 좀더 폭넓게 이런 측면을 살펴보면 아나

---

37 엠마 골드먼(Emma Goldman, 1869~1940)은 러시아 제국에 합병돼 있던 리투아니아의 유태인 거주 지역에서 태어났으며, 미국으로 건너가 아나르코-페미니즘(anarco-feminism)을 창시한 걸출한 여성 아나키스트였다. (역자)

키즘 운동이 철학, 정치, 문화의 형식들에 걸쳐 광범위하게 펼쳐지고 있음을 알게 될 것이다.

대안적 활동을 하는 반대자들을 법정에 세운다는 측면에서 국가권력은 항상 주어진 삶의 일부분으로 받아들일 수밖에 없는 물리력이다. 법정, 감옥, 핵미사일 등의 형식을 갖춘 국가권력은 우리의 개인적인 느낌과 상관없이 더불어 살아야 할 야만적인 현실이다. 우리는 사회와 정치 생활 전반으로 권위주의가 깊게 뿌리 내린 환경에서 오랫동안 살아왔다. 따라서 권위를 수용하고 복종해야 한다는 생각은 우리 머릿속에 박힌 일반적인 생각이 됐으며, 이에 의문을 제기하는 것은 엄청나게 어려운 일이다. 이런 맥락에서 권위를 수용하는 것은 전문적인 의견이나 판단을 수용하는 것과는 엄연히 다르다.

아나키스트들은 일부 사람들이 다른 사람들보다 좀더 권위 있는 목소리를 낼 수 있는 경우가 있다고 보며, 그런 경우의 권위에는 반대하지 않는다. 예를 들어 아이 양육이나 의약 분야, 그리고 과학의 특정 분야에서는 아나키스트들도 권위를 행사하거나 수용하는 것이 합리적이라고 본다. 이는 이성에 근거한 하나의 도덕적 선택이거나 판단일 것이다. 그 요점을 바쿠닌은 이렇게 표현했다.

> 내가 모든 권위를 부정한다고? 그건 나를 모르고 하는 소리다. 장화에 관한 한 나는 장화 만드는 사람의 의견을 구한다. 집, 운하, 철도에 대해선 건축가나 엔지니어와 협의한다. … 그러나 장화 만드는 사람이든 건축가든 내게 자신의 권위를 강요하는 것을 나는 허용하지 않는다. 나는 자유롭게, 그리고 온당한 존경심을 갖고 그들의 말을 듣는다. … 그러나 나는 어떤 사람도 절대적으로 믿지 않는다. 그런 믿음

은 나의 이성, 나의 자유, 그리고 내 과업의 성공에 치명적일 것이다. 그런 믿음은 나를 즉각 어리석은 노예, 다시 말해 다른 사람의 의지와 이익을 위한 도구로 전락시킬 것이다.[38]

바쿠닌의 말은 유명한 한 실험을 통해 입증됐다. 이 실험에서 무작위로 뽑힌 사람들은 상대방에게 전기충격을 가하되, 점점 더 위험한 수준으로 전기충격의 강도를 높여가라는 지시를 받는다. 사실, 사용된 전기충격 장치는 전압을 높여도 실제로 충격 강도가 높아지지는 않게 되어있는 것으로, 상대방은 점점 더 고통스러워지는 듯한 시늉을 하며 적당히 비명을 지를 뿐이었다.[39] 전기충격을 가하라는 지시를 받은 사람들은 상대방이 내지르는 고통의 비명이 그저 연극일 뿐이라는 사실을 모르면서도, 대부분 전압을 계속 높이라는 명령을 거부하지 않고 따랐다.

박식한 아나키스트이자 《섹스의 즐거움(The Joy of Sex)》의 저자인 알렉스 콤포트(Alex Comfort)에게 불복종은 무책임한 국가권력에 맞서는 도덕적 명령이다. 그는 "저항과 불복종은 여전히 야만주의에 대처할 수 있는 유일한 힘"이며, "저항과 불복종을 실천하지 않는다면 우리는 무장 해제 상태에 있는 것"이라고 말했다.[40] 2차 세계대전 때 연합국들이 한 행동, 특히 독일 도시들에 소이탄 공격을 퍼부어 그곳 시민들을 대량 학살한 행위는 콤포트를 평화주의자로 만든 바로 그 야만주의였다. 평소 극적인 태도를 취함으로써 자신의 자유지상적 사회주의 성향과 역사관을 숨

---

[38] M. Bakunin, *God and the State*(London, 1883), George Woodcock, *The Anarchist Reader*(Sussex, 1977) 313쪽에서 인용.
[39] Stanley Milgram, *Obedience to Authority*(London, 1974)는 사람들이 권위를 받아들이는 정도에 대한 놀랄 만한 증거를 제공하는 실험들에 관한 이야기를 담고 있다.
[40] Alex Comfort, *Against Power and Death*(London, 1994) 13쪽.

기는 경향을 보였던 오스카 와일드(Oscar Wilde)도 콤포트와 비슷하게 반란의 중요성을 강조했다.

> 역사를 읽어 온 사람들의 눈에 불복종은 인간의 원초적 덕목이다. 진보가 이뤄져 온 것은 바로 불복종을 통해서다. 그렇다. 불복종과 반란을 통해서다.[41]

그는 19세기 말 탈계몽의 시대에, 앞선 자유주의적 양심을 지녔던 탓에 체포와 투옥, 요절로 인생을 마감했다. 그는 인습타파적인 행동이나 형식에 몰두하는 것으로 자신의 반항성을 표현했고, 그로 인해 불복종과 반항에 관한 그의 언설은 순진하고 소박하며 미숙한 것으로 남는다.

젊을 때는 위험한 반역자이지만, 견문을 더 넓히고 성숙해지면 청년 시절 자신이 품었던 이상주의가 철없었음을 깨닫고 다른 사람들과 똑같아지는 모습으로 아나키스트를 묘사하는 것은 너무도 흔해 익숙한 일이다. 다른 사람들과 점점 같아지는 것, 진정한 아나키스트로서 와일드는 바로 이 점을 거부했다.

모든 지도에 그려져야 한다고 와일드가 말한 땅, 유토피아는 그에게 정부가 없고 사유재산도 없는 곳, 마음의 상태와 경제의 상태가 같은 곳, 각자의 개성이 자신의 고유한 특성을 표현하는 곳이었다. 삶, 즉 존재의 목적은 영혼의 통일이라는 상상의 개념에 근거하지 않는다. 와일드는 성실성을 가식적이고 허구적인 것이라 여겼다. 그에게 중요했던 것은 천박

---

[41] Oscar Wilde, *The Soul of Man Under Socialism*(London, 1891)을 Linda Dowling이 엮어 재인쇄한 *The Soul of Man Under Socialism and Selected Critical Prose*(London, 2001) 130쪽. 와일드의 아나키즘에 대한 극화는 Terry Eagleton, *Saint Oscar and Other Plays*(Oxford, 1997)를 볼 것.

함을 피하고 양성적(兩性的)인 다원성의 모든 측면에서 진정성을 추구하는 것이었다.

《사회주의에서 인간의 정신(The Soul of Man under Socialism)》에서 와일드는 서로 모순되곤 하는 사회주의의 요구들과 자유로운 개인의 정신을 하나로 엮음으로써 아나키즘의 이상을 정확히 표현했다. 그 과정에서 와일드는 개성화와 개인주의의 차이를 인식했다. 이는 브리태니커 백과사전 11번째 판에 실린 아나키즘에 관한 크로포트킨의 글에 담긴 내용과 비슷하다.[42]

와일드는 노동자나 생산자와 같은 용어를 버리는 대신 사회주의 공동체에서의 개성 해방을 이야기했다. 이런 개성 해방은 예술가들이 열렬히 요구하는 자유를 모든 개인들에게 부여한다. 그는 사유재산의 철폐만이 소유와 지배의 물신으로부터 사람들을 해방시키고, 그들이 본래의 자신으로 존재할 수 있도록 한다는 점을 이해하고 있었다.

때때로 와일드는 '샴페인 사회주의자'[43]로 간주되지만, 이는 잘못된 비판이다. 와일드의 자유지상적 사회주의는 결코 시시하지 않다. 그의 자유지상적 사회주의는 개성화에 뿌리를 두고 있지만, 공산주의에 의존하고 있고 사회적 현실주의의 섬세한 감각에 의해 뒷받침되고 있다. 바쿠닌과 마찬가지로 그는 권위주의적 좌파 국가의 위험성을 예언적으로 경고했다. 그리고 재산을 빼앗기거나 주변으로 밀려났지만 위협에 겁먹지 않는 사람들을 옹호했다. 이런 집단에 속하는 사람들은 정치적으로 깨어

---

42 Nicholas Walter가 엮은 Peter Kropotkin, *Anarchism and Anarchist Communism*(London, 1987) 8쪽. 이 책에는 1910년 브리태니커 백과사전에 처음 실린 뒤 1960년까지 계속 게재된 크로포트킨의 글이 포함돼 있다.
43 '사치스럽고 부르주아적인 사회주의자'라는 뜻이다.(역자)

있지 않을 수도 있지만, 그들이 품고 있는 불만이 그들을 지적인 사람으로 만든다. 아울러 공상적 사회개량주의자들의 자선행위에 속아 넘어가기를 거부하는 태도도 그들을 지적으로 만든다. 자기 본분을 다하고 타블로이드 신문을 읽으며 체제에 순응하는 '고결한 체하는 빈자'[44]는 "적과 은밀히 타협하고, 상한 죽 한 그릇을 얻기 위해 태어나면서 부여받은 권리를 판다."[45]

와일드는 물질적인 빈곤이 사람들에게 어떤 영향을 주는지를 날카롭게 인식하고 있었지만, 모든 사회계급에 일어날 수 있는 '사고의 빈곤'에 대해서도 역시 분명히 알고 있었다. 이런 빈곤은 권위의 본성이 초래한 것이며, 그 권위가 독재에서 나온 것이든 민주주의에서 나온 것이든 모든 사람들로부터 그들이 가질 수 있는 존엄성을 박탈한다고 와일드는 생각했다. 그 원천이 무엇이든, 그리고 그 관철 수단이 무엇이든 권위는 민중을 매수해 순응하게 하는 경향이 있다. 사람들이 이런 사실을 깨닫지 못한 채 무의식적으로 걸쳐 입는 옷과 서로 공유하는 의견이란 사실상 간접적으로 건네받았거나 전해들은 것이다. 민중은 애완동물과 같다.

정체성, 역할 전환, 사회적 성의 양분(兩分)을 줄기차게 다룬 와일드의 연극 무대에서 그의 예술과 정치는 하나로 융합된다. 와일드가 영국 문학의 형식들을 선동적으로 차용했다는 점은 그다지 부각되지 않았다. 이는 그가 아일랜드인으로서의 속성과 식민지 신민으로서의 역사적 정체성을 지니고 있었다는 점이 무시된 결과다. 브뉘엘[46]의 〈부르주아의 분별 있는 매력(The Discreet Charm of the Bourgeoisie)〉에 나오는 대사들

---

44 공상적 사회개량주의자를 표현한 말이다.(역자)
45 Wilde, *The Soul of Man Under Socialism*, 13쪽.
46 루이스 브뉘엘(Luis Bunuel, 1900~1983)은 스페인 출신 영화감독이다. 관객들을 충격에 휩싸이게 하는 장면을 담은 초현실주의 계열의 영화와 부르주아 및 종교를 비판하는 내용의 영화를 많이 제작했다. 〈부르주아의 분별 있는 매력〉은 그가 72살 때 만든 작품이다.(역자)

처럼 와일드의 연극들도 단지 사회적 형식들을 다룬 것처럼 보일 수도 있다. 그러나 그의 연극들은 전복적인 메시지를 담고 있으며, 아주 많은 사람들의 정체성을 뒷받침하는 겉치레를 허물어뜨린다.

이런 일은 무대에서 부르주아를 경박한 인물로 극화함으로써 일어난다. 게다가 이런 극화는 균형감 있고 세련되게 이뤄지기 때문에 중산계급 관람객은 사실은 조롱의 대상인 것과 스스로를 동일시하며 일체감을 느끼고, 심지어 그것을 부러워한다. 와일드는 특히 중산계급의 도덕관을 겨냥해 비웃음을 날렸다. 하지만 그의 전복적 비판의 요체는 사회적으로 구축된 정체성은 사실 근거가 없는 것이며, 이런 정체성은 형성되는 만큼이나 쉽사리 해체될 수 있다는 인식을 극화하는 데 있다.

주체의 해체라는 와일드의 작업은 인간의 본성, 특히 인간의 본성이라는 개념에 어느 정도의 의미가 부여되는가에 대해 의문을 제기한다. 노엄 촘스키와 같은 일부 아나키즘 사상가들은 '인간 정신의 밑바탕에 깔린 선천적이고 생물물리학적 도식들'이라는 관점에서 인간의 본성을 파악한다. 촘스키는 언어학자로서는 인간 언어의 근본 구조들을 발견하는 작업을 벌였지만, 흥미롭게도 이런 과학적 작업과 그의 정치철학을 엄격한 추론이나 대비로 연결시키지는 않는다. 그러나 전체적으로 아나키즘은 인간의 본성에 대한 추상적인 물음에는 그다지 큰 의미를 부여하지 않는다. 대신 인간의 본성이라는 개념과 그 내용을 본질적으로 변화무쌍한 현실 여건 속에 재배치하는 존재론을 선호한다.

아나키스트들은 마르크스를 따라 인간의 본성을 사고한다. 다시 말해 인간의 본성은 고정불변한 것이 아니라 사회경제적 성격을 지닌 역동적인 인간 활동에 의해 지배되는 어떤 것이라는 관점이다. 그들은 '현실 속에 존재한다'는 것은 고정된 정기행사가 아니라 가변적인 축제라는 확고한 철학적 관념을 가지고 있다. 따라서 그들에게 인간의 본성과 같은 보편적인 진리에 관한 주장들은 의심스러울 뿐이다.

이 주제는 그것이 아나키즘과 맺는 철학적 관련성에 비추어 다음 장에서 집중적으로 다루고자 한다. 여기서 관련성이라 함은 우리가 누구인지는 우리가 사는 삶의 방식, 다시 말해 비트겐슈타인이 '삶의 형식들'이라고 부른 것에 의해 종종 결정된다는 관념에, 그리고 생활방식이 바뀌면 인간의 본성도 바뀐다는 관념에 중요한 의미를 부여한다는 측면을 말한다. 이런 측면은 자유지상적 공산주의가 마치 아름다운 사상인 것처럼 들릴지 모르지만 인간의 본성으로 인해 소화될 수 없는 어떤 진실들 때문에 실패할 운명을 갖고 있다는, 친숙한 언설에 대한 아나키스트들의 대응이다.

아나키즘은 보편적 진실들에 대한 주장들, 특히 고정된 인간 본성에 관한 관념들에 대해서도 회의적이다. 이런 관념들은 정치적으로 중립적인 것처럼 보이지만, 실제로는 권력 및 통제의 문제들과 연결돼 있음을 역사가 보여주고 있기 때문이다.

이런 사고의 영역에서는 미셸 푸코의 작업을 들여다볼 필요가 있다. 그의 역사 탐구는 지식과 관련된 주장들이 권력 및 지배의 위계들과 어떻게 얽혀있는지를 보여준다. 비록 푸코는 스스로를 그 어떤 사상체계와도 일치시키기를 꺼려했지만, 푸코의 작업은 아나키즘과 동맹관계에 있다고 볼 수 있다.

푸코는 관념들에 관한 역사가, 특히 인간 주체성 관념에 관한 역사가로 자신이 규정되기를 원했다. 푸코의 그 같은 태도는 부분적으로는 그 어떤 '이즘'도 거부한다는, 그 스스로의 방법론적 명령에 따른 결과다. 인간이 주체로 형성되는, 그리고 스스로를 그런 주체로 인식하게 되는 방식은 하나의 역사적 과정이다. 푸코가 《광기와 문명(Madness and Civilization)》, 《성의 역사(The History of Sexuality)》, 《규율과 처벌(Discipline and Punishment)》과 같은 책들에서, 특정한 사회집단들이 더 강력한 사회집단들의 담론에 의해 대상화되고 주변화되는 방식을 연구했다는 사실은 잘 알려져 있다.

푸코의 작업은 아나키즘에 중요하다. 그가 역사 연구에서 국가의 총체성이 어떻게 발달했는지, 그리고 국가권력이 어떻게 성장해 그동안 자신의 관심영역 밖에 있던 삶의 영역들을 침범했는지를 탐색한 방식 때문이다. 르네상스 이후의 국가는 전통적인 영토의 영역을 넘어, 우리가 아직도 사적인 영역이라고 생각하곤 하는 영역들로까지 자신의 권력 범위를 확대하기 시작했다.

푸코가 규율 기술(disciplinary technology)의 예로 19세기 사회개혁가이자 재판관인 제러미 벤담[47]이 설계한 특별 감옥 팬옵티콘을 든 것은 잘 알려져 있다. 이 감옥의 한 탑에서는 모든 감방을 다 관찰하는 게 가능하지만, 각 감방의 수감자들은 자신이 언제 집중적으로 감시되는지를 결코 알지 못한다. 팬옵티콘은 신체에 대한 완벽한 통제를 가능하게 하는 감시의 한 패러다임이면서도 전적으로 합리적이면서도 공리적인 것으로 간주됐다. 이 같은 팬옵티콘은 합리성이 어떻게 통제와 지배의 과정에 활용되는지를 보여준다. 벤담으로서는 팬옵티콘이라는 개념을 자신의 독자들에게 소개하는 것이 합리적이라고 생각했을 것이다.

그리고 오늘날의 세계에서 우리는 프루동의 피동사 목록들[48]의 배후

---

47 벤담(Jeremy Bentham, 1748~1832)은 영국의 철학자이자 법학자. 인생의 목적은 '최대 다수의 최대 행복'의 실현에 있으며, 쾌락을 조장하고 고통을 방지하는 능력이야말로 모든 도덕과 입법의 기초원리라고 하는 공리주의를 주창했다.(역자)
48 각주 31) 해당 부분 참조.(역자)

에 있는 관료적, 제도적 관행들이 고의적인 사기와 강요에 기초한 것이 아니라 현대 사회의 정상적인 특징이라고 보는 게 합리적이라고 생각하도록 유도되고 있다. 보다 최근의 통제 기술들을 감안한다면 프루동의 피동사 목록은 더 길어질 수 있다.

비디오테이프에 기록되고, 캠코더에 녹화되고, 감시당하고, 감독당하고, 문서화되고, 분류되고, 항목별로 나눠지고, 암호가 부여되고, 사진 찍히고, 인가되고, 디지털화되고, 바코드가 찍히고, 범주화되고, 국가 커리큘럼으로 만들어지고, 할인 카드화되고, 사은품을 받는 보너스 카드화되고, 체계화한 시스템의 일부가 되고, 유전자 기록이 보관되고, 폐쇄회로 화면에 잡히고,[49] 접근통제 카드화되고, 신분증명 카드화되고, 데이터베이스에 저장되고, 인구조사 꼬리표가 붙고, 측정되고, 평가되고, 차례로 나열되고, 스캐닝되고, 돌려지고, 감정되고, 위계를 부여받고, 대상화되고….

이런 말들을 프루동의 목록에 추가하고 모두 다 읽어내려 가면 편집증적으로 들리기 시작할지도 모른다. 하지만 각각의 피동사를 분리해 따로 말한다면, 정상적인 시민이라면 누구도 반대하지 않는 게 보통인 현대 자유주의 국가의 합리적이고 분별 있는 측면들로 해석될 것이다. 그렇다고 이런 점이 현대 자유주의 국가에서의 삶이 오웰식의 독재 아래서 사는 것과 아무런 차이가 없음을 뜻하는 것은 아니다. 오히려 그 반대다. 푸코가 보여주고 싶어 했던 것처럼 권력이 기능할 수 있는 방식의 핵심은, 지배를 받는 시민들이 스스로 복종하는 태도로 자기 자신을 감시하도록 순

---

49 영국에서는 150만 대로 추정되는 폐쇄회로 텔레비전(CCTV) 카메라가 시민들의 오고 가는 모습을 기록하고 있다. 런던 시민은 하루에 약 300번 카메라에 잡히며, 얼굴 인식 소프트웨어도 이미 런던의 뉴햄에 설치돼 있다(*The Sunday Times*, 2002년 6월 16일). 또한 폐쇄회로 텔레비전은 교도소의 일부 구역의 감방들과 격리 사옥들에 설치돼 왔다.

종적인 역할을 내면화하게 만드는 데 있다.

정상(正常)이라는 개념에 대해 아나키스트들은 극히 회의적이다. 와일드가 그랬을 것처럼 아나키스트들은 "아마도 오늘날 목표는 우리가 무엇인가를 발견하는 게 아니라 우리의 현재 모습을 거부하는 것일 것"[50]이라는 푸코의 충고를 수용할 것이다. 현재의 우리 모습이란 우연히 역사적으로 물려받은 사회적, 정치적 정체성들을 마치 자연적이고 불변인 것처럼 스스로 받아들임으로써 순응적이고 복종적으로 되어 가는 것일 수 있다고 푸코는 말한다.

아나키즘의 스펙트럼

국가권력에 대한 아나키즘의 거부는 정치적으로 공산주의와 극단적인 개인주의에 걸치는 호(弧)의 측면에서 묘사될 수도 있다. 이 호는 본질적으로 여러 요소가 혼합되어 있고 주변의 경계들이 모호한 그런 호이다. 그럼에도 분명히 규정할 수 있는 경계들이 일부 있지만, 경계들의 그림자에 숨은 애매한 장소들도 있다.

그 가운데 하나의 경계는 공산주의적 아나키즘이 전통적인 공산주의와 갈라서는 지점에서 볼 수 있다. 거기서 양쪽은 가장 결정적으로 국가의 역할을 둘러싸고, 그리고 기존질서에 대해 저항하는 방법들을 둘러싸고 갈라선다. 이에 못지않게 중요한 또 하나의 경계는 개인주의적 아나키즘이 극단적인 우익 보수주의와, 그리고 우익 보수주의의 자유시장 숭

---

50 Paul Rainbow 엮음, *The Foucault Reader*(London, 1984) 22쪽.

배와 구별할 수 없게 되는 지점에 놓여있다. 아나키스트들은 일반적으로 이런 영역에 존재하는 우익 자유지상주의를 가리키는 '아나르코-자본주의'란 말을 모순어법으로 본다. 그러나 이 용어는 결코 사라지지 않을 자유지상주의를 둘러싼 모호성을 드러내는 것이다.

검정색은 전통적으로 아나키즘과 연관되는 색이다. 아나키스트들은 아나키즘과 공산주의라는 자신들의 양대 이상에 대한 충성의 표시로 검은색과 빨간색 깃발을 종종 사용한다. 스펙트럼의 다른 한 끝에는 개인주의적 아나키즘이 있다.

때때로 아나키즘보다 원시 자본주의의 미덕을 좀더 열렬히 신봉하는 극단적 개인주의 진영은 본질적으로 보수적인 의제를 갖고 있다. 이런 점은 우익 자유시장주의자들이 시장의 자유를 생활의 습관이나 양식 또는 성적인 선호와 같은 다른 영역들로 확장하기 어렵다는 점에서 알 수 있다. 우익은 자유시장을 주창할 때 자유지상주의의 언어를 사용하지만, 자유지상적 원칙을 경제 영역에 국한시키는 경향을 보인다. 그들은 상품이 국가의 방해 없이 자유롭게 유통돼야 한다고 생각하지만, 성적인 정체성에 대해서는 그렇게 생각하지 않는다.

개인주의적 아나키즘은 국가가 관련될 경우에는 고전적인 자유주의 입장과 그 어휘들인 자유, 정의, 관용, 개인적 권리 등을 가능한 한 최대로 밀어붙인다. 존 롤스(John Rawls)의 《정의론(A Theory of Justice)》(1971년)은 자유주의의 가장 설득력 있는 표현들 가운데 하나로, 자유로운 개인과 가능한 한 작은 야경국가 사이의 사회계약이라는 개념을 내세우고 있다. 《정의론》은 모두에게 동등한 기회를 보장하기 위해 법률이 왜 필요한지를 자유지상적 원칙들로부터 세심하게 추론함으로써 복지국가의 철학적 기초를 제공한다. 롤스의 동료인 로버트 노직(Robert Nozick)은

1974년에《아나키, 국가, 그리고 유토피아(Anarchy, State, and Utopia)》로 대답했다. 이 책에서 그는 롤스가 제시했던 것보다 훨씬 더 규모가 작은 최소국가, 그리고 최대한으로 순수한 자유시장이 필요함을 주장했다.

이런 종류의 자유롭고 국가 없는 사회는 미국 이론가들이 가장 잘 그려낸다. 이런 사회를 지지하는 사람들은 국가 없는 사회가 어떻게 필수적 공공서비스를 제공할 수 있는지를 설명해야만 했다. 그들은 그 과제에 대해 여러 가지 대답을 내놓았다. 그들에게 유토피아는 주권을 지닌 개인이 누리는 불가침의 권리가 재산에 대해서도 그대로 부여되고, 민간 기관에서 법원과 치안과 같은 필수 서비스를 제공하는 형태의 사회 공동체가 된다. 자유시장이 창출한 민간 기관들이 계약을 통해 개인이나 각종 공동체 집단들에게 서비스를 제공한다는 것이다. 이런 주장을 펼 때 그들은 대개 부정적인 측면을 부각시키는 경향이 있다. 이를테면 그들은 정부의 영역이 아닌 것들에 대해 강조하고, 어느 한 개인에게 다른 개인들의 집단이 해서는 안 되는 게 무엇인지를 강조한다.

1970년대와 1980년대에 자유시장을 중시한 미국의 우파는 노직의 테제들을 열렬히 수용했다. 그들은 개인주의적 아나키즘이 우익 자유방임 경제학을 뒷받침하는 근거의 일부가 될 경우, 주류 아나키즘과의 공통점이 거의 없어진다는 것을 보여주었다. 매춘과 마약의 합법화와 같은 쟁점도 포괄하고 있었던 노직의 사회적 자유지상주의는 양도할 수 없는 재산권을 승인하는 철학에 더 많이 이끌린 사람들을 비롯한 미국 우파에게 감명을 주지 못했다.

자유지상적 성격을 띤 주장들이 야만적인 자본주의를 지지하는 데 이용될 수 있다는 사실, 그리고 재산을 소유한 개인들이 개입하는 국가권력에 반대해 자유를 주장하는 데 이용될 수 있다는 사실은 자유라는 개념이 지닌 탄력성을 보여준다. 다시 말해 이기적이 될 자유를 뒷받침하기 위해 자유라는 개념이 동원될 수 있다는 것이다.

그러나 아나키즘 안에서는 개인주의와 공산주의 사이에 연속성이 분명히 존재한다. 자유지상주의자들이 한쪽을 버리고 다른 한쪽을 강조하는 등 선택적인 주장을 하는 것도 바로 이런 연속성 때문이다. 크로포트킨과 같은 19세기 아나키스트들과, 머레이 북친(Murray Bookchin)[51]과 같은 현대 아나키스트들의 목소리가 공산주의적 아나키즘의 모델이라면, 막스 슈티르너(Max Stirner)는 개인주의적 아나키즘의 전형적인 옹호자로 남아있다.

미국에서 현대 개인주의적 아나키즘이 갖는 호소력을 역사적으로 이해하는 실마리는 그 지적 뿌리에서 찾을 수 있다. 독일인 슈티르너가 자신의 책 《자아와 그 소유(The Ego and Its Own)》(1844~5)에서 반향을 불러일으킨 비타협적인 개인주의 선언은 미국에서 개인주의적 아나키즘의 지적인 뿌리들이 자라도록 비옥한 토양을 제공했고 직접 영향을 주기도 했다.

《자아와 그 소유》의 1장에 따르면, 신은 죽었지만 기독교적 도덕은 죽지 않았다. 그리고 '내세(來世)'라는 개념은 어떤 인간 본질이라는 관념을 통해 우리를 계속 황폐하게 하는데, 이는 마치 인권의 원칙들이 우리가 누구인지를 가르침으로써 우리를 황폐하게 만드는 것과 같다. 결론적으로 슈티르너는 내면화한 정신적인 권위가 우리의 자율성을 계속해서 미혹시키고 있다고 주장했다. 그는 삶을 즐기고 확장하는 수단으로서

---

51 북친(1921~)은 저명한 사회생태학자다. 1930년대 주물공장 노동자로 노동운동을 시작했으며, 1964년 근본생태학이 기존 지배질서에 수용되고 변형됐다고 비판하며 사회생태학을 제창했다. 그의 사회생태학은 '인간의 자연 지배는 인간의 인간 지배에서 비롯한다'는 논지를 내세워 위계질서와 지배에 대해 비판하고 그것을 거부할 것을 주장했다. (역자)

자기중심주의를 주창했다. 이를테면 자기 자신의 복리를 증진하고 인간들을 사랑하는 것은 그렇게 해야 하기 때문이 아니라 그렇게 하기를 원하기 때문이어야 한다는 것이다.

> 자유의 가르침은 오직 이것이다. 당신 자신을 비우고, 부담스러운 모든 것을 벗어 던져라. 자유는 당신 자신이 누구인지에 대해 가르치지 않는다. 비워라, 비워라! 당신 자신을 비워라. 이것이 슬로건이다. 자유는 '스스로를 부정하라'고 말한다. 그러나 소유(ownness)는 당신 자신으로 당신을 되돌린다. 소유는 '너 자신으로 돌아가라!'고 말한다.[52]

슈티르너가 《자아와 그 소유》의 2장에서 국가에 대해 퍼부은 신랄한 공격은 '소유'에 대한 그의 실존적인 관념과 밀접하게 연결돼 있다. '소유'가 자기표현, 자기발견, 자기창조를 할 수 있도록 사회가 제공하는 기회들을 완전히 누릴 수 있는 모든 개인들의 침해될 수 없는 권리를 표현하는 것인 한 '소유'라는 관념은 아나키스트들에게 분명한 호소력을 발휘한다. 슈티르너는 어떤 지식의 관념들이 진리가 되려고 하는 방식에도 관심을 기울이며, 특정한 계급이나 집단이 그와 같은 지식의 영역에 접근할 수 있다는 입장에 기초해 어떻게 특별한 지위를 주장하게 되는가 하는 것에도 관심을 쏟는다.

이런 측면은 지식을 가진 사람들과 지식을 갖지 못한 사람들로 사회

---

52 David Leopold가 엮은 *The Ego and Its Own*(Cambridge, 1995) 148쪽. 이 책은 1844년 말(제목은 1885년)에 *Der Einzige und Sein Eigentum*으로 처음 출간됐다.
슈티르너의 '소유'(ownness)라는 개념은 소유권이라는 의미뿐만 아니라, 자아 본성과 고유성을 포함하는 철학적 개념이다. 적당한 번역어가 없어 여기서는 '소유'로 옮겼다. (역자)

가 위계적으로 분열되도록 한다. 지식은 어떤 순수 지식이나 형이상학적인 헛소리의 영역에 속하는 것이 아니라 개인의 경험, 다시 말해 지금 이곳의 현실에 바탕을 둔 연속성의 일부라고 슈티르너는 단언한다. 특별한 지식이 엘리트층을 만들어내는 기초로 이용되는 것에 대해 그의 관점을 적용하면 세계 최초의 국가들이 출현한 배경을 이해할 수 있다.

아마도 고대 메소포타미아에서 처음으로 이런 양상이 벌어져 초기 계급분열을 촉진했을 것이다. 메소포타미아에서는 신과 유일하게 접촉할 수 있다고 주장하는 가족 집단을 통해 계급분열이 촉진됐고, 이 가족 집단은 식량의 잉여생산에 의존함으로써 노동을 하지 않아도 되는 특별한 성직자 계급이 되었을 것이다.

그 자신 허무주의자였고 니체의 선구자이기도 했던 막스 슈티르너는 아나키스트들에게 혼란스러운 사상가로 남아 있다. 많은 아나키스트들이 그의 국가에 대한 공격과 개인의 힘에 대한 찬양에 대해 호의적이었고, 미국 사상가들도 바로 이런 측면 때문에 그에게 호감을 가졌다. 하지만 이들은 그의 극단적인 개인주의와는 거리를 둔다. 슈티르너와 같은 시대를 살았던 칼 마르크스로 하여금 《독일 이데올로기》에서 수백 쪽에 걸쳐 슈티르너의 주장을 반박하게 만들었던 우려들을 많은 아나키스트들도 공유하기 때문이다. 마르크스는 슈티르너의 개인주의에 담긴 비사회적이고 비역사적인 함의에 거부감을 가졌고, 많은 아나키스트들도 같은 이유에서 슈티르너를 선택적으로 그 일부만 받아들임으로써 과잉복용의 위험을 피해갔다.

슈티르너의 '소유' 개념은, 자본주의의 부정의에 대한 대응으로 아나키스트들이 전통적으로 강조해온 공동의 직접행동, 동료애, 상호부조와 거리가 멀다. 슈티르너의 '소유'가 지칭하는 실존적 자아는 물질적,

역사적 환경 속에서 자아가 창조되는 방식을 무시한다. 실존적 의식은 사회적 진공상태에서 존재하지 않는다. 아울러 개별적인 것(the individual)을 개인(an individual)으로만 간주하는 것은 애초부터 개인이 무엇을 의미하는지에 대한 이해를 돕는 사회적 힘들을 무시하는 것이다.

이런 의미에서 슈티르너주의는 주류 공산주의적 아나키즘으로부터 멀리 떨어져 있다. 아나키즘의 공산주의적 핵심은 와일드가 생각했던 것처럼 개성화를 찬양하는 사회적 존재에 기반하는 것으로 자유를 바라본다. 자유의 가치가 이런 사회적 뿌리에서 떨어져 나올 경우 그것은 순수 개인주의로 이해되고 경험됨으로써 머레이 북친이 라이프스타일 아나키즘이라고 불렀던 것으로 전락하는 경향이 있다.

미국 아나키스트들의 선배 격인 북친은 개인주의적 아나키즘에 대해 때때로 불같은 공격을 편다. 이는 아마도 미국이 근본적이고 현실적인 정치를 희생시키는 대신 라이프스타일 자유지상주의를 양육하는 방식을 아주 가까이에서 관찰할 수 있기 때문일 것이다.[53] 그러나 불행하게도 북친의 이런 공격은 그로 하여금 개인주의적 아나키즘을 개인적 계몽에 대한 뉴에이지 및 이피(Yippie)[54]식 관념들과 뭉뚱그리게 함으로써 상고주의(primitivism)[55]와 약간의 포스트모더니즘이 뒤범벅된 잡탕을 만들게 했다. 그 과정에서 슈티르너, 니체, 푸코는 캘리포니아 방식의 심리치료술과 같은 기묘한 행위를 자기도취로 정확히 지적하는 목소리에 의해 아무런 차이도 없는 것으로 된다.

---

[53] Murray Bookchin, *Social Anarchism or Lifestyle Anarchism*(Edinburgh and San Francisco, 1995).
[54] Youth International Party의 머리글자와 히피(hippie)의 피(pie)를 합성한 말로, 신좌파(New Left)와 히피의 중간을 자처하는 미국의 젊은이들을 가리킨다.(역자)
[55] 산업사회와 농경사회 이전으로의 복귀를 옹호하고 기술의 발전, 기술이 낳는 소외, 그리고 이로 인한 전체적인 사회변화에 반대하는 삶의 방식을 추구하는 철학을 말한다.(역자)

여러 가지 다양한 급진적 사상들을 부르주아 퇴폐주의의 양상이라고 싸잡아 매도하는 북친의 무차별한 낙인찍기는 좀더 정교하게 이뤄져야 할 가치판단을 모호하게 만드는 습성을 갖는다. 하지만 이보다 더 유용한 측면은, 그가 라이프스타일 자유지상주의의 근저를 이루는 뿌리 뽑힌 아나키즘을 현대 자본주의 아래서의 무기력함을 드러내는 징후로 자리매김했다는 점이다.

게다가 아나키즘과 관련해 상고주의의 가치를 평가하는 데서 그의 신랄한 비판은 더욱 초점을 분명히 한다. 미국의 반권위주의의 한 종류인 상고주의는 1990년대에 유너보머 추적을 둘러싼 사건들을 계기로 대중의 주목을 받았다. 상고주의는 아나키즘을 자처하지만, 아나르코 자본주의와 마찬가지로 우익 극단주의에 존재하는 개인주의적 주변 이탈자들에게 더 친숙하다.

1967년에 대학교수를 그만둔 테드 카진스키(Ted Kaczynski)는 몬태나주에 있는 약 11제곱미터 크기의 오두막에 칩거했다. 이 오두막은 전기가 들어오지 않고 수도도 연결돼 있지 않았다. 그는 1970년대 말부터 시작된 일련의 폭발사건을 일으킨 혐의로 1996년에 체포될 때까지 이곳에서 살았다. 〈워싱턴포스트〉와 〈뉴욕타임스〉는 자신의 글을 실어주면 폭발물 공격을 중단하겠다는 카진스키의 제안을 받아들여, 그가 왜 공격을 했는지를 설명한 유너보머 선언을 게재했다. 그는 실제로 공격을 멈췄지만, 이듬해에 결국 체포됐다.

카진스키는 존 저전(John Zerzan)[56]과 같은 상고주의자들의 글에서

---

56 존 저전은 자본주의와 국가뿐 아니라 문명 자체도 본질적으로 억압적이라고 비판했으며, 역사 이전의 삶의 방식으로부터 자유로운 사회의 모습을 추론했다. 《거부의 요소들(Elements of Refusal)》(1988), 《미래 상고주의(Future Primitive)》(1994), 《공허를 달리다(Running on Emptiness)》(2002) 등을 저술했다.(역자)

영향을 받았다. 저전의 글들은 문명의 병폐를 문명 그 자체와, 문명의 기술숭배가 초래한 해로운 결과들에서 찾는다. 상고주의의 입장에서는 시장의 이윤추구 동기에 좌우되는 기업의 기술이 아닌 기술 그 자체가 우리의 삶의 방식을 구축하는 힘으로 간주된다. 왜냐하면 기술 그 자체가 사회 현실 속에 그 자신의 경직되고 소외된 형식들을 복제한다고 보기 때문이다. 기술은 자신을 창조한 사람의 통제에서 벗어날 뿐만 아니라, 더 나아가 프랑켄슈타인의 괴물처럼 스스로 생명을 갖춤으로써 존재론적인 힘까지 획득해 왔다.

상고주의는 원시 구석기시대적 관점에서 기계라는 괴물에 대해 반대한다. 그들에게 구석기시대란 "필요한 게 거의 없고 모든 욕구가 쉽게 충족된다는 점에서 풍요로운" 세계였다. 아울러 "우아하고 가벼운 연장통을 사용했고 … 아나키적이었으며 … 춤추는 사회, 노래하는 사회, 축복하는 사회, 꿈같은 사회였다."[57]

어떤 원시 사회들은 비권위주의적이고 비국가적인 특성을 지닌다는 측면에서 정말로 높이 평가될 수 있다. 그러나 상고주의는 도식적이면서도 시대의 차이를 고려하지 않은 채 원시성의 축복과 전체주의적 성격을 지닌 기술을 이분법적으로 대치시키는 어리석은 일반화를 함으로써 스스로 조롱의 대상이 되곤 한다. 현대 기술을 이용하는 것을 배제하지 않는 방식으로 기술을 정의하는 등 상고주의가 제 아무리 세련된 형태를 취한다 하더라도 기술의 이용이 어떻게 자본주의의 요구와 관련되는지에 대한 인식은 결여돼 있다.

예를 들면 말레이시아의 사라와크주에서 산림생활을 하던 페난족의

---

57 George Bradford, 'Civilization in Bulk', *Fifth Estate*(Spring, 1991). Murray Bookchin, *Social Anarchism or Lifestyle Anarchism* 36~37쪽.

평화롭고 비국가주의적 사회는 1980년대 말에 거대한 기계들이 그들의 주거지인 산림을 완전히 베어버림에 따라 파괴됐다. 그러나 그들의 집과 문화를 파괴한 전기톱 기술은 정부의 지원을 받으며 이윤 극대화를 추구한 목재회사들의 한 기능일 뿐이었다.[58] 실제로 페난족의 생활방식을 파괴한 것은 거대 기계가 아니었다. 이윤이라는 동기 때문이었다. 페난족에게 발생한 사건을 이해하고, 그들의 고통으로부터 교훈을 얻으려면 상고주의자들의 비역사적인 전망과는 공통점이 거의 없는 다른 방식으로 역사와 경제, 정치를 종합해야 한다.

웹[59]이나 잡지 〈녹색 아나키스트(Green Anarchist)〉를 통해 상고주의를 천착해 보려고 하는 사람이라면 누구나 상고주의를 뒷받침하기 위해 동원된 아도르노와 호르크하이머 등의 텍스트들을 발견하게 될 것이다. 하지만 상고주의는 그런 영향력 있는 인물들을 감당하지 못한다. 그들의 복합성과 마르크스주의적 역사관을 가지고 있지 않기 때문이다. 마찬가지로 《도덕들의 계보학에 관하여(On the Genealogy of Morals)》에서 보이는 니체의 날카로운 통찰력과 상고주의의 인류학을 비교해 본다거나, 기술문명을 비판한 상고주의에 대해 쓴 하이데거의 논문[60]을 봐도 상고주의의 허점을 발견할 수 있다.

단조로운 산문체로 쓰인 유너보머의 선언에도 상고주의의 약점은 그대로 반영돼 있다. 이 선언의 도입부는 상고주의의 특징인 사고의 혼란에서 아주 전형적으로 나타나는 역사분석의 결함을 합리적 관찰과 결합

---

58 World Rainforest Movement와 Sahabat Alam Malaysia, *The Battle for Sarawak's Forests*(Penang, 1990), Bruno Manser, *Voices from the Rainforest*(Selang, 1996)를 볼 것.
59 www.primitivism.com에 올려져 있는 John Moore, 'A Primitive Primer'가 간결한 설명을 해주고 있다. John Zerran, *Future Primitive*(New York, 1994)도 볼 것.
60 Martin Heideger, *The Question Concerning Technology and Other Essays*(New York, 1977).

시키고 있다.

> 산업혁명과 그 결과는 인류에게 재앙을 가져왔다. 그것은 선진국에 사는 우리들의 기대수명을 크게 늘렸지만 사회를 불안정하게 했고, 삶을 불충분한 것으로 만들었으며, 인류에게서 존엄성을 빼앗았다. 뿐만 아니라 그것은 광범위한 심리적 고통(제3세계에서는 물리적 고통)으로 이어졌고, 자연세계에 심각한 피해를 입혔다.[61]

여기서 산업혁명의 병폐로 지적된 것들은 바로 현대 자본주의의 간접적인 표현이다. 이런 사실을 인식하지 못한다는 것은 역사적인 이해에 이르지 못했음을 의미한다. 대신 상고주의의 기본 신조를 표현하는 데 그침으로써 사회적 병폐의 근본 원인들이 애초부터 인류학적인 것이 돼 버렸다. 산업화는 인류가 진화하며 행동해온 방식과 심각하게 어긋나며, 인류에게서 그들의 목적 달성에 반드시 필요한 존엄성과 자율성을 빼앗는 것으로 간주된다. 기술은 변화의 속도와 성격을 결정하고 강요함으로써 인간적이어야 할 것들에 균열을 낳고, 그 결과로 사람들을 마비시키는 불안전 의식을 초래해 사람들로부터 스스로 행복하고 만족할 줄 아는 능력을 박탈해 버린다.

유너보머의 선언은 시민들에게 주어진 개인적 자유들은 겉치레라고 주장한다. 왜냐하면 그런 자유들은 중요한 자유들이 아니며, 따라서 사람들이 의미 있는 성취를 이루기 위해 필요한 것들을 주지 못하기 때문이라는 것이다. 이런 설명이 고등학교 수준의 사회학에 불과한 것처럼 보이는

---

61 유너보머 선언은 www.time.com/time/reports/unabomber 등 다양한 웹 사이트에서 볼 수 있다.

것은 상고주의가 지닌 분석력의 빈곤 때문이다. 그렇다고 해서 카진스키의 행동으로 인해 세 명이 목숨을 잃었다는 사실을 사소하게 취급한다는 말도 아니고, 그가 반대한 체제에 대해 스스로 이반하고 증오했다는 점 자체의 타당성을 무시한다는 말도 아니다. 요점은 이 책이 이해하는 의미에서의 아나키즘에 대해서는 상고주의가 기여를 한다고 해도 단지 사소하고 주변적인 기여를 하는 데 그친다는 점이다.

크로포트킨은 동시베리아와 북만주를 여행한 5년 동안 다양한 원시적 생활방식을 직접 체험할 수 있었다. 이런 체험은 코로포트킨에게 검정과 빨강의 아나키즘으로 되돌아갈 길을 열어주었다. 크로포트킨은 "알프스, 코카서스, 히말라야의 야생의 골짜기에서 … 엔진 소리"를 들으면서, "우리가 기계라고 부르는 그 모든 철(鐵)이라는 노예들"의 긍정적인 힘을 직접 목격했다. 크로포트킨은 기술이 어떻게 사회적, 경제적 생활과 밀접한 관련이 있는지를 보았다. 그러면서 그는 만약 제임스 와트가 버밍엄 소호(Soho)에서 숙련 노동자를 찾아내지 못했다면 지금과 같은 형태의 증기력 발전은 없었을 것임을 깨달았고, 이런 깨달음에서 하나의 교훈을 이끌어냈다.

> 자신의 생각을 금속에 체화시킬 수 있는 숙련 노동자는 그의 엔진 부품들을 모두 완벽하게 만들어냈다. 그 결과 증기는 완전한 메커니즘 안에 가두어져 말보다 더 온순해지고 물보다 더 쉽게 관리하는 게 가능해졌고, 마침내 현대 산업의 핵심이 되었다. 기계들은 모두 이와 같은 각성과 기쁨의 역사, 그리고 여러 세대에 걸쳐 이름 없는 노동자들이 발견해낸 부분적인 개선들의 역사를 갖고 있다. … 그렇다면 그 거대한 전체의 극히 일부를 점유하고 "이건 네 것이 아니라 내 것이야"

라고 말할 수 있는 것은 도대체 무슨 권리에서인가?[62]

아나키스트들이 자본주의를 반대하는 이유는 사회주의자들이 자본주의를 반대하는 이유와 거의 같다. 그들은 자본주의 경제체제는 노동하는 보통 사람들을 희생시키면서 특정 계급의 수중에 특권을 넘겨주기 때문에 필연적으로 불공정하다는 데 뜻을 같이 한다. 반면, 이러한 자본주의 체제에 대한 대안의 방법론에서는 서로 다른 뜻을 가지고 있다.

사회주의 국가에서는 정의와 평등에 대한 언약에도 불구하고 권력이 여전히 국가에 귀속된다. 사회주의 국가가 자본주의 국가와 다른 점은 스스로 자본주의에 대한 대안의 체제를 대표한다고 주장한다는 것이다. 아나키스트들은 국가란 권위주의적 권력구조 그 자체를 구현하며, 이런 권위주의적 권력구조는 공산주의의 비위계적 본질과 배치된다고 주장한다. 바티칸은 여성을 교황의 자리에 올리지 않으려고 하지만, 진정한 공산주의 사회는 중앙집중화한 형태의 정부를 갖지 않으려고 한다고 아나키스트들은 주장한다.

누가 변소를 치우나

인류학자들은 수렵과 채집을 하던 사람들로부터 북아프리카의 베르베르족에 이르기까지 세계 도처에 존재하는 국가 없는 사회의 다양한 사례들을 기록해 왔다.[63] 국가 없는 사회의 사례들이 새삼 놀라울 것은 없으며,

---

62 Peter Kropotkin, *The Conquest of Bread* (London, 1990) 27쪽, 29~30쪽.
63 예를 들어, Harold Baclay, *People Without Government* (London, 1982)를 볼 것.

21세기에 아나키즘이 생명력을 지닌다는 점을 주장하는 근거가 되지도 못한다. 산림 속에 거주하던 폐난족은 아나키즘적인 삶을 꾸려갈 수도 있었을 것이며, 적어도 말레이시아 정부가 1980년~1990년대에 이들을 박해하고 국가의 형태를 갖추도록 강요하기 전까지는 실제로 그랬다. 그러나 대부분의 사람들은 인류학적인 전례들을 현대 도시생활과 관련짓는 데 어려움을 겪어왔다.

대규모 아나키즘 행동의 사례들은 있다. 1920년대 쿠바에서 300만 명이 채 안 되는 전체 인구 가운데 8만 내지 10만 명에 달하는 노동자들이 세계 최대의 아나르코 생디칼리즘 운동을 펼친 것도 그 가운데 하나다. 그로부터 10년 뒤 스페인에서도 괄목할 만한 사건이 있었지만, 이것은 그다지 잘 알려져 있지 않다. 설사 잘 알려졌다고 하더라도, 그것은 뭔가 다르고 덜 복잡한 세계에 속하는 것으로 간주하는 경향이 나타났을 것이다. 현대의 삶, 그리고 그것에 수반되는 물질적인 기대는 아나키즘이 감당하기에 너무 복잡하다고 생각된다. 이 때문에 결국 '누가 공중 화장실을 청소하고 훌리건들을 통제하며 슈퍼마켓 선반에 값싼 와인들을 갖다놓을 것인가'[64]라고 수사적으로 묻는 파블로프식 조건반사가 나오는 것이다.

가장 곤혹스러운 것은, '중앙집중화한 정부나 국가권력이 존재하지 않는 상태'라는 아나키즘의 지향을 그 어떤 종류의 정부나 질서도 존재하지 않는 상태를 의미하는 것으로 대충 치부해버린다는 것이다. 아나키스트들은 국가적이거나 국제적인 수준에서 때로 집중화한 질서를 요구하는 조직과 계획 없이도 현대의 삶이 지닌 복잡성을 관리할 수 있다고 생각할 만큼 그렇게 멍청하지 않다. 정부가 필수적이고 유용한 활동들을

---

[64] 최근 이런 태도를 표현한 것으로는 John Lloyd, *The Protest Ethic: How the Anti-Globalization Movement Challenges Social Democracy* (London, 2001)가 있다.

많이 수행한다는 점을 아나키즘은 당연히 인정한다.

아나키즘이 반대하는 것은 정부가 오직 중앙집중화한 국가의 형태로만 기능할 수 있다는 관념이다. 아나키즘은 자율과 자치정부를 옹호한다. 왜냐하면 급진 사회주의 정부까지 포함해 모든 새로운 정부들은 기존의 위계적 권력구조를 복제할 뿐이라는 점을 알고 있기 때문이다. 아나키스트들을 위한 정부는 이와 달리 착취적이지 않은 규칙들과 사회연대의 가치들 위에 자기 정체성을 세우는 사회적 기구와 조직의 형태를 취한다. 이런 사회적 기구와 조직들은 새로운 것이 아니라 이미 존재하던 것들이며, 거기엔 복잡하거나 정교한 것들도 포함된다.

아나키스트였던 에리코 말라테스타(1853~1932)는 우리가 삶에서 가장 중요하다고 생각하는 것들의 대부분이 어떻게 정부와 관계없는 구조들 안에 자리 잡고 있는지를 관찰했다.

> 사람들은 일하고, 물건을 교환하고, 공부하고, 여행하고, 자신의 아는 한 최대로 도덕적 규범과 복리의 규칙을 따른다. 사람들은 과학과 예술이 빚어낸 진보에서 혜택을 입고, 서로 폭넓은 관계들을 맺는다. 이렇게 하는 데는 누군가가 그렇게 행동하라고 말할 필요가 없다. 오히려 정부가 아무런 통제도 가하지 않을 때 이런 질서는 더욱 잘 이루어진다.[65]

말라테스타는 1891년에 쓴 글에서 적십자사, 지역적인 단체, 노동자들의 결사체, 자발적 단체 등을 협동정신의 힘을 보여주는 사례들로 꼽았

---

65 Errico Malatesta, *Anarchy* (London, 2001) 40쪽.

다.[66] 아나키즘은 자발적 결사체, 연방주의 기구, 기능적으로 특화한 조직, 직접 책임지는 대의기구의 성격을 띠는 정부를 창출하고자 한다. 탈조직화(dis-organization)는 해체(disorganization)와 같은 게 아니다. 국가적 또는 국제적 수준에서 통합 조정된 활동이 필요한, 복잡한 생산과 분배의 과제에는 이와 비슷한 원칙들이 적용돼야 할 것이다.

일명 아나르코 자본주의가 자유시장을 자신의 경제모델로 수용하는 데 비해, 주류 아나키즘은 경쟁적 시장을 밀어내는 대신 수요와 공급이 아닌 필요와 이용가능성에 근거한 생산과 분배의 공동체적 체제를 들여앉히고자 한다. 중요한 것은 경제 그 자체가 아니라 정의로운 경제를 실현하는 것이다. 소비에트식의 중앙집중화한 계획과 통제에 의존하지 않으면서 공산주의적 경제를 운영하고 조율해 나가는 수단과 방법을 확립하는 것은 자유지상주의 원칙에 바탕을 둔 모든 공산주의 사회에 있어서 가장 중요한 과제일 것이다. 복잡한 생산양식이나, 희소하거나 지역적으로는 구할 수 없는 자원들에 대해서는 국가적 또는 국제적 계획을 적용하되, 많은 경제계획들은 참여적이고 지역적인 규모에서 수립되고 실행될 것이다.

아나키즘이 현대 산업사회에서 작동하려면, 현재 국가나 민간 독점 기업들이 운영하고 있는 필수 서비스들을 대체할 수 있는 수단들이 개발돼야 한다. 아나키스트들이 제안한 중앙조직의 개념은 연방주의에 기초한 것이다. 연방주의의 중앙조직은 각종 결사체, 위원회, 공동체 등의 민주적 토대들로부터 구축된다. 이 조직은 공동의 결정을 내리고 권위를 행사하기는 하지만 그 과정에서 국가의 권위주의적 지배를 다시 만들어내

---

66 Malatesta, *Anarchy* 40쪽.

지는 않는다.

　20세기의 역사를 돌이켜보면 볼셰비즘에서 블레어주의에 이르기까지 좌익 정당들은 최고 권력을 획득하고 경제사회적 변화를 이루기 위한 과정으로 불가피하게 기존 국가 체제를 활용했다. 하지만 그들 좌익 정당의 대부분은 결국 자신들이 대체하려고 했던 정부 형태를 고스란히 닮아 갔다. 연방주의는 자유지상주의 원칙들에 따라 조직되고 작동함으로써 기존의 권위와 복종의 관계들을 복제하는 것으로 귀결되지 않는 실행 가능한 대안을 추구한다. 이러한 프로그램이 실제로 잘 작동하게 하려면 어떻게 해야 하는지, 그리고 그 과정에서 발생할 수 있는 갈등과 긴장의 지점들은 어디에 있는지에 대해 아나키스트 이론가들은 여러 다양한 방식으로 검토해왔다.

　아나키즘은 여러 가지 이유에서 순진하다는 부당한 비판을 받아 왔다. 순진한 이유의 하나로 지적된 것은 아나키즘이 정치권력의 문제를 해결하지 못했다는 것이다. 권력 조직의 문제는 아나키즘 프로젝트의 핵심에 속한다는 점에서 볼 때 이런 비판은 너무나 잘못된 것이다. 아나키즘이 탈집중화를 통한 권력의 분산을 실천의 중심에 두는 것은 권력이라는 것이 인간의 본능임을 결코 부인할 수 없기 때문이다. 아나키즘은 권력을 철폐하는 방법으로서가 아니라 권력을 다루는 방법의 하나로 권력의 분산을 추구하며, 그렇다 하더라도 권력이 또 다른 형태로 다시 출현하려는 경향이 있을 것임을 솔직히 인정한다.

　가부장, 종교, 수장, 원로, 관습적 권력이 공식적 국가기구들 없이도 존속할 수 있음을 지적하는 데 인류학자들의 연구논문까지 동원할 필요는 없다. 특히 잘 운영되는 자유민주주의 체제에서 폭력을 합법적으로 사용할 권리를 독점적으로 누리는 국가는 그 한 가지 유용한 부수효과로 공공의 평화를 보존하는 경향이 있다.

완벽한 사회란 존재할 수 없다고 할 때, 더 나은 사회로 가는 과정에서 제재의 필요성, 심지어는 강제의 필요성이 있을 것이라는 점을 받아들이지 않는 아나키스트가 있다면 그는 아마 아나키스트들 가운데 가장 극단적인 유토피아주의자일 것이다. 심리적, 사회적, 법률적인 제재의 힘은 권력관계들의 구조가 아무리 분산돼 있더라도 작동한다. 법적 제재의 행사를 독점하는 경향을 지닌 중앙집중적 정부 대신 자발적인 협력조직들이 들어선다 하더라도 이것이 제재의 필요성을 없애지는 못하며, 낯익은 권위와 통제의 여러 모습들이 은폐된 형태로 출현하게 될 가능성을 제거하지도 못한다. 우르술라 르갱(Ursula Le Guin)은 1974년에 발표한 세련된 공상과학 소설 《쫓겨난 사람들(The Dispossessed)》에서 바로 이런 사실을 정면에서 다뤘다.

실제적인 것을 상상하기

르갱의 《쫓겨난 사람들》이 아나키즘 사회를 그려내는 데 매우 성공적이었던 이유 중 하나는 대안의 공동체에서 일어날 수 있는 문제와 갈등을 기꺼이 탐구하고자 했다는 데 있다. 아나키즘 세계인 아나레스에서 우라스로 파견되는 세베크는 고르바초프 이전 시대 인물처럼 그려진다. 그는 자신이 사는 사회의 근본 원칙들을 보전하려고 노력하는 동시에 달의 세계인 아나레스에서 생겨난 좌절스런 병증과 싸우는 인물이다. 아나레스는 200여 년 전에 우라스의 이반자들인 아나키스트들이 망명지로 선택한 곳이다. 여기서는 인간의 본성이 여러 측면에서 근본적으로 다르게 변할 수도 있지만, 그렇다고 해서 시기심과 외국인 혐오감과 같은 감정들이 없어지지는 않는다.

아나레스에서 국가 차원의 행정 업무를 처리하는 신디케이트(syndicate)[67]들 내부에서 비공식적인 위계들이 생겨났다. 이런 위계들은 비공식적이기 때문에 그만큼 더 그것들을 확인하고 대응하기가 어렵다. 우주여행을 혁명적으로 바꿀 비밀의 이론물리학을 창시한 셰베크는 그가 사는 사회에 다시 등장하는 순응적 사고방식이나 권위주의적 충동에 맞서 싸워야 한다. 그는 사불과 같은 개인들에게 나타나는 그런 반동적인 경향들에 직면한다. 셰베크보다 나이가 많은 사불은 자유지상적 이상들을 겉으로는 찬양하면서도, 창조성을 질식시키는 데 기존 체제를 이용하는 법을 알게 된 물리학자이다. 셰베크의 한 친구는 아나레스에서 발생한 일들을 관찰한다.

> 억눌러서는 관념들을 꺾을 수 없다. 오직 무시함으로써만 관념들을 꺾을 수 있다. 사고하기를 거부함으로써, 변화를 거부함으로써! 이는 바로 우리 사회가 현재 하고 있는 것이기도 하다! 사불은 최대한 당신을 이용한다. 만약 그럴 수 없을 때는 당신이 책을 내고 가르치는 것을 방해하며, 심지어는 일도 못하게 한다. 그렇지 않은가? 그는 당신을 능가하는 권력을 갖고 있다. 그는 이 권력을 어디에서 얻는가? 기득권으로부터는 아니다. 그런 것은 없다. 지적인 탁월함으로부터도 아니다. 그에게는 지적인 탁월함이 없다. 그는 보통의 인간들이 지닌

---

[67] 평의회, 기업연합체 등의 뜻이 있지만, 당사자들이 직접적인 행동을 통해 생산, 분배 등을 직접 통할한다는 생디칼리즘 전통을 살려 여기서는 그대로 신디케이트로 표기한다. (역자)

소심함으로부터 권력을 얻는다. 바로 여론이라는 것! 여론은 그가 소속된 권력구조이며, 그는 그것을 이용하는 방법을 알고 있다.[68]

《쫓겨난 사람들》은 이런 지적 탐구를 하는 과정에서, 잘 작동하는 아나키스트 사회에 대한 신뢰할 만한 그림을 그려낸다. 르갱은 어떤 가치의 차이를 겉으로 드러낸다. 그것은 물리학자 셰베크의 사용가치(use-value) 의식과, 그가 교환가치(exchange-value)의 세계인 우라스에서 만난 사람들의 사용가치 의식을 구분 짓는 언어의 차이와 사고의 차이다. 아나키스트 사회에서 일이 조직되는 방법, 정부의 본질, 예술과 교육의 역할, 성적 태도, 폭력의 존재 등이 다루어진다. 그것도 가볍게 언급하거나 모호한 은유로 포장하지 않는 방식으로 분명하게 다뤄진다.

그 사회에서는 시민들이 삶에 반드시 필요한 것들을 얻기 위해 일한다. 이는 크로포트킨이 밝힌 생각들의 일부가 구체화한 것이다. 화폐는 전혀 필요하지 않다. 일자리는 개인의 선택과 각자가 특별히 지닌 기술을 바탕으로 분배되며, 컴퓨터 시스템이 각자에게 적합한 일자리를 할당한다. 직장은 민주적으로 운영되며, 그 어떤 작업도 강제적으로 부과되지 않는다. 그러면서도 강력한 도덕률 및 관습의 힘이 일자리 배치를 관리하는 행정을 예상보다는 덜 혼란스럽게 만든다. 여론이 설득력을 발휘하고 두려움도 안겨주기 때문에 사람들은 자신의 기대에 못 미치는 경우에도, 그리고 스스로 희생을 감수하면서도 일자리 배치를 받아들인다.

아나레스에서는 자유기업의 권리가 인정되기에 누구나 사업체를 만들고, 자신의 사업계획에 필요한 물자를 청구할 수 있다. 셰베크는 보수

---

68 Le Guin, *The Dispossessed*, 138쪽.

주의 세력에 부닥치자 그의 동료인 타크베르와 몇몇 뜻이 맞는 친구들과 함께 '신디케이트 오브 신디케이트'라는 사업체를 설립한다. 이 사업체는 셰베크의 학문적 저작물을 출간하고 우라스의 물리학자들과 교신을 함으로써 우라스에 충격파를 던지고, 셰베크로 하여금 우주선을 타고 우라스로 여행하도록 한다.

이 소설은 셰베크가 우라스에 도착한 뒤 우라스에서 벌어진 일들을 그리고 있고, 셰베크 개인의 심리와 인격적 본성에도 관심을 쏟는다. 셰베크는 사색적 성격 때문에 사람들과 가까워지지 못하는 외롭고 고독한 사상가다. 그는 자주 벽에 대한 꿈을 꾼다. 이 벽은 그가 다른 사람들과의 관계에서 자주 겪는 개인적 어려움을 상징한다. 그와 성격이 비슷한 어릴 적 친구는 주위의 관습을 거부하는 자신의 심성으로 인해 고통을 겪는다. 셰베크는 스스로를 아나키스트로 인식하게 되며, 아나키스트로 자라났다는 생각을 하게 된다. 자유는 인간의 고독에 대한 인식에 기초를 두는 것임을, 그리고 이런 인식이야말로 고독을 초월할 수 있는 유일한 길임을 그는 깨닫게 된다.

《쫓겨난 사람들》은 개인의 실존적 곤경과 사회적 세계의 공동체적 견인력 사이에서 불가피하게 발생하는 역동성, 다시 말해 고독과 연대 사이에 반드시 존재하게 되는 역동성을 예민하게 탐구한다. 이런 갈등은 변증법적으로 통합된다. 실존의 고통과 고독함에 대한 인식 위에서 동료애나 동지애가 구축되는 것이다.

셰베크는 일터에서 어떤 사람이 사고로 죽는 장면을 목격한다. 그는 이 희생자를 돌보지만, 누구나 다 그렇듯 그 희생자는 스스로 죽음에 직면해야 한다. "나는 당신이 누군가를 위해 할 수 있는 일이 하나도 없음을 안다. 우리는 서로를 구원할 수 없다. 뒤집어 말해, 우리는 우리 자신을 구원할 수 없다."[69] 이는 실존적인 절망이나 신비주의를 위한 강령이 아니라, 셰베크가 알게 된 실존적 현실이다.

존재의 곤경과 삶의 두려움은 베케트[70]와 같은 방식으로 감내돼야 할 현실이다. 하지만 셰베크는 이 현실을 바탕으로 해서 화해와 만족을 추구한다. 셰베크와 트럭 운전사가 나눈 대화에서 두 사람은 개인적인 관계들에 대해, 그리고 사랑이 없는 성생활에 결국은 엄습해오는 권태감에 대해 토론한다. 트럭 운전사는 마치 불교도와 같은 자기 생각을 털어놓는다. "이곳저곳을 돌아다닌다고 해서 계속 생기 넘치는 삶을 살 수 있는 것은 아니다. 생기 넘치는 삶을 위해서는 시간을 당신 편에 두어야 한다. 시간에 맞서지 말고, 시간과 더불어 살아야 한다는 말이다."[71] 고통의 공유에서 나오는 연대감은 셰베크가 에포르와 냉랭한 관계를 깰 수 있게 해준다. 에포르는 셰베크를 초청한 우라스의 대학에서 그에게 붙여준 비서다. 그는 나중에 셰베크가 우라스의 한 반체제 정치조직과 접촉할 수 있게 해준다.

《쫓겨난 사람들》을 조류처럼 관통하는 실존적 관념은, 르갱이 도교와 불교에서 아나키즘의 요소들을 발견했던 것과 관련이 있다. 아나레스에서의 삶은 물질적으로 모질고 힘들다. 물론 그곳 사람들이 스스로 그런 삶을 선택한 것은 아니다. 하지만 결국 긍정적인 방향으로 전개된다. 소유욕과 지배욕 대신에 물질적 편익을 공유하고, 의미 있는 노동이 가능하고, 권력은 분산되고, 자기실현이 촉진되고, 욕구들을 벗어던짐으로써 자

---

69 Le Guin, *The Dispossessed*, 54쪽.
70 아일랜드 출신의 프랑스 극작가로 1969년 노벨문학상을 받은 새뮤얼 바클레이 베케트(Samuel Barclay Beckett, 1906~89)를 말함. 세계의 부조리와, 그 속에서 아무런 의미도 없이 죽음을 기다리고 있는 절망적인 인간의 조건을 일상적인 언어로 허무하게 묘사한 작가로 유명하다. (역자)
71 Le Guin, *The Dispossessed*, 256쪽.

유가 실현되는 세계가 펼쳐진다. 결국 《쫓겨난 사람들》은 아나키즘에 대한 찬사다. 셰베크가 아나레스의 삶에 도전할 수 있었던 것도 그곳이 아나키즘의 세계였기 때문이다. 그가 우라스로 가는 사명을 띠고 떠날 때 적대적인 군중이 그를 방해하기 위해 모여들고 경호원 한 명이 살해된다. 그러나 혁명의 불꽃을 다시 살려야 할 필요성에 호응하는 지지 군중도 있었다.

냉소적인 사람들은 실행 불가능한 아나키즘의 이상을 탐색하는 데는 역시 공상과학 소설이 가장 적합한 방식이라고 비꼴 수 있다. 하지만 스페인 내전 당시 아나키스트들에 장악된 지역들의 역사에서 우리는 르갱이 그린 조직구조들 가운데 일부는 실현 가능성이 있음을 보여주는 경험적인 증거들을 찾을 수 있다. 강조하건대 그것들은 광범위하고 대중적인 규모로 아나키즘적 조직의 실재를 보여주는 증거들이었다.

5장에서 서술할 예정이지만, 스페인에서 그런 일이 일어나는 동안 같은 유럽 대륙의 다른 곳들에서는 스페인과는 다른 성격의 조직화가 전개됐다. 스페인에서와 마찬가지로 독일에서도 계급갈등의 문제가 부글부글 끓고 있었지만, 그 결과로 나타난 양상은 달랐다. 독일에서 나치당이 나름의 경제사회적 프로그램들을 개발하기 시작할 때 스페인의 한 생디칼리스트 노동조합은 나치당과는 다른 일련의 원칙들을 실천에 옮기고 있었다.

스페인의 전국노동연합(CNT)은 1911년 결성된 이후 불과 8년 만에 조합원의 수가 약 100만 명에 이를 만큼 성장했고, 무급 순환간부 체제를 도입해 유급 관료제 없이도 성공적으로 운영됐다. CNT는 한 공장의 노동조합에서 시작된 뒤 같은 마을의 다른 노조들과 통합하는 등 단계적으로 확대됐고, 결국 지역연맹을 거쳐 전국적인 조직으로 커졌다. CNT는 다수

결 투표와 비례대표제로 의사결정을 했다. 전국 단위에서 대표들이 내린 모든 결정은 지역 단위 조합원들의 비준을 받아야 했다.

1930년대에 국민국가 전역에서 성공적으로 작동하는 조직적 힘과 능력의 측면에서 CNT는 나치당에 필적했다. 물론 두 조직은 이데올로기에서 전적으로 상반됐다. 이것 외에 둘 사이에 결정적인 차이가 하나 있었다. 히틀러는 독일 기업계의 적극적인 협조와 유럽 각국 정부의 묵인을 얻은 반면, 스페인 아나키스트들은 소련을 포함한 반동적인 세력들로부터 적대시됐다. 그럼에도 불구하고 아나키즘에 고무된 이 대규모 조직은 스페인에 존재했으며 성공적으로 기능했다. 이는 CNT가 채택한 것과 같은 방식의 조직 관리와 행정이 유토피아적인 백일몽이 아니라는 주장을 뒷받침한다.

이처럼 실현 가능한 이상으로서의 아나키즘은 정부 없는 정부, 중앙집중화하고 위계적인 국가가 없는 정치, 정당 없이도 조직적이고 목적의식적인 투쟁이 가능하다는 그들의 관념이 실현 불가능한 것이라고 단정하는 뿌리 깊은 고정관념에 맞서 투쟁한다. 에릭 홉스봄과 같은 역사가조차 "그 당시(1930년대 바르셀로나)에 정치적인 의식을 갖는다는 것은 아나키스트가 된다는 것을 뜻했다. 이는 마치 남부 웨일스의 아베라본 지역에서 정치적인 의식을 갖는다는 것이 노동당에 가입한다는 것을 뜻하는 만큼이나 명백한 것이었다"고 인정했다. 그럼에도 그는 곧바로 '아름답지만 광적인 공상', '그 순수성으로 인해 무익한 공상'이라는 아나키즘에 대한 낯익은 희화화의 태도로 돌아갔다.[72] 그렇게 우스꽝스러운 것으로 여겨지는 하나의 정치사회적 의식이 어떻게 스페인 문화 속에서 일상

---

72 Eric Hobsbawm, *Bandits* (London, 2000), 124~125쪽.

적인 현실이 될 수 있었는지 그 이유를 설명할 필요성을 그는 느끼지 못한 것 같다.

좀더 평민스럽게 말해보자. 남부 웨일스와 같은 곳에 사는 사람들의 신념과 이상주의로 지탱되는 영국 노동당이 1984~1985년에 광부들을 저버린 역사에 비춰볼 때, 아나키즘의 그런 '공상'이 "개량적 의회 정당인 영국 노동당은 그 활동방식을 바꿔야 한다는 믿음을 표현한 것은 아닌가" 하고 묻는 게 적절하지 않을까?

3장 마르크스, 니체 그리고 아나키즘

부르주아는 ... 적나라한 자기이익 외에는
인간과 인간 사이에 다른 어떤 관계도 남겨놓지 않았다.

– 칼 마르크스

1968년 파리의 거리 시위를 묘사한 그림

마르크스 구하기

아나르코 공산주의와 개인주의적 아나키즘 모두를 포괄하는 넓은 의미에서 아나키즘의 전통은 마르크스와 니체를 잇는 철학에서 그 형이상학적 표현을 발견한다. 마르크스와 니체는 어느 정도 중복되는지, 그리고 이들 두 사상가 사이의 중요한 차이점들은 어떤 의미를 지니는지는 바로 공산주의적 아나키즘의 주장과 개인주의적 아나키즘의 주장이 어느 정도나 겹치는지에 대한 논의와 상응한다.

하나 중요하게 전제할 것은, 1917년 러시아 혁명 이후 실천적으로 개발되고 레닌 등에 의해 이론적 정당성을 부여받은 비철학적 마르크스주의와 아나키즘 사이에는 좁힐 수 없는 간극이 존재한다는 점이다. 아나키즘은 세계 도처에 마르크스주의 정당들을 탄생시킨 마르크스-레닌주의와 다르며, 둘은 서로 충돌한다. 마치 포름알데히드 속에 보존된 것처럼 여전히 존재하는 서유럽의 마르크스-레닌주의 정당들도 마찬가지다.[73]

---

[73] 예를 들어 국제공산주의자연맹이 낸 스파르타쿠스적인 한 팸플릿 'Marxism vs. Anarchism' (New York, 2001)을 볼 것. 이 팸플릿은 '(아나키즘이) … 우리 앞에 남아 있는 결정적 과제, 즉 프롤레타리아에 뿌리를 내린 혁명적 지도부, 레닌주의적 전위당의 형성으로부터 혁명가 지망생들을 벗어나게 하는 것을 허용한다면 얼마나 졸렬한 익살이 될 것인가' (55쪽)라고 결론짓고 있다.

다른 한편으로 마르크스의 철학은 세계를 이해하는 방식으로 지속적인 중요성을 지니고 있으며, 아나키즘의 철학적 사유에도 지극히 중요한 것으로 남아 있다.

따라서 아나키즘과 마르크스가 서로 격렬한 논쟁을 주고받는 관계이고, 때로는 모순적이기도 한 것은 당연하다. 마르크스와 아나키스트인 바쿠닌의 개인적인 충돌은 나중에 러시아 혁명 초기와 1930년대 중반 스페인 내전의 전개 과정을 수놓은 갈등들로 다시 나타난다.

마르크스와 바쿠닌의 개인적 반목을 보여주는 사례는 많다. 두 사람의 반목은 제1 인터내셔널, 즉 국제노동자협회(IWMA; International Working Men's Association)의 1872년 헤이그 대회에서 정점에 이르렀다.[74] 1864년에 런던에서 창립된 국제노동자협회는 노동조합들을 집결시키며 해마다 성장했다. 1870년께는 그 회원 수가 마르크스와 바쿠닌을 포함해 80만 명으로 추정됐다.

두 사람은 의견충돌에서 어느 쪽도 양보하지 않았다. 바쿠닌은 모욕적이고 잘못된 비난에 몰두했고, 마르크스는 아나키스트들의 패배를 확실하게 하기 위해 의사진행 절차를 조작했다. 두 가지 제안이 통과된 것은 최후의 일격이었다. 그 중 하나는 인터내셔널의 본부를 뉴욕으로 옮기는 것이었다. 이 제안은 아나키스트 대표들의 참석을 실질적으로 불가능하게 만들고, 그들의 목소리를 주변으로 밀어내려는 것이었다. 당시 회의에 참석하지 않았던 바쿠닌을 사기 및 폭력 위협의 혐의를 씌워 내쫓자는

---

74 바쿠닌-마르크스 분열에 '즐거운 반농담' 식 접근을 한 것으로는 Francis Wheen, *Karl Marx* (London, 1981) 7장을 볼 것. 아나키즘적 시각의 분석은 Marcus Graham, *Marxism and a Free Society* (Orkney, 1981)를 볼 것. 바쿠닌의 특이한 성격과 마르크스와의 충돌에 대해서는 Edmund Wilson, *To the Finland Station* (London, 1974) 14장을 볼 것.

것이기도 했다.

헤이그 사건은 대개 개성의 충돌로 묘사되며, 바쿠닌이 실제보다 과장되게 그려지기도 한다. 하지만 이런 식의 설명은 바쿠닌의 마르크스주의 비판이 얼마나 통찰력과 근거가 있었는가를 보여주는 교리상의 차이들을 은폐한다. 바쿠닌은 인터내셔널의 그 어떤 중앙집중화에도 반대했고, 권위주의의 위험성과 적색 관료주의가 노동계급 운동의 정신을 왜곡할 위험성에 대해 경고했다. 그러나 마르크스는 자신이 사회주의 분파들로 본 사람들이 혁명운동 전체를 후퇴시킬 수 있다고 우려하며 바쿠닌의 비판을 일축했다. 마르크스는 바쿠닌이 지적한 것들의 중요성을 깨닫지 못했다.

혁명의 정치에서 바쿠닌이 보여줬던 대담한 시도와 좌절들은 실용적이었던 마르크스를 우려하게 했고, 이 때문에 마르크스가 편견을 갖게 됐던 것이다. 바쿠닌은 환상으로 치달을 수도 있는 흥분된 상상에 고무되는 직업적 혁명가였다. 그는 비밀조직을 결성하기를 좋아했고, 극히 작은 반란의 조짐만 있어도 유럽 전역 어느 곳에나 나타나곤 했다. 한 번은 파리와 프라하 사이를 여행하다가 어느 성 주변에서 소동을 피우는 한 무리의 독일 농민들을 보게 되자 즉각 여행을 중단했다. 그는 타고 가던 마차에서 뛰어내렸고, 러시아 포병장교로 있으면서 배운 지식을 당시 상황에 적용하며 농민들을 조직하기 시작했다. 바쿠닌이 마차에 다시 올라탔을 때 그 성은 화염에 휩싸여 있었다.

그는 1848년의 혁명들을 경험했고, 이때의 활동으로 인해 1849년 투옥돼 7년간 옥살이를 했다. 감옥을 전전하다가 시베리아로 추방된 바쿠닌은 겨우 탈출해 요코하마까지 갔고, 거기서 샌프란시스코로 가는 배를 탔다. 그가 전과 다름없이 야생마처럼 왕성한 모습으로 유럽에 다시 돌아왔을 때 그의 나이는 56살이었다. 1871년 파리코뮌이 세워지기 전 리옹에서 바쿠닌은 극적으로 시청을 점거하고, 시청 발코니에서 국가의 철폐를 선포했다.

바쿠닌과 마르크스는 한때 서로 상대방의 정치를 즐겼다. 이는 둘 다 프랑스 혁명이라는 공통의 수원(水源)에서 사상적 세례를 받았다는 사실을 떠올리게 한다. 역사적으로 아나키즘과 마르크스주의는 1789년 혁명을 부르주아 계급이 요구하는 수준 이상으로 끌어 올리려는 열망을 똑같이 갖고 있었다.

당시 부르주아 계급은 옛 귀족정의 사회경제 질서를 부르주아 자신들의 버전으로 대체하려 했을 뿐이다. 1872년 헤이그 대회의 충돌이 있기 전까지만 해도 제1 인터내셔널에서 바쿠닌 지지자들과 마르크스 지지자들은 강령을 공유했다. 그러다 헤이그 충돌 이후 마르크스주의자들 사이에서는 '아나키스트'란 말이 규율 잡힌 당의 노선을 수용할 준비가 돼 있지 않은 사람들을 비난하는 용어로 사용됐다. 그러나 나중에 소비에트 마르크스주의의 깃발 아래 벌어진 상황은 당시 바쿠닌의 비판이 정당했음을 입증했다.

아나키즘을 살펴보고 있는 우리의 입장에서는 철학에서의 마르크스 혁명을 온전하게 구해낼 필요가 있다. 마르크스의 철학도 역시 마르크스주의로 불리긴 하지만, 바쿠닌이 정확히 예상했던 것처럼 자유지상적 전망을 채택하지 않은 중앙집중적 마르크스주의 정당들과는 엄연히 다르다.

사회적 존재론

철학으로서의 마르크스주의는 우리가 사는 세계를 이해하고자 하며, 왜 변화가 가능하고 바람직한지를 설명하고자 한다. 마르크스가 전통적인 유럽 철학과 근본적인 단절을 한 것이 어떤 의미를 지니는지 평가하기 위해, 우선 마르크스에 의해 전복되는 사고의 유형들 가운데 대표 격인 철학자 칸트를 예로 들어 보자.

지식의 본질과 한계에 대한 칸트의 설명, 달리 말해 칸트의 인식론은 인간과 세계의 관계에 대한 익숙한 사고의 초석으로 남아 있다. 이는 철학이라는 학문 분야의 관습적 사고 패턴들을 말하는 게 아니다. 우리가 어떻게 세계를 알게 되는지에 대한 보통 사람들의 통상적인 사유방식에 칸트의 체계적인 세계관이 폭넓게 깔려 있다는 측면을 이야기하는 것이다. 이런 의미에서 칸트의 세계관은 현대의 많은 사유방식에 전제가 되는 철학적 가정들을 들여다 볼 수 있는 창이다.

우리가 알 수 있는 모든 객체는 '지각의 형식'과 어떤 선험적 원리들이 부여하는 특정한 주관적 특징들을 나타내야 한다고 칸트는 말했다. 그에게 공간과 시간은 지각의 형식이다. 그리고 선험적 원리란 변화 속에서도 본질상 불변인 실체를 보는 원리이며, 모든 변화에는 원인이 있다는 생각을 말한다.

이런 지각의 형식과 선험적 원리 덕분에 우리는 외부세계를 인식할 수 있는 어떤 구조, 즉 인식 틀을 갖게 된다. 그러나 외부세계의 근본적 본질은 우리가 지적으로 파악할 수가 없다. 우리의 오성은 주어진 물질적 실체를 구성해내지만, 그것의 본질은 궁극적으로 알 수 없다. 칸트가 '물자체'라고 부른 것의 본질은 우리의 오성과 독립돼 있다.

마르크스는 칸트 철학의 바로 이 지점에서 혁명적이고도 결정적인 단절을 했다. 마르크스는 인식 주체와는 독립적으로 '저 편에' 존재하는 객관적 세계를 부정한다. 이런 말을 처음 들으면 마르크스가 황당한 주장을 한 것처럼 보인다. 정말로 마르크스는 산과 자전거가 그 어떤 객관적인 존재가 아니며, 유전자(genes)는 청바지(jeans)와 같이 그것이 알려지기 전에는 존재하지 않았다고 말하는 것인가?

그렇다. 그게 정말로 마르크스가 말하고자 했던 것이다. 칸트 인식론과의 이런 단절은 마르크스주의 철학만큼이나 아나키즘의 철학에서도 의미가 깊다.

칸트의 견해는 너무나 많은 표현 형식들, 너무나 많은 지적 훈련들에 의해 날마다 강화하는 세계관을 뒷받침하고 있다. 그래서 세계는 우리가 주체로서 관찰하고 숙고하는, 그리고 우리들 가운데 일부가 합리적 과학자로서 논리적 결론을 이끌어내고 그 예측력을 통해 유효성을 확인받는 과학적 법칙들을 연역하는 대상인 가치중립적 객체들로 이뤄져 있다고 말하는 게 지극히 상식적인 것처럼 보인다. 아인슈타인의 비유클리드적 세계든 현(string) 이론[75]이든 새로운 관찰 결과나 새로운 수학, 새로운 사고는 새로운 과학의 법칙을 낳을 수 있겠지만, 진정하게 실재하는 외부세계의 근본적 본질은 언제나 우리의 손이 닿지 않는 곳에 머물러 있다는 것이다.

비록 우리가 주체로서 관찰한 것을 영리하게 이용할 수는 있을지라

---

75 자연의 기초 단위를 현(string)으로 보는 이론. 모든 물질의 기초를 이루는 현은 악기의 현 같은 속성을 지니고 있으며, 악기의 현이 떨리며 각각의 음을 내는 것처럼 기초 물질인 현이 떨리는 각각의 양식이 점과 같은 소립자를 이룬다고 간주된다. 이 이론은 중력을 통합하지 못한 기존 물리학의 표준모델을 대체하는 통합이론 가운데 가장 유망한 이론으로 평가되고 있다.(역자)

도 실체의 근본적 본질에 대해서는 전적으로 확신할 수 없다고 한다면, 우리는 좋든 싫든 주체-객체의 이원론에 갇혀있는 셈이다. 이런 칸트적 이원론은 우리를 주체로, 그리고 주어져 있는 세계를 객체로 정립한다. 이런 그의 체계에 대한 유일한 대안은 주체와 객체 사이의 역동적인 상호작용과 피드백을 인식하는 것이라고 칸트 스스로 인정했다.[76]

마르크스에게는 그 어떤 '물 자체'도 없다. 인식론적으로 우리와 독립적으로 단순히 거기에 있는, 주어진 세계는 없다는 것이다. 우리는 우리가 아는 세계를 스스로 창조하며, 우리가 알기 전에 세계가 존재하지는 않는다고 마르크스는 말한다. 이렇게 노골적으로 표현하니 마르크스의 생각이 '우리의 정신 속에 제한돼 있는 어떤 것만이 실체'라고 하는 관념론의 한 종류로 보이지만, 사실은 관념론이 아니다. 마르크스는 개인으로서의 내가 아는 세계를 창조한다고 주장하는 게 아니다. 대신에 그는 주체인 '나'와, 객체 즉 '나'와 독립적으로 존재하는 것처럼 보이는 세계 사이에 역동적인 관계가 있다고 주장하는 것이다. 마르크스에게는 바로 이런 상호작용이야말로 존재에 있어 가장 근본적인 것이다.

존재에 대한 철학적 탐구인 존재론은 사회적, 역사적 존재론일 수밖에 없다. 주어진 것, 다시 말해 칸트의 '물 자체'는 언제나 우리의 창조물이고, 따라서 근본적으로 변화될 수 없다. 마르크스에게 역사는 인식론적인 것만이 아니라 존재론적인 것이다. 이와 비슷하게 우리의 관념도 우리

---

[76] George LuKacs, 'The Antinomies of Bourgeois Thought', *History and Class Consciousness* (London, 1968), 127쪽. 이는 칸트가 따르지 않은 길이었다. 칸트는 세계를 우리로부터 독립된, 자연법의 지배를 받는 저편에 있는 것으로 간주하는 그의 합리주의를, 자신에게 필요한 윤리적 의지의 자유와 같은 다른 생각들과 조화시키고자 노력했음에도 불구하고 이 길을 따르지는 않았다. 우리가 단지 합리적 관찰자의 위치에 있을 뿐인 세계에 대해 우리는 어떻게 윤리적으로 작용할 수 있고 영향을 줄 수 있는가? 합리성의 우월성을 전제할 때 항상 우리의 이해에서 벗어나 있는 사물의 궁극적 본질인 칸트적인 '물 자체'로 무엇이 구성될 수 있는가? 그것 역시 자연세계의 일부임에는 틀림이 없다. 하지만 그것은 합리성의 선험적 구조의 외부에 있어야 한다.

가 살아가는 삶과 분리할 수 없다는 의미에서 물질적이다.

> 따라서 도덕, 종교, 형이상학, 그 밖의 모든 이데올로기와 그에 상응하는 의식의 형태들은 더 이상 독립성의 외관을 유지하지 못한다. … 물질적 생산과 물질적 교류를 발전시키는 과정에서 인간은 자신의 존재와 함께 자신의 사고와 그 사고의 산물을 변화시킨다. 삶은 의식에 의해 결정되지 않는다. 삶이 의식을 결정한다.[77]

칸트에게는 물질(matter)과 정신(mind) 사이에 상호작용이 일어날 가능성이 없다. 오성이 실체를 선험적으로 구성할 뿐이다. 《순수이성 비판(The Critique of Pure Reason)》에서 칸트의 관심은 우리의 정신에 들어 있는 이런 구조들의 정체를 확인하는 것이었다.

반면 마르크스에게 실체를 구성하고 변화시키는 것은 우리 자신, 즉 우리의 의식과 실천이다. 물리학자들이 소립자에 작용을 가할 때 그것을 변화시키지 않을 수 없는 것처럼[78], 지각행위 역시 숙고하는 대상을 변화시킨다. 마르크스는 관념적이거나 반실체적인 입장으로 빠지지 않는다. 마르크스는 의식과 의지의 외부에 그 어떤 '인간적 실체'도 없다고 주장하면서 실체를 언급하고 있고 '물질적 실체'는 존재한다고 본다. 그러나 존재하는 이 물질적 세계는 근본적으로 존재론적으로 주어진 것이 아니

---

77 C. J. Arthur가 편집한 Karl Marx, *The German Ideology*(London, 1974), 47쪽.
78 하이젠베르크의 불확정성 원리(uncertainty principle)를 말한다. 이 원리는 전자, 양성자, 중성자, 중간자 등과 같은 물질의 기초 단위인 소립자의 세계에서는 확률적 법칙만이 존재한다고 본다. 고전역학과 달리 양자역학에서 물질은 입자로서의 성질과 파동으로서의 성질을 모두 지닌다. 따라서 입자의 위치를 정하려고 하면 운동량이, 운동량을 정확히 측정하려 하면 위치가 불확정해진다. 곧 위치와 운동량을 동시에 측정할 수는 없고, 단지 확률적 법칙만이 적용된다는 것이다. 이는 입자의 위치와 운동량을 동시에 정확히 측정할 수 있으며, 이런 측정이 불가능한 것은 측정기술이 불완전하기 때문이라는 고전역학의 인식론에 일대 변화를 가져왔다. (역자)

다. 대신 이 세계는 주체와 객체 사이의 역동적이고 창조적인 관계의 결과다.

마르크스 존재론이 지닌 중요성은 과소평가될 수 없다. 왜냐하면 마르크스 존재론은 철학으로서의 아나키즘이 지닌 유용성과 엄밀함에 크게 기여했기 때문이다. 실체는 주어진 어떤 것이라는 칸트적 세계관을 아나키즘은 거부한다. 이 세계관이 정치철학이나 사회과학으로 통하는 것들 가운데 많은 것들을 지탱해주는 관점이기 때문이라서 그런 것은 아니다. 실체는 주어진 것으로 받아들여지고, 합리주의는 양적인 '과학적' 접근과 등치된다. 이런 과학적 접근은 자료를 수집하고 사실들을 측정하고 평가하며 그러한 사실들로 이뤄진 시스템을 조율하고 조정한다. 그러나 질적인 차원에서 시스템을 문제 삼지는 않으며, 그것이 자연적인 실체의 일부로서 갖는 지위에 대해 따지지 않는다.

마르크스의 특이한 주장은 아나키즘에 매우 중요한 측면을 부여했고, 1968년 파리의 벽에 나붙은 '불가능한 것을 요구하라'는 구호가 얼핏 들리는 것보다는 덜 초현실적인 것으로 만들었다. 어떤 의미에서 불가능한 것은 가능하다. 왜냐하면 변화시킬 수 없는 것처럼 보이는 것도 역사적인 상황에 따라 언제든지 변화할 수 있기 때문이다. 마르크스는 인간을 '객관적 존재'로 묘사한다. 이것의 의미는, 인간은 스스로를 창조하는 바탕인 동시에 조건이 되는 외부적 객체로부터 자신의 존재와 의식을 분리시킬 수 없다는 것이다.

> 인간이 자연적 힘을 가진 가운데 육체적인, 살아있는, 실재하는, 감각적인, 객관적 존재라고 말하는 것은, 인간 존재의 대상으로서, 인간이 자신의 존재와 표현의 대상으로서 실체적이고 감각적인 객체들을 갖

고 있다는 뜻이다. 다시 말해 인간은 오직 실체적이고 감각적인 객체들에만 그의 삶을 표현할 수 있다.[79]

인간이 그 존재를 얻는 것은 실천과 생산활동을 통해서다. 우리가 현재 우리인 것은 우리의 삶을 표현하는 방식 때문이고, 우리 자신을 표현하는 방식은 우리가 무엇을 생산하고 그것을 어떻게 생산하는가에 달려 있다. 물질적 및 정신적 생산은 자연, 곧 개인의 외부는 물론 내부에 있는, 또는 그의 머리 속에 있는 세계를 변화시킨다. 이것이 바로 역사라고 불리는 것이다. 헤겔은 주체와 객체의 상호작용으로서의 변증법을 바라보는 관점을 제공했다. 그러나 마르크스는 역사에 존재론적 정체성을 부여함으로써, 의식에 대립하는 것으로서의 역사를 실체적 존재 그 자체로 만들었다.

마르크스의 철학, 즉 그의 사회적 존재론, 그리고 현 상황을 언제든지 변화시킬 수 있는 그 잠재력이야말로 자유지상적 사회주의 사상에 있어 중심적인 것이다. 현 상황은 고정돼 있지 않다는 깨달음, 그리고 흔히 인간의 본성으로 간주되는 것이 사실은 오랜 세월에 걸쳐 축적된 습관이며, 불변하는 것이 아니라는 깨달음을 아나키즘은 소중히 여긴다. 주체로부터 독립된 객관적 세계를 상정하는 철학적 논의들을 거부하고자 한다는 점에서 아나키즘은 마르크스와 일치한다. 아나키즘은 세계의 변화가능성을 근저에서부터 계산에 넣는 물질주의적 형이상학을 근거로 삼기를 선호한다.

---

79 R. Livingstone과 G. Benton이 번역한 Karl Marx, *Early Writings*(Harmondsworth, 1975), 390쪽.

객관적 진리가 인간 사고에서 연유하는지 여부는 이론적인 문제가 아니라 실천적인 문제다. 인간은 진리, 곧 실체와 힘, 사고의 현실성을 실천으로 입증해야 한다. 실천에서 분리된 사고가 실재하느냐 실재하지 않느냐를 둘러싼 논란은 순전히 스콜라적인 문제다.[80]

마르크스는 결코 유토피아적이지 않았다. 그는 아나르코 공산주의적 미래에서나 가능할 법한 에덴동산의 삶과 같은 것을 묘사하거나 환기시키는 경향도 보이지 않았다. 마르크스는 자본주의 속에서 삶이 어떤 것인지를 극적으로 생생하게 포착했다. 그는 자본주의의 활기찬 혁명적 에너지를 인식했고, 자본주의가 어떻게 과거와 단절하고 파멸적인 새로운 세계질서로 인도하는지를 알았다. 《공산당 선언(The Communist Manifesto)》은 자본주의의 거대한 성과와 그것이 우리의 세계를 주조해 내는 방식을 엄청난 찬양과 함께 표현한다.

부르주아는 자신이 지배하게 된 곳에서는 어디서든 모든 봉건적, 가부장적, 목가적 관계들을 끝장냈다. 부르주아는 인간을 그 '자연적인 우월자들'에게 속박시키는 잡다한 봉건적 관계들을 무자비하게 갈기갈기 찢어놓았고, 적나라한 자기이익 외에는 인간과 인간 사이에 다른 어떤 관계도 남겨놓지 않았다. … 견고했던 모든 것들이 녹아 공중으로 흩어지고, 신성했던 모든 것들이 모독된다. 사람들은 마침내 냉정하게 정신을 차리고 삶의 실재적 조건들과, 자신과 비슷한 다른 사람들과의 관계에 직면할 수밖에 없다.[81]

---

80 Lewis S Feuer이 편역한 Karl Marx, 'Theses on Feuerbach', in Marx and Engels, *Basic Writings on Politic and Philosophy*, 286쪽.
81 Karl Marx, *The Communist Manifesto* (London, 1998), 37쪽.

자본주의에서 삶이 구성되는 방식, 그리고 그 사회적 현실이 경험의 질을 떨어뜨리는 방식에 대한 마르크스의 비판에 비춰볼 때, 그는 인간적 가치에 대한 어떤 긍정적 관념에 이끌렸던 게 명백하다. 이런 인간적 가치의 관념에는 인간의 본질이란 개념이 들어있다. 그렇다면 하나의 모순, 적어도 역설이 빚어지지 않나? 실재하는 모든 것이 언제나 인간과 인간의 사회적 실천에 의해서만 존재하고, 게다가 항상 변할 수 있다면, 인간의 본질과 같은 것이 어떻게 있을 수 있는가?

우리는 청년 마르크스의 저작들 속에서 이런 쟁점에 관한 완전한 고찰을 발견할 수 있다. 아나르코 공산주의가 마르크스 사상의 상당 부분을 수용할 수 있는 것도 바로 청년 마르크스의 저작들에 국한해 그렇다.

1844의 《경제학 철학 수고(Economic and Philosophical Manuscripts)》에서 마르크스는 사회적 동물로서 우리의 본질론적 '유적 존재(species-being)'에 대해 언급하며, 이는 인간 실존의 초석이 되는 것으로 파악된다. 개인들이 자신의 존재를 표현하는 것은 오직 사회 속에서만 가능하다. 왜냐하면 "인간의 개별적 삶과 유적 삶은 서로 다른 두 개가 아니기"[82] 때문이다. 여기서 마르크스는 인간 본질에 관한 어떤 관념을 인정하게 된 것이나 다름없다. 그러나 여전히 다음과 같은 문제가 남는다. 마르크스가 케이크를 손에 갖고도 있으면서 먹으려고도 했느냐는 문제다.[83]

우리의 세계와 우리의 존재가 역사적으로 특정된 것이라면 인간 실

---

[82] Marx, *Early Writings*, 257쪽.
[83] 'You can not eat your cake and have it' (먹은 과자는 손에 남지 않는다)이라는 속담에서 나온 말로, 양쪽 다 취할 수는 없다는 뜻이다. 두 마리 토끼, 곧 불변의 인간 본질이라는 본질주의적 관념과, 주체와 객체의 상호작용 및 사회적 실천의 산물로서의 인간 본질이라는 역사주의적 관념을 마르크스가 동시에 추구하려 했느냐고 묻는 것이다. (역자)

존을 구성하는 것이라는 본질주의적 관념으로 어떻게 다시 돌아갈 수 있는가? 이에 대한 답은 하나의 역설일지도 모른다. 하지만 모순은 아니다. 마르크스의 유적 존재라는 관념에는 창조나 자기실현의 충동 내지 과정에 해당하는 니체적 차원이 있기 때문이다. 이것은 아나키즘의 형이상학적 핵심에 가깝다.

삶은 본질적으로 사회적인 것이지만, 개별 인간이 자신의 존재를 스스로 창조하는 인간적 자유를 누리고, 그러한 존재의 풍부한 가능성을 향유할 자유를 누리는 것 이외에 삶은 그 어떤 다른 목적도 갖고 있지 않다. 이렇게 다른 목적이 없다는 것 자체가 삶에 의미를 부여한다. "어떤 종(species)의 특성 전체, 곧 유적 특성은 그 생명 활동의 본질에 있다. 인간의 유적 특성을 구성하는 것은 자유로운 의식 활동이다."[84] 흔히 인간 본질로 이해되는 것이 마르크스에게는 모든 개인 안에 존재하는 이런 생명력이다.

17세기 정치철학자인 토머스 홉스(Thomas Hobbs)에게는 그의 유명한 말처럼 "외롭고, 가난하고, 더럽고, 야만적이고, 짧은"[85] 삶 이외에 정부에 대한 다른 어떤 대안도 없다. 정부는 필요하고 바람직하다. 그것 없이는 무엇이 최선인지를 제각기 판단하는 다른 사람들에 의해 우리가 휘둘리지 않으리라는 보장이 없기 때문이다. 우리는 안전과 복지를 보장받는 대가로 정부의 지배를 받아들인다. 기본적으로 이런 방식으로 우리 대부분은 오늘날 우리가 이해하는 형태의 정부라는 존재를 정당화한다. 우리는 기꺼이 정부와 더불어 살아나가고자 한다. 그렇지 않으면 달리 어떻게 우리를 보호하는 법과 경찰을 가질 수 있는가?

---

84 Marx, *Early Writings*, 328쪽.
85 R. Tuck가 편집한 Thomas Hobbs, *Leviathan* (Cambridge, 1991), Ⅰ. ⅩⅢ. 9.

홉스의 견해는 자아의 존재론에서 비롯한다. 이 존재론은 이기적이어야 한다는 존재론적 필연의 관념을 수반한다. 이는 모든 인간 존재가 극도로 이기적이라고 말하는 것과 반드시 같은 것은 아니지만, 사람들을 무엇보다 개인으로 본다. 반면 마르크스는 사회적 존재로서의 인간이라는 존재론을 갖는다. 우리의 본질, 우리의 존재는 주어진 게 아니다. 우리는 개인으로 태어나는 게 아니다. 우리의 본질은 우리의 사회경제적 실천 등과 분리될 수 없다. 우리의 실천이 변하면 인간 본질에 관한 우리의 의식도 변한다.

단지 근사할 뿐[86]

마르크스의 사상 가운데 단지 사회적 존재론만이 새로운 세계를 창조하려는, 근본적이고 실현 가능한 아나키즘의 목적을 조명하는 것은 아니다. 마르크스의 자본주의 분석에서 비롯하는 소외와 상품 물신성의 개념 역시 현대 세계질서에 대한 폭넓은 아나키즘적 비판에 가세한다.

이런 개념들은 특히 나이키, 스타벅스, 맥도날드와 같은 가게들이 왜 반자본주의 운동의 상징적인 표적이 됐는지를 설명하는 데 도움을 준다. 이 개념들은 또 사회주의의 최종적인 몰락이 당연시될 때 튀어나온 낯익은 자본주의 옹호 주장에 대응하는 무기가 된다. 낯익은 자본주의 옹호

---

[86] 조금 뒤에 나오는 장-뤽 고다르와 장-피에르 고랭이 만든 영화 제목 〈투 바 비엥〉의 우리말로 '모든 게 다만 근사할 뿐' 이라는 뜻이다. 사회생활을 완전 지배하는 압도적인 상품의 장관을 표현한 것으로 볼 수 있다. 4장에 나오는 프랑스 상황주의자들의 '스펙터클' 이라는 개념과 관련지으면 이미지를 떠올리는 데 도움이 된다. 고다르는 자신이 만든 〈투 바 비엥〉에 대해 "희극인지 비극인지 나도 모르겠지만, 어쨌든 그것은 걸작이다" 라고 자평했다.(역자)

주장이란 자본주의가 사람들의 물질적 생활의 질을 크게 개선하는 것을 통해 적응하고 생존하는 방식, 그리고 이런 성공의 결과로 계급갈등을 시대에 뒤떨어진 낡은 것으로 만들어 버리는 방식을 마르크스는 예견하지 못했다는 것이다.

마르크스에 따르면 자신의 일이 자신으로 하여금 자신과 스스로 분리돼 있다고 느끼게 만들 때, 그리고 의미 있는 노동에 반드시 필요한 맥락을 이루는 더 넓은 사회적 공동체로부터 스스로 분리돼 있다고 느끼게 만들 때 소외가 발생한다. 캄보디아의 착취공장이나 스코틀랜드의 콜 센터에서 이루어지는 많은 고용들은 우리의 유적 존재의 표현인 노동을 악몽과 같이 전도시킨 형태다.

이와 달리 공동체적이고 인간적인 활동은 의미 있는 노동이다. 왜냐하면 이런 활동에서는 노동의 산물이 그것을 만든 사람들의 가치를 간직하게 될 뿐 아니라 다른 사람들의 필요를 충족시킨다는 점을 사람들이 의식하는 가운데 생산이 이뤄지기 때문이다.

마르크스는 인간의 개별적 삶과 유적 삶이 서로 분리되지 않고 연결돼 있다고 말한다. 이때 마르크스가 의미하는 것은 바로 일의 상호성이다. 자본주의에서는 그 반대가 현실이다. 생산은 필요가 아니라 이윤에 맞춰진다. 대부분의 일은 생산물에 스스로를 주입하는 즐거움, 그리고 이를 통해 인정받는 즐거움을 허용하지 않기 때문이다. 대부분의 사람들에게 고용의 경험은 그들 자신으로부터, 그리고 그들의 일의 산물로부터 스스로가 소외되는 과정이며, 그들이 만든 것은 단지 자기 외부의 대상이 될 뿐이다. 이런 과정은 실존의 상실을 낳는다고 마르크스는 말한다.

《경제학 철학 수고》에서 마르크스는 소외란 비존재(non-being)의 상태, 다시 말해 "그의 노동의 산물이 그가 아닌" 상태라고 썼다. 왜 이렇게 되냐 하면 사람들에게서 그들의 유적 존재를 박탈하고, 사람들이 만든 것이 그들 자신에게는 아무런 가치도 없는 상품이 되어 버리게 하는 방식으로 노동이 이뤄지기 때문이다. 이를 생생하게 보여주는 극단적인, 그러나 논리적인 사례는 1961년 텔아비브의 한 법정에서 벌어졌다. 그때 아돌프 아이히만(Adolf Eichmann)은 자신이 한 일에 대해 조용히, 그리고 합리적으로 말했다. 자신은 유럽 전역의 유대인을 실어 나르는 열차여행을 조직하는 한 명의 나치 관료로서 일했을 뿐이라고. 그리고 그의 이성은 알았겠지만, 그는 자신이 조직한 열차여행의 목적지가 어떤 곳인지에 대해서는 괘념치 않았다.

소외는 마르크스의 경제 분석들을 요약하는 익숙한 낱말이다. 인간의 존재 상태, 아니 정확히 말하자면 인간의 비존재 상태라는 이 낱말의 의미는 자본주의가 낳은 사회적 관계들의 결과에 대한 아나키즘의 우려에서 중심적인 구실을 한다. 장-뤽 고다르와 장-피에르 고랭이 1972년에 만든 영화 〈투 바 비엥(Tout va Bien; Just Great)〉이 마오주의적 영화로 알려졌음에도 놀랍게도 아나키즘 사상을 조장하는 것처럼 보인 것도 바로 이런 이유 때문이다.

이 영화에서 제인 폰다와 이브 몽탕은 두 명의 좌익 지식인을 연기한다. 한 사람은 언론인, 다른 한 사람은 상업영화 제작자다. 두 사람은 연좌데모를 하는 파업 노동자들이 사장을 억류하고 있는 한 식품가공 공장에 있다. 사장이 연설을 한다. 마르크스주의는 소련에서 소외를 결코 끝장내지 못했고, '점진적인 혁명의 시대'에 계급전쟁이란 언설은 낡아빠진 19세기 사상이라고. 이성의 인물로서 그는 노동이 단조롭고 지루할 수 있다는 점, 그리고 물질주의가 전부가 아닐 수 있다는 점을 인정한다. 그러나 모두가 번영과 복지를 누릴 수 있게 됐다는 이유를 들어 현재 상태를 정당화한다. 이런 블레어주의에 대한 대응이 파업 노동자들에 의해 일어난다. 파업 노동자들은 자신들을 소외시키는 노동에 대해 성찰하고, 더 이상 지도자에 의존하지 않은 채 자신들의 수동성을 벗어던지기 시작한다. 노동조합의 한 간부가 나타나 조합 본부의 지시 없이 이뤄지는 행동에 대해 경고하고, 문제가 통제 불능의 상태가 되고 있다고 우려를 표시한다. 하지만 그는 너 혼자 지껄이라는 말만 들으며 파업 노동자들에 의해 내쫓긴다.

이 영화의 역동적인 성찰성은 폰다와 몽탕도 그들이 본 것에 반응하게 한다. 두 사람은 자신들의 개인적 관계와 정치에 대한 자신들의 이해에 의문을 제기한다. 두 사람은 그 공장의 노동자들이 1968년의 사건들에 의해 변화했으며, 직접 행동하는 데서 행복감을 느낀다는 사실을 깨닫는다. 노동자들은 자신들과 마찬가지로 사장에게도 소변 볼 시간을 짧게 주어야 한다고 주장하며 즐거워한다. 결국 사장의 사무실이 즉석 화장실이 돼버린다. 파업 노동자들의 축제적 전복의 정신은 위계를 해체하라는 아나키즘의 촉구에 의해 고무된 것이다. 한 여성 노동자가 선언한다. "제한은 이제 그만. 구분도 이제 그만. 조립라인의 시간을 장악하라." 닷새 뒤 폰다와 몽탕은 자신들의 활동이 단지 사색일 뿐임을 알게 되면서, 그리고 미래에 대해 회의하게 되면서 초조하게 무력감에 빠져든다. 두 사람과 달리 노동자들은 사장이 조장한 만족의 주관성에 맞서고 반란을 일으킴으로써 스스로를 변화시켰다.

영화가 끝날 때쯤 커다란 슈퍼마켓에서 폰다가 '새로운 목소리'를 기다리는 장면이 나온다. 소비주의를 상징하는 배경이 조용히 깔리는 가운데 한 좌익 정치인이 마치 분말 세제를 할인 판매하는 특별판촉 요원처럼 슈퍼마켓의 소비자들에게 자신의 정당을 선전하는 것 외에는 침묵이

흐른다. 이 장면에는 슈퍼마켓에 온 노동자들의 모습도 겹친다. 하지만 그들은 슈퍼마켓의 상품 진열대를 훑는 데 너무 몰두한 나머지 좌익 정치인의 말에 주의를 기울일 틈이 없다. 참여적 연대의 정신과 영혼이 없는 이 정치인과 비슷한 부류의 정치꾼들과 문화이론가들이 〈투 바 비엥〉을 비판했다는 것은 놀랄 일이 아니다.

네오 마르크스주의 사회학자들과 여러 부류의 포스트모더니즘은 허버트 마르쿠제(Herbert Marcuse)를 좇아 정제되고 소외에서 벗어난 주관의 세계를 묘사한다. 이 세계의 포로인 소비자들은 기호들과 주관적 위치에 만족하며, 그 속에 빠져있다. 아나키즘은 포스트모더니즘의 이론적 세공품들과 거의 거래하지 않는다. 대신 마르크스의 소외를 복잡하지만 체계적으로 정리되고 살아있는 감각적인 현실로 인정하면서, 그것을 뭔가 다른 대안으로 대체하고자 한다.

많은 아나키스트들은 대부분의 노동이 보여주는 극도의 비루함, 그리고 그런 노동이 요구하는 것에 일상의 삶이 종속되는 방식이 보여주는 비루함을 강조하고 싶어 한다. 이른바 여가 시간은 노동을 할 준비에 점점 더 많이 빼앗긴다. 일을 위해 뭔가를 구매하는 데, 일을 위해 옷을 입는 데, 출퇴근하는 데, 그리고 무엇보다 내일과 다음 주에도 일을 할 수 있기 위해 일이 준 피로에서 회복하는 데 점점 더 많은 여가 시간이 바쳐진다.

이런 보완적 활동들이 아무리 매력적으로 보이게끔 꾸며진다 해도 소외는 그대로 실재한다. 이 때문에 많은 아나키스트들은 착취를 절멸시키기 위해서는 사람들이 일하는 방식을 변화시켜야 함을 깨닫는다. 평등한 미래에 대한 전망은 일터를 구성하는 권위적인 조직 형식을 무시하고서는 가능하지 않다.

소비자가 주도하는 행복한 세계라는 환상은, 가치중립적이고 객관적인 고립 속에 존재하는 객체와 사람의 칸트적 세계를 상정하는 학자들과 그들의 담론에 의해 촉진된다. 질적인 사용가치와 대비되는 양적인 교환가치를 갖는 것으로 이해되는 노동의 관념이야말로 바로 그런 예다.

같은 논리에서 소유에 대한 집착도 그런 예로 들 수 있다. 소유에 대한 집착은 모든 것을 소유 가능한 것, 사용 가능한 것, 수량화할 수 있는 것으로 만듦으로써 가치를 배제하게 되며, 이럴 경우 우리 존재의 소외가 쉽게 일어난다. 그렇게 되면 경제학자는 행복한 결혼을 1년에 7만 파운드의 가치가 있는 것으로, 좋은 건강상태는 약 20만 파운드의 가치가 있는 것으로 계산할 수 있고, 《해리 포터》와 같은 소설들은 패스트푸드의 문학적 등가물이라고 생각할 수 있다.[87] 이런 예들은 의식까지 변화시키는 과정의 일부이며, 근대 의식의 한 측면에 대해 마르크스가 개진했던 선견지명 있는 묘사의 일부가 현실화한 것이기도 하다.

> 먹고, 마시고, 책을 사고, 극장에 가고, 춤추러 가고, 생각하고, 사랑하고, 이론을 만들고, 노래하고, 그림을 그리고, 울타리 치는 일을 덜 하면 덜 할수록 그만큼 더 절약하게 되고, 그만큼 더 곤충도 구더기도 파먹을 수 없는 보물, 즉 자본은 많아질 것이다. 자신을 덜어내고, 삶의 표현을 덜 할수록 그만큼 더 많은 것을 갖게 되고, 그만큼 더 소외된 삶은 커진다. … 당신이 할 수 없는 모든 것을 당신의 돈은 당신에게 해줄 수 있다.[88]

---

87 The Independent (2002년 1월 9일) 1쪽. 문학적 패스트푸드에 대해서는, Andrew Blake, *The Irresistible Rise of Harry Porter: Kid-Lit in a Globalized World* (London, 2002)를 볼 것.
88 Marx, *Early Writings*, 361쪽.

마르크스는 《자본론(Capital)》에서 상품의 물신성(fetishism)이라는 또 다른 용어를 사용한다. 이 용어는 상품이 그것을 생산하는 사람들에 대해 신비스럽고 유사 종교적인 힘을 갖게 되는 방식을 기술하기 위해서 사용됐다. 그러나 자아가 사적으로 고립화하더라도 물화(reification)로 설명되지 않는 것, 다시 말해 '시장으로 환원되어 단지 화폐적 가치만 갖게 된 게 아닌 것'은 사라지지는 않는다. 이는 마치 키를 재고 있다고 해서 손이 없다고 말할 수 없는 것과 같다. 그러나 이 경우 시장에 기여하지 않고 삶의 일반적 상품화에 포괄되지 않는 태도와 감정은 사적 영역으로 격하되는 현상이 빚어진다. 그리하여 우리에게 너무나 익숙한 세계가 펼쳐진다. 가족과 친구들에 대해서는 이기적이지 않을 수 있지만, 같이 일하는 동료나 낯선 사람들에게는 그렇지 못한 세계가 펼쳐지는 것이다.

일상생활에서 우리는 이런 구분을 해야 할 필요를 느낀다. 화폐로 인해 진정으로 귀중한 것의 가치가 오히려 낮게 평가된다는 생각도 하게 된다. 따라서 가족이나 친구에게 선물을 주는 것은 시장에서 이뤄지는 교환과는 질적으로 다른 행위로 인식된다. 이런 생각은 우리가 선물로 상품권을 주는 것을 꺼림칙해 하는 이유를 설명해 준다. 상품권을 주는 것은 현금을 주는 것이나 마찬가지라고 보는 것이다. 따라서 상품권을 주는 행위는 물질적 현실 속에 아직은 남아 있는 물화하지 않은 어떤 가치를 피해 가는 것으로 느껴진다.

마르크스는 가치의 문제들을 사실적인 지식의 문제들과 분리시키는 칸트식 과학의 객관성에 반대해, 가치라는 관념을 다시 철학으로 가져온다. 마르크스주의 철학의 근본적 존재론은 러시아가 혁명적 볼셰비즘의 격렬한 소용돌이로부터 옛 소련의 경직된 국가주의로 진화하는 과정에서 폐기되었다. 대신 속류의 유물론과 사실주의가 부상했는데 이는 주목

해야 할 대목이다. 두 과정 모두 실망스러운 것이었다. 레닌과 그 추종자들에 의해 기본적으로 칸트적인 인식론의 복귀가 이뤄져, 주체-객체 이원론의 협소한 관심을 부활시켰다. 게다가 이런 퇴행적 단계가 마르크스-레닌주의라는 절대 지식과 절대 진리의 비변증법적 개념으로 표현됐다. 이는 옛 소련식 마르크스주의에서 모습을 드러낸 이데올로기적 독재를 자연스럽게 촉진시켰다.[89]

마르크스주의와 관련해 마지막으로 검토해야 할 점은, 마르크스의 존재론과 아나키즘 사이의 지속적인 연관성이다. 이 연관성은 마르크스주의의 실천과 아나키즘의 실천 사이의 현격한 차이를 이겨낸다. 둘 사이에 존재하는 격차의 본질은 바쿠닌과 마르크스의 초기 충돌에서 이미 드러났다. 하지만 그것은 마르크스의 존재론과 관련된 문제들을 상대하는 충돌이 결코 아니었다. 따라서 마르크스주의의 실천과 아나키즘의 실천 사이의 메울 수 없는 차이들은 마르크스 사상 중 엄격하게 철학적인 맥락과는 관계가 없다.

물론 마르크스주의에는 여기서 소개한 마르크스 철학의 측면들보다 더 많은 것들이 들어있다. 마르크스 자신의 폭넓은 철학적 견해들이 그의 초기 저작에 표현된 견해들로부터 얼마나 변했는가 하는 문제도 여기에 포함된다. 그러나 마르크스의 존재론, 그의 소외 및 상품 물신화 이론, 그리고 자본주의의 심장부에서 일어나는 계급착취 등이 아나키즘적 전망에서 갖는 지속적인 중요성을 감소시키지는 않는다. 공동체 지향적인 자유지상주의 사회를 옹호하는 아나르코 공산주의의 사회적 아나키즘은

---

[89] Karl Korsch, *Marxism and Philosophy* (London, 1970), 113~122쪽을 볼 것. 소련 영화 미학 분야에서 일어난 유사한 상황을 보려면, Peter Wollen, *Signs and Meaning in the Cinema* (London, 1998), 10~47쪽.

마르크스 철학에 그 형이상학의 기초를 두고 있다.

마르크스주의는 아나키즘과 맺은, 오랫동안 미뤄온 약속을 갖고 있다. 그것은 마르크스 자신이 맺기를 꺼렸던, 그리고 레닌이 약 70년 동안 지워버렸던 약속이다. 소비에트 국가주의의 족쇄에서 마침내 풀려난 이제 그 약속이 지켜져야 할 시간이 도래했다.

니체적 아나키즘

사상이 마르크스와 상당히 겹치는 니체는 아나키즘 중에서도 개인주의적 흐름 쪽에 철학적 표현을 풍부하게 제공한다. 그러나 아나키즘과 관련한 니체의 사상을 평가할 때, 우리는 그를 읽어내는 데 따르는 어려움으로 인해 쉽게 빚어지는 오해와 혼돈의 그물을 걷어내야 한다. 우리가 마르크스주의라고 알려진, 종종 혐오하기도 했던 한 종류의 사상에서 순수한 초기 마르크스 철학을 발굴해내야 했듯이 말이다.

니체는 자신의 기본적 충동들을 현실에 투사하는 역사적 인간에 대해 쓴다. 그 과정은 타자를 창조적으로 양육하는 동시에 일부 본능을 억압하는 것을 포함하는 하나의 질서 재구성 절차다. 역사는 자아를 외부화하는 역동적이고 변증법적인 과정이며, 해방의 측면을 지닌다. "삶 제 스스로 나에게 이런 비밀을 고백했다. '보라, 나는 거듭해서 삶 자체를 극복해야 하는 존재다.'"[90] 이런 자기실현 충동, 다시 말해 흔히 잘못 이해되고 있는 니체의 권력에의 의지는 추상적인 힘이 아니라 특정한 역사적인

---

90 Friedrich Nietzsche, 'Of Self-Overcoming', *Thus Spake Zarathrusta* (London, 1969), 138쪽.

맥락 안에서 형태를 갖는 어떤 것이다. 이렇게 마르크스와 니체는 인간을 '역사적 환경에 뿌리박고 있는 존재이면서 자신의 힘을 확장하려고 노력하는 존재'다. 아나키스트들은 이 두 사상을 따뜻하게 끌어안는다.

마르크스와 니체의 철학은 이처럼 유사성을 갖고 있지만, 결정적인 차이도 지니고 있다. 마르크스는 삶이란 본질적으로 사회적인 과정이면서 이상적으로는 그 속에서 사람들이 자신의 존재를 스스로 창조하는 인간적 자유를 누리는 과정으로 보는데, 이런 마르크스의 견해는 니체의 권력에의 의지와 융합될 수 없다. 마르크스 존재론에 나오는 생명력, 다시 말해 무언가가 되어가는 자아실현의 존재가 가진 생명력은 권력에의 의지와 결코 같은 게 아니다. 에너지로 움직이는 다양한 충동들로 자아를 파악한 니체의 관념은 근본적이고 반현실적인 면을 갖고 있다.

또한 인간의 사회적, 생산적 활동에 대해 마르크스주의가 갖는 관심을 니체는 갖고 있지 않다. 대신 니체는 '위험에 처한 동물'[91]로서의 인간에 대해 말한다. 이런 처지의 인간은 협력을 통해 보호되기를 추구하고, 동물적 생존으로부터 격렬하고 고통스럽게 단절한 뒤에야 의식적인 존재가 된다. 사회를 이런 식으로 바라보는 니체의 세계 역사에 대한 '설명들'(단 하나의 설명으로 되어있지 않다)은 비인간적일 정도로 허무주의적이며, 아나키스트들과는 무관한 것으로 읽힐 수 있다.

그러나 니체를 어느 한 방향으로 읽을 때는 거기에 언제나 그와 반대되는 의미와 중요성이 내재돼 있다. 니체는 일단 사회 안에 들어온 인간이 어떻게 "마치 스스로를 통해 무언가가 선언되고 준비되는 것처럼, 그리고 마치 인간은 목적이 아니라 그저 지나가는 길, 에피소드, 다리, 위대

---

91 Friedrich Nietzsche, *The Gay Science* (Cambridge, 2001), aphorism 354.

한 약속인 것처럼 흥미, 긴장, 희망, 완벽에 가까운 확신 등을 일으키는지"[92]에 대해 쓴다. 이런 프로메테우스적 긴장은 마르크스와 니체 두 사상가 모두에게서 발견할 수 있다. 마르크스는 역사를 바꿀 프롤레타리아의 탄생에 대해 말하고, 니체는 근대 사회에서 인간의 병, 그의 표현에 따르면 인간의 '임신 같은 병(an illness like pregnancy)'에 대해 말한다.

두 사상가 사이에 존재하는 놀라운 유사성들은 은유적 표현의 수준에서 그치지 않는다. 두 사람은 인간 활동을 방해한다는 이유로 근대 사회를 기능장애의 사회라고 비판한다. 마르크스의 경우 이 비판은 자신들이 생산한 재화에 대해 그 어떤 통제력도 갖지 못하는 대다수 사람들을 소외시키는 경제 질서의 사회적 결과들을 향하고 있다. 그 결과는 물화한 의식, 다시 말해 시장의 힘이 작동하는 것이 자연스럽고 영원한 것처럼 보이게 만드는 이데올로기, 그리고 사람들을 끝내 불행하게 만드는 상품의 물신화로 나타난다. 그러나 니체의 비판은 단지 인간적 개념들인 것을 영원한 진리로 전환시키려는 사회질서가 낳는 심리적 결과들을 겨눈다. 한 사람이 이데올로기와 소외에 대해 말할 때, 다른 한 사람은 우상과 심리적 질병에 대해 얘기하는 것이다.

인간은 언제나 삶의 무의미함과 혼란스런 격류를 잠재우고 실존을 참을 만한 것으로 만들기 위해 일련의 신념들 또는 지평들을 필요로 해왔다고 니체는 주장한다. 그는 삶을 부정하는 금욕적 이상의 대표적인 예로 신에 대한 믿음을 들었다.[93] 계몽주의는 이런 믿음을 내쫓았다. 이것이 바로 그 유명한 니체의 선언인 '신의 죽음'이다. 그러나 계몽주의는 인간을

---

92 Friedrich Nietzsche, *On the Genealogy of Morality* (Cambridge, 1996), 62쪽.
93 "고통 그 자체가 아니라, 고통의 무의미함은 지금까지 인류를 덮어온 저주였다. 그리고 금욕적 이상은 인간에게 어떤 의미를 제공했다!" Nietzsche, *Genealogy of Morality*, 127쪽.

허무적인 상태에 빠뜨렸다. 인간은 신을 대체할 그 어떤 것도 찾아내지 못했기 때문이다. 니체는 무리도덕(herd morality)[94]이 스스로를 진리인 것처럼 가식하는 방식들을 타기한다. 이런 니체의 태도는 부르주아적 관계들이 마치 자연법칙인 것처럼 우리 의식 속에 스며든다는 마르크스의 주장과 비슷하다.

신은 죽었지만 죄와 죄의식에 대한 해로운 믿음은 그렇게 쉽게 사라지지 않았다. 인간은 여전히 환상을 원하기 때문이다.[95] 이제는 죽어버린 기독교 신앙이라는 환상의 배후에서 자아나 주체로 스스로를 인식하는 무신론적 환상이 작동한다. 목적 없는 되어감(becoming)과 나타남(emergence)에 대한 그저 건전하고 왕성한 몰입이 있어야 할 때 이런 환상이 작동한다는 것이다. 이는 바로 니체가 저주한 근대 질병의 일부다. 이런 측면에서 많은 아나키스트들이 니체만큼 극단적이지는 않지만 무리도덕, 그리고 삶을 완전히 향유할 인간의 능력을 갉아먹고 약화시킬 수 있는 삶의 공포에 대한 니체의 공격에는 찬동한다.

몇몇 초개인주의적인 아나키스트들을 제외한 모든 아나키스트들이 니체와 갈라서는 것은 바로 그의 존재론이 마르크스의 존재론과 갈라지는 지점에서다. 두 사상가는 모두 유물론자였다. 그렇지만 니체는, 물론 그 자신의 '게이 사이언스(gay science)'[96]는 예외겠지만, 과학과 합리성

---

[94] '무리도덕'(herd morality)은 군중들이 서로에 대한 관계를 조직하는 사고방식을 의미한다. '진정한 자아'를 끊임없이 왜곡하고 부정하는 무리도덕의 압력이 바로 그 유명한 '노예도덕'(slave morality)이다. 이와 반대되는 '군주도덕'은 권력에의 의지에 성실하고 더 고귀한 것을 열망하는 강자의 도덕이다. 이것은 인간 사이에 위계가 있다는 것을 믿고 자기를 긍정하고 스스로 가치를 만들어 내어 비열한 것을 거부하며 약자를 지배하려고 하는 도덕을 말한다. (역자)
[95] "우리는 교회의 독(poison)이 아니라 교회를 혐오한다 … 교회와는 별도로, 또한 우리는 교회의 독을 사랑한다." Nietzsche, *Genealogy of Morality*, 21쪽.
[96] 니체 스스로 자신의 가장 개인적인 저작이라고 부른 The Gay Science는 신의 죽음, 허무주의, 진실과 허위의 역할, 영원회귀 등 니체 사상의 핵심을 이루는 철학적 주제들과 견해들을 담고 있다. (역자)

을 질병의 일부로 본다. 과학과 합리성은 세계를, 거기서 사실을 발견해낼 수 있는 물(things)[97]로 물화·물신화시킨다는 이유에서다.

그의 비판은 마르크스보다 훨씬 근본적이다. 니체는 경험주의와 실증주의뿐 아니라 객체와 관련되는 주체로서의 인간 존재라는 관념을 공격하기 때문이다. 이 인간 존재의 관념이 마르크스의 반칸트적이고 변증법적인 정신으로 표현된다고 해도 공격의 대상이 된다. 니체에게 주체는 그저 하나의 주체가 아니라 창조적인 되어감, 의지가 추동하는 충동들의 융합이다.[98]

두 사상가의 차이는 메울 수 없는 것처럼 보이기 시작한다. 마르크스는 허위의식과 이데올로기의 뒤에 있는 진리를 추구한다. 이에 반해 니체는 진리 그 자체가 근대세계를 여전히 속박하고 있는 하나의 우상, 하나의 환상이라고 간주한다. 마르크스는 인간이 노동 속에서, 또는 너무나도 많은 사람들의 노동 현실이 된 '소외되고 협소한 경험'을 극복하는 광범위한 활동 속에서 스스로를 표현한다고 본다. 반면, 니체는 권력에의 의지를 표현하는 목적의식 없는 놀이와 방탕을 강조한다. 마르크스와 니체 사이의 격차가 점점 더 메울 수 없는 것처럼 보일수록, 공산주의적 아나키스트들과 개인주의적 아나키스트들 사이의 격차도 점점 더 커지는 것처럼 보인다.

두 사상가 사이의 깊은 차이에도 불구하고, 니체가 마르크스와 돌이

---

97 "'물'이란 개념은 원인으로서의 자아에 대한 믿음의 반영에 지나지 않는다. … 심지어 당신의 원자, 친애하는 제군들, 기계공들, 그리고 물리학자들 - 어느 정도의 실수, 어느 정도의 초보 심리학이 계속 당신의 원자에 남아 있다. '물 그 자체'는 말할 것도 없고…" Friedrich Nietzsche, 'The Four Great Errors', *Twilight of the Idols/The Anti-Christ* (London, 1990), 61쪽.
98 "아무 것도 남아 있지 않다. 다만 오직 다른 역동적 양에 대한 긴장과 관련한 역동적인 양만 있을 뿐. 양의 본질은 다른 모든 양과의 관련에 있다." Friedrich Nietzsche, *The Will to Power* (London, 1984), aphorism 635.

킬 수 없을 정도로 불일치한다고 확정지을 수는 없다. 공산주의적 아나키즘과 개인주의적 아나키즘이 아무리 달라도 아나키즘이라는 큰 틀에 속해 있어 서로간의 대화가 가능하듯이, 마르크스와 니체도 부분적이긴 하지만 공유하는 부분이 있다. 두 사상가는 자본주의가 없다면 사람들이 더 행복할 것이라며, 그 이유를 보여줌으로써 아나키즘에 기여한다.

시장의 광포한 논리에 대한 니체의 문제제기는 반자본주의 시위자들만큼이나 설득력 있다. "고용주들은 자기는 뭔가 만드는 일을 하지 않으면서도 모든 것을 평가하는 법을 안다. … '누가, 그리고 얼마나 많은 사람들이 이것을 소비하는가?' 이것이 바로 그들의 평가기준이자 최대 관심사다."[99] 니체는 사람들로 하여금 휴식하는 것을 부끄러워하도록 만드는 노동윤리의 결과들을 타기한다. 이런 노동윤리는 사람들이 좀더 쉬면 불안해지는, 다시 말해 '아무 것도 하지 않고 있는 것보다는 차라리 뭔가를 하고 있으라'[100]는 자본주의 형이상학의 기본원리를 망각할지 모른다는 두려움을 야기한다.

니체는 소비사회의 정신적 쇠약에 대해 공격한다. 니체는 이런 정신적 쇠약이 계급에 기초한 권력 체제의 산물이라고 보지 않고 심리적 손상, 다시 말해 욕망의 놀이를 위한 수단이 아니라 그 자체가 목적이 되는 화폐에 예속됨에 따라 발생된 심리적 손상이라고 본다. 노동윤리에 대한 니체의 이런 공격은 분명히 환영할 만한 것이다. 하지만 가장 극단적이고 이기적인 형태를 취하는 개인주의적 아나키즘을 빼고는 모든 아나키즘에 대해 명백히 적대적인 니체 사상의 측면들에 모조리 눈을 감아야 하는 것은 아니다.

---

99 Frirdrich Nietzsche, *Daybreak* (Cambridge, 1982), aphorism 175.
100 Nietzsche, *The Gay Science*, aphorism 329.

니체의 저작들에 슈티르너의 흔적들이 있음을 볼 때 니체는 막스 슈티르너의 저작들을 당연히 알고 있었을 것이다. 마르크스의 이상, 곧 아나르코 공산주의 공동체에서 노동을 통한 목적의식적 자기실현과 니체의 현실 수용, 곧 권력을 추구하는 본질적인 측면들로서 착취와 제한된 수준의 사유재산 용인 사이에는 주요한 차이가 있다. 노동의 억압적 성격은 마르크스에게는 역사적으로 특정한 생산양식의 결과이지만, 니체의 정신적 지평에서는 심리적으로 주어진 것이다.

니체와 마르크스 사이의 긴장은 한편으로는 순수하게 개인적인 개별적 자율의 개념을, 다른 한편에서는 공동체적인 사회적 자유를 강조하는 등 서로 강조점을 달리하는 아나키즘 내부의 노선들을 반영하는 것이다. 마르크스의 아나르코 공산주의 사회는 공유에 근거한 사회적 시도다. 그러나 니체의 초인은 그 어떤 공동체적 윤리와도 다투는 자율적 존재다. 초인은 가치를 창조하는 피조물이다. 그는 자신보다 저열한 범인(凡人)들의 무리도덕에 마음대로, 그리고 필연적으로 도전한다. 그는 진리를 형성하는 것은 개인의 해석 활동이라고 단언한다.

마르크스와 니체 모두 아나키즘에 어떤 가치를 기여한다는 점에서 공통점을 갖고 있지만, 그들 자신의 용어들 안에서 보면 궁극적으로 양립 가능하지 않다. 아마도 마르크스는 니체를 부르주아라고 부를 것이다. 니체가 자신의 믿음들에 대한 역사적 결정요인들을 분석하지 못했다고 보기 때문일 것이다. 반면 니체는 마르크스가 진리나 이성과 같은 우상을 믿는다는 이유에서 마르크스를 부르주아라고 비판할 것이다. 니체에게 사회주의와 아나키즘은 단지 형이상학적인 환상들일 뿐이며, 그것도 자유로운 개인을 희생하는 공동체적 시도를 옹호하기 때문에 유해한 환상들일 뿐이다.

물론 아나키즘은 어떤 사상체계 전체를 모조리 수용하는 것이 아니다. 따라서 마르크스와 니체를 합해서 뭉뚱그리고자 하는 시도는 여간해서는 화해시키기 어려운 공산주의적 아나키즘과 극단적인 개인주의적 아나키즘 사이의 접점을 찾는 범위 안에서만 해야 할 일이 아니다. 개인주의를 극단으로 밀고 가면 그것은 미국에 주소를 두고 있는 호전적인 우익 자유지상주의 또는 '사회라는 것은 없다'는 대처식 관념으로 넘어간다. 이렇게 불쾌한 어조로 결론짓는 것은 니체에게 부당한 것일 게다. 이런 식의 결론은 반유대주의나 친나치주의라는 비난만큼이나 부당하게 그를 규정하는 것이기 때문이다.

오래 전에 바쿠닌이 인식했던 것과 같은 권위주의라는 유해한 수화물을 나르는 것은 바로 마르크스다. 그러나 니체와 마르크스 모두 나름대로 아나키즘이 완전한 모습을 갖추는 데 크게 기여했다. 마르크스가 세계를 변화시키는 혁명적 근본주의로서 자본주의를 분석한 것은 그의 존재론과 더불어 공산주의적 아나키즘의 핵심을 이룬다. 마르크스주의 사상의 다른 측면들, 특히 소외와 상품 물신성의 개념도 흔쾌히 수용된다. 아나키스트들도 마르크스도 공산주의가 유토피아라고 생각하지 않는다. 마르크스는 공산주의 사회가 도래한 이후에야 인류 역사가 시작되며, 그 속에서 인간이 자신들의 사회를 지배한다고 믿었다. 이런 믿음은 아나키스트들도 마찬가지다.

이와 비슷하게 사려 깊은 동조의 차원에서 아나키즘에 주입돼 있는 개인주의의 정신은 니체 사상의 여러 요소들을 따뜻하게 끌어안는다. 그것은 바로 니체가 보여준, 복종의 심리에 대한 전복적인 공격, 삶을 긍정하는 관점에 서서 자아가 창조적으로 되어가는 것을 옹호하는 입장, 그리고 역사와 존재를 희생시키는 진리와 이성의 관념에 대한 공격 등이다.

아나키즘은 당과 국가에 대한 마르크스주의와 마르크스-레닌주의적인 사상들과는 거래하지 않는다. 마찬가지로, 자유지상적 사회주의와 양립될 수 없는 니체 사상의 측면들과도 거리를 둔다. 끊임없는 착취와 지배의 과정으로서의 권력에의 의지는 거부되고, 대신 그의 사상 중 더 진보적인 함의들을 짚어내는 니체 읽기가 이뤄진다.

반자본주의 운동 가운데 급진생태주의와 환경주의 노선에 서있는 사람들은 니체에 대한 '녹색 독해'에서 철학적 뒷받침의 요소들을 찾아낼 수 있다. 그러한 철학적 뒷받침은 니체의 중심 사상들 가운데 일부를 선택적으로 해석하는 데서 얻어질 수 있다. 인간은 권력에의 의지에 의해 이끌린다는 니체의 주장은 흔히 친파시즘 이데올로기로 오해되곤 한다. 그러나 이런 그의 주장은 그가 인간의 본능을 우선시하고, 다른 동물들과 근본적 특성을 공유하는 존재로서 인간을 보는 관점을 우선시하는 데서 연유한 것이다.

자연주의자로서 니체는 인간에 대한 그 어떤 형이상학적 본질의 관념도 전적으로 거부한다. 대신에 그는 고통, 죽음, 목적이 없는 출현과 끊임없는 변화의 움직임을 앞세운다. 이성은 현실을 판별하는 기준이 아니라 오히려 현실을 지배하고 규제하는 방법이자 수단이다. 이는 인간이 그들 자신의 작은 세계들을 설정한다는 뜻이다. 우리의 에너지에 의해 창조되고 지탱되는 이 작은 세계들은 공동의 지구에 서식하는 다른 피조물들의 세계보다 본질적으로 우월하지 않다.

니체는 근대 과학적 사고의 많은 부분을 뒷받침하는 칸트적 세계관의 전형으로서 그가 '원자주의'라고 부른 것을 공격한다. 원자들이 존재의 궁극적인 영역에 하나의 구조를 제공한다고 간주하는 것은 마치 사물이 다른 모든 것들과 연관되지 않고 고립되어 존재한다고 보는 인식론적 고독의 한 형태다. 과학은 지배의식을 정당화시키는, 공리주의적이고 극도로 단순한 현실의 질서로 기능한다. 반면 니체는 인간세계에 부여된 우월성의 해체를 추구하며, 인간과 동물들을 같은 존재의 무대에 올리는 근본적 평등을 선호한다. 되어감(becoming)과 그 역행의 부단하고 목적 없는 재순환이라는 니체의 세계를 생태적인 관점에서는 복잡한 유기적 전체로 독해할 수 있다. 이런 측면에서 니체의 설명은 우리가 한 부분으로 소속된, 전체적이면서도 유한한 것으로 주어진 지구라는 개념을 뒷받침한다. 그것이 유한한 전체이기 때문에 파괴적이고 착취적인 방식으로 유린될 수 없다는 뜻도 거기에 포함된다.[101]

많은 아나키스트들은 공동주의와 개인주의 사이의 긴장이라는 아나키즘의 변증법에 놀라지 않는다. 오히려 아나키즘을 미개척의 영역으로 데려가는 역동성으로 그런 아나키즘의 역동성을 파악한다. 개인에게 영혼이 없는 사회주의는 진정한 공산주의적 헌신이 없는 개인적 자유만큼이나 공허하다.

니체가 권력에의 의지라고 부른 것은 자기표현을 추구하는 경험적 힘으로서의 개인의 삶을 옹호하는 아나키즘적 해석에 의해 부드러워진다. 여기서 개인의 자기표현 추구는 식물이 빛을 향해 성장하는 것만큼이나 자연스럽다. 그리고 개인의 삶은 사회적 전체의 부분으로 진보하고자 한다고 볼 수 있다.

자유의 가치에 대한 이런 주장은 아나키즘을 현실 공산주의와 구별짓는다. 바쿠닌이 다음과 같이 설명하는 것처럼, 자유는 사회 변화를 일

---

101 Max O. Hallman, 'Nietzsche's Environmental Ethics', *Environmental Ethics*, 13 (Summer 1991)과 Ralph R. Acampora, 'Using and Abusing Nietzsche for Environmental Ethics', *Environmental Ethics*, 16 (Summer 1994)를 볼 것.

으키기 위해 형성된 조직들의 구조를 결정하기 때문이다.

> 자유 없는 평등은 국가의 전제주의다. … 형성될 수 있는 가장 치명적인 조합은 사회주의를 절대주의와 결합하는 것이다. 이는 물질적 복지에 대한 민중의 열망을 … 독재, 다시 말해 모든 정치적, 사회적 권력을 국가로 집중시키는 것과 결합하는 것이다 … 우리는 오직 자유를 통해서만 완전한 경제적, 사회적 정의를 추구해야 한다. 자유의 외부에는 삶도 인간도 있을 수 없다. 자유를 자신의 창조적 원리로 받아들이지 않는 사회주의는 … 필연적으로 … 노예의 상태와 야만주의로 이어진다.[102]

---

102 Alison Blunt와 Jane Wills, *Dissident Geographies* (Harlow, 2000), 15쪽에서 인용.

4장 국가에 대한 공격

잔인한 힘으로 가난한 자의 것을 도둑질하고
그들을 노예로 몰아가는 거대한 기계가 국가의 모습이다.

— 버나드 쇼

2002년 런던에서 벌어진 반전 시위

직접행동

아나키스트들은 반란이나 불복종과 같은 무수한 행동들을 통해 국가를 공격한다. 그 방법도 매우 다양하다. 상징적인, 음모적인, 공공연한, 폭력적인, 평화적인, 내밀한, 예술적인, 범죄적인, 합법적인 방법들이 다 동원된다. 이렇게 국가를 공격할 때 아나키스트들은 언제나 이런저런 종류의 직접행동에 대한 희망을 공유한다. 19세기 말 행동에 대한 선전에서처럼 때로 그 행동의 대상자는 국가의 대표로 간주되는 개인이 된다. 그러나 때로는 1970년대 영국의 분노여단(Angry Brigade)[103]처럼 어떤 제도나 조직의 물리적 구조가 공격받기도 한다. 그것이 대변하는 것 때문이다. 아나키즘을 증진하기 위해 전면적인 군사적 동원이 필요한 경우도 있다. 1936년 스페인 내전 때가 그런 경우다.

여건이 달라진 오늘날에는 반자본주의 운동이 물리적 폭력에 의존하지 않고 대중 행동을 통해 국가간 기구들에 맞선다. 국가를 공격하는 사람들의 의식 수준이 천차만별이라는 점은 아나키즘적인 직접행동을

---

103 4장을 참조할 것(역자).

구성하는 것들을 폭넓게 이해하도록 한다. 이런 측면은 많은 사람들이 구분하곤 하는 '대중소요와 반란, 범죄와 혁명 사이'[104]의 경계를 무너뜨린다. 그런 구분은 전문적인 역사학자들에게는 어떨지 모르지만 아나키스트들에게는 항상 적절한 것은 아니다. 그럼에도 불구하고 이 장에서는 정서적으로 아나키즘의 자의식이 깔려 있거나, 적어도 지적으로 아나키즘적이라고 인정되는 국가 공격만을 다룬다.

전세계에서 정치적 의식을 지닌 아나키즘 행동으로 알려진 첫 사례는 1649년 4월의 사건들로 거슬러 올라간다. 그때 제라드 윈스탠리(Gerrard Winstanley)를 비롯한 40여 명의 개척자들은 영국 잉글랜드 남부 서리(Surrey)에 있는 '성 조지 언덕(St. George's Hill)'의 버려진 공유지에 최초의 농촌 아나키즘 공동체를 수립했다. 이들은 17세기 중반 영국 내전 당시 나타난 좌익 집단들 가운데 가장 급진적인 집단인 '디거스(Diggers)'였다. 이들이 공식으로 내건 목표는 "정직하게 일하고, 대지를 모두를 위한 공동 보물로 만드는 터전을 닦는다"[105]는 것이었다.

케빈 브라운로와 앤드류 몰로의 1975년 영화 〈윈스탠리〉는 성 조지 언덕에서 일어난 사건들에 대한 역사적 기록을 세심하게 재창조했다. 이 운동의 배후에 있는 아나키즘적 충동을 의식적으로 부추기려고 하지는 않았지만, 이 영화는 윈스탠리가 쓴 문건과 디거스의 직접행동에 나타난 자유지상적 공산주의의 관련성을 분명히 보여준다.

직물 상인인 아버지의 직업을 이어받지 못한 윈스탠리는 노동자이자 급진 사상가가 됐다. 그의 저작들은 성 조지 언덕의 디거스가 갖고 있

---

104 Eric Hobsbawm, *Bandits* (London, 2000), 121쪽.
105 Peter Marshall, *Demanding the Impossible* (London, 1993), 97쪽. W. H. Armytage, *Heavens Below: Utopian Experiments in England 1560~1690* (London, 1961)도 볼 것.

던 전복적 계획을 보여준다. 디거스는 무단 토지 점거자들이었을지 모르지만 공유지를 개간하고 채소를 심으면서 대안의 생활방식이 실현 가능함을 입증하려는 의식적인 노력에 나선다. 윈스탠리는 디거스가 하고자 하는 도전에 대한 자기 생각을 밝혔다. 그는 이렇게 썼다. "자유는 세계를 전복하게 될 것이다. 따라서 그에게 적이 생기는 것은 전혀 이상하지 않다."[106] 《진정한 수평파들의 기준(True levellers' Standard)》[107]에서 윈스탠리는 자신의 삶을 스스로 고찰하고 구성할 줄 아는 인간 고유의 능력은 외부적 통제의 필요성을 제거하며, 따라서 "스승과 지배자가 없다고 그를 찾아 해외로 갈" 필요도 없다고 주장했다.

강요된 권위에 복종하는 것은 불필요한 만큼이나 치명적으로 해롭다. 그 이유와 관련해 윈스탠리는 이렇게 썼다. "(강요된 권위는) 평화와 자유의 정신을 억누르며 지배하고 가르치는 외부의 힘이다. 이 힘은 먼저 심장 내부에서 다른 사람들에 대한 노예적 두려움을 그 심장에 가득 채우고, 다음으로 심장 외부에서 그 사람의 신체가 다른 사람의 외부적 힘에 의해 투옥되고 처벌되고 억압받게 한다."[108] 성 조지 언덕의 공동체는 통치하는 국가와 그 억압적 권력 없이도 사람들이 살아갈 수 있음을 보여주기 위해, 그리고 그렇게 함으로써 더 많은 지지자들을 끌어들여 공동체 참여자의 수를 늘리고 영향력을 키우기 위해 설립됐다. 이 공동체는 국가

---

106 Christopher Hill이 편집한 Gerrard Winstanley, *The Law of Freedom and other Writings* (Cambridge, 1983), 128쪽.
107 평등파로도 불리는 '레벨러스'(Levellers)는 영국 내전(청교도 혁명)에서 소상인, 장인, 도제, 소생산자 등 소부르주아의 이익을 주장한 정치적 당파였으며, 당시 의회파 내 급진파로 분류된다. 1649년 아일랜드 파병에 반대하면서 반란을 일으켜 '독립파'에 속하는 크롬웰에게 탄압당하면서 쇠락한다. 디거스는 수평파의 좌익으로 '진정한 수평파'로 자처했으며, 토지를 잃은 소농을 지지층으로 삼아 공유지를 개간하는 운동을 벌였다. 회중파, 조합파로도 불리는 '독립파'는 여러 교파의 중간적 입장을 취했다는 이유에서 붙은 이름으로, 왕당파에 맞선 의회파의 중심세력이었다.(역자)
108 Winstanley, *Freedom and other Writings*, 78쪽.

및 그 부속 기구들은 물론 부패를 일으키는 사유재산 개념도 거부했다.

> 모든 사람들이 그들이 원하는 바를 말할 수 있게 하라. 지배자들이 내 것이니 네 것이니 하는 특별한 관습을 떠받들면서 대지를 자신들의 것이라고 주장하는 한 보통 사람들은 결코 자유를 누리지 못하고 대지도 근심, 억압, 불만으로부터 해방되지 못한다.[109]

브라운로와 몰로의 영화는 라이프스타일 아나키스트들인 '랜터스(Ranters)'라는 모호한 분파도 소개한다. 성적인 자유지상주의와 불경스러운 이단의 입장을 취했던 랜터스는 수백 년 뒤에 다시 등장하는 문화적 전쟁터를 예시하는 것이었다. 피터 마셜은 자신의 연구 결과에서 랜터스의 본질과 영향력을 둘러싼 불확실성이 있긴 하지만, 랜터스가 개인주의적 아나키스트들이었다는 점은 의심할 여지가 거의 없다는 결론을 내렸다.[110] 도덕률을 거부하는 이들 분파의 급진주의는 종교의 언어로 표현됐다. 이들은 정신적 복지란 성직자나 교리를 필요로 하지 않는다는 퀘이커 교도의 원리와, 교회의 도덕을 거부하면서 최후의 심판 이전에 그리스도가 재림해 1000년에 걸친 유토피아적인 축복의 나라를 세울 것을 기대하는 중세 천년왕국설 집단의 정신 중 남아있는 일부를 결합했다. 천년왕국설 신봉자들처럼 랜터스는 재산과 성(性)을 자연이 준 공동체적 선물로 간주했고, 그 어떤 법률이나 도덕적 제약도 자유로운 정신을 구속하지 못

---

109 Winstanley, *Freedom and other Writings*, 159쪽.
110 Marshall, *Demanding the Impossible*, 102~107쪽. 랜터스에 관해 더 알아보려면, A. L. Morton, *The World of the Ranters* (London, 1970)을 볼 것. 좀 더 일반적으로 17세기 좌익 공화주의 집단들에 대해서는, Christopher Hill, *The World Turned Upside Down: Radical Ideas During the English Revolution* (London, 1972)

한다고 봤다.

윈스탠리는 랜터스와 디거스 사이에 발생한 긴장을 조명한다. 이 긴장은 엠마 골드먼과 같은 자유지상주의자를 일축하는 남성스러운 '계급전사' 유형의 아나키스트들이 동반하는 예민한 분파주의를 예고하는 것이었다. 골드먼이 신봉한 성적 해방과 사회적 해방에 대한 옹호는 종종 강경파 아나키스트들에게 제약이 되는 것으로 여겨졌다. 강경파 아나키스트들에게 성적, 사회적 해방은 계급전쟁이라는 중대하나 아직 완수되지 못한 과업으로부터 벗어난 것이다. 하지만 디거스와 랜터스는 선동적으로 국가를 거부하는 데서 똑같았다. 랜터스의 일원인 아비저 코페(Abiezer Coppe)는 이렇게 썼다. "너의 집, 말, 재화, 금, 땅을 포기하고 포기하고 포기하고 포기하라. 포기하고 그 어떤 것도 네 것이라고 생각하지 말라. 모든 것을 공유하라."[111] 이런 코페의 저작들은 너무나도 전복적이어서 의회가 그들 랜터스를 불법화하는 법을 만들 수밖에 없을 정도였다.

성 조지 언덕 주변의 지방 지주들에게 있어 디거스와 랜터스는 아주 비슷한 사람들이었고, 그들 사이의 차이는 그리 중요하지 않았다. 지방 지주들은 관리와 성직자의 도움을 받아 디거스와 랜터스가 상징하는 것들을 파괴하는 작업에 착수했다. 디거스 정착지는 학대를 견뎌냈으나 결국 1년 뒤 국가권력에 의해 짓밟혔다.

그러나 마치 불사조처럼 200년 뒤인 1890년대 영국에 디거스와 같은 시도들이 다시 등장했다. 그 가운데 비교적 오래 지속된 것은 글로스터셔 주의 스트라우드 부근에 있던 화이트웨이 콜로니(Whiteway Colony)였다. 40에이커의 땅을 구입하면서 출발한 이 개척지는 곧바로 공동체의 공

---

[111] Marshall, *Demanding the Impossible*, 105쪽에서 인용.

산사회적 원칙의 실현을 알리기 위한 상징적인 조처로 토지 권리증서를 불태웠다.[112]

화이트웨이 콜로니는 톨스토이의 영향을 받았다. 톨스토이는 1890년대 영국 북부에서 두 개의 개척지가 태동하는 데 자극을 준 크로포트킨 및 바쿠닌과 더불어 19세기 러시아 아나키스트들의 주목할 만한 최고의 삼각 축이었다. 크로포트킨은 1842년 농노 1만 2000명을 소유한 지주 가문에서 태어났다. 그러나 그는 5년간 시베리아와 서유럽을 여행했고, 서유럽에서 제1 인터내셔널과 접촉했으며, 그 결과 아나키즘으로 사상을 바꿨다. 그는 러시아와 프랑스에서 수감생활을 한 뒤 40대 중반에 런던에 정착했고, 그곳에서 40년 이상을 살았다. 그는 1917년 혁명 뒤에 러시아로 돌아가 남은 3년의 여생을 보냈으며, 그의 장례식에는 10만 명이 참석했다.

마르크스와 마찬가지로 이들과 같은 19세기 아나키스트들도 프랑스 혁명이라는 획기적 사건에 뿌리를 둔 미래지향적인 정치사상을 갖고 있었다. 아나키즘의 역사에서 파리에서 일어난 일들의 중요성은 아무리 강조해도 지나치지 않다. 마치 아마존 여전사처럼 차려입은 테로뉴 드 메리쿠르(Thérigne de Mericourt)가 이끈 바스티유 감옥 습격은 새로운 종류의 직접행동이었다. 그러나 혁명은 공포정치와 나폴레옹의 독재로 전락했고, 중앙집중적 국가 형태를 띤 새로운 중산계급 정치질서의 기초를 놓는 역할을 했다.

그럼에도 프랑스 혁명은 민중적 불만의 힘을 분출시켰다. 이러한 민중적 세력의 힘, 그리고 그것이 지배계급에 준 두려움은 200년 넘게 반향

---

112 Alison Brunt와 Jane Wills, *Dissident Geographies* (harlow, 2000), 26~27쪽.

을 일으켰고, 계속해서 역사의 진로를 잡아가고 있다. 아나키스트라는 단어를 부정적인 의미로 사용하는 데 대한 도전이 프랑스 혁명에서 시작된 것은 우연이 아니다. 1793년 9월 한 집단은 국민공회(National Convention)[113]에서 이렇게 연설했다.

> 우리는 가난하고 지조 있는 상퀼로트[114]다. … 우리는 우리의 친구가 누구인지 알고 있다. 성직자와 귀족으로부터, 그리고 봉건체제로부터 우리를 구원한 사람들 … 귀족들이 아나키스트라고 부르는 사람들이 바로 우리의 친구다.[115]

프랑스 혁명에는 여러 다른 차원의 담론들이 따라다닌다. 아나키즘의 관점에서 볼 때 귀족들에 의한 봉건적 지배가 신흥 자본주의로 대체됐다는 사실로 인해 프랑스 혁명으로 성취된 것들이 무효화하는 건 아니다. 혁명 과정에서 드러난 것 자체가 또 하나의 사실이었다. 공고하게 뿌리박고 겉으로 보기에 자연스러운 정치사회 질서가 전복될 수 있다는 깨달음이 바로 그것이다. 행동과 관련된 이런 측면은 프랑스 혁명사에 핵심적인 부분으로 남아있다.

1793년에는 특히 공산사회적 반란 정신이 만연해 있었다. 당시 거리

---

113 1792년 8월 10일 파리 시민의 봉기로 왕권이 정지된 뒤 9월 개설돼 1795년 10월까지 존속한 의회로, 입법의회에 이어 설립된 헌법제정 의회였다. 의원은 보통선거에 의해 선출됐고, 개회와 함께 공화정을 선언했는데 이것이 프랑스 제1 공화정이다. 의원 총수 749명 가운데 상공업 부르주아가 중심이 된 지롱드당이 약 160명, 파리의 자코뱅 의원을 중심으로 한 산악파가 약 200명, 평원파(平原派)라는 중간파가 약 400명이었다. 산악파의 중심세력이 바로 상퀼로트다.(역자)
114 프랑스 혁명기의 의식적인 민중세력을 가리키는 말로, 퀼로트(반바지)를 입지 않은 사람, 곧 긴바지를 입은 노동자라는 뜻으로 귀족(나중에는 부유한 시민)과 구별하는 말로 사용됐다.(역자)
115 Marshall, *Demanding the Impossible*, 432쪽에서 인용.

에서는 한 여성이 다른 여성에게 이런 말을 하는 것을 쉽게 들을 수 있었다. "넌 이미 예쁜 옷 한 벌을 갖고 있지 않니? 참아 봐. 그리고 너에게 예쁜 옷이 하나 더 생긴다면, 한 벌은 나에게 줘야해. 그게 바로 우리가 원하는 것이야. 머지않아 다른 모든 것도 그렇게 될 거야."[116]

이런 정신은 앙라줴(Enragés)[117]의 한 명인 자크 루(Jacques-Roux)가 직접행동을 호소한 데서도 엿볼 수 있다. 부를 재분배하는 하나의 방법으로 약탈을 찬양한 그의 호소는 약 200년 뒤에 영국의 '계급전쟁(Class War)' 집단이 보여준 감성을 예고하는 것이었다. "한 계급이 다른 계급을 굶주리게 하고도 처벌을 받지 않는다면 자유는 단지 공허한 환영일 뿐"[118]이라는 자크 루의 항의 선언은 건전한 아나르코 공산주의의 원칙, 즉 사회혁명 없는 정치 반란은 마치 돈만 있으면 누구나 고급 호텔에 드나들 수 있다는 것을 아는 것만큼이나 공허하다는 원칙에 근거하고 있다.

프랑스 혁명의 사건들은 반역자가 되려는 많은 사람들에게 '대중적 속성을 지닌 직접행동은 음모적 성격을 지닌 전복적 모의에 의해 불 지펴지고 존재한다'는 확신을 심어줬다. 바쿠닌은 바로 이런 불운한 접근을 한 본보기로 남아 있다. 하지만 유럽을 종횡무진 누비면서 사람들 사이에 자유지상적 반란의 정신을 싹트게 한 바쿠닌의 활동들, 그리고 그보다 한 세대 뒤에 크로포트킨이 했던 것과 같은 철학적 설득 활동들은 아나키즘 사상을 확산시키는 데 긴요한 것이었다.

---

116 James Joll, *The Anarchists* (London, 1979), 27쪽.
117 '성난 사람들(madmen)'이란 뜻으로, 프랑스 혁명기에 나타난 급진적인 소규모 혁명집단을 말한다. 이 집단을 이끈 시골 성직자 출신의 여성 자크 루에게는 '붉은 성직자'란 별명이 붙었다. 1793년 2~3월 물가가 폭등하고 식량이 부족해지자 이들은 곡물 보관소를 습격했고, 엄격한 경제적 통제를 요구하며 지롱드 타도를 주장했다. 초기에는 이들의 요구가 많이 수용됐으나, 점차 탄압받기 시작해 1793년 8월에 자크 루가 체포된 뒤에는 급속히 쇠퇴했다.(역자)
118 Joll, *The Anarchists*, 28쪽.

이들의 책과 논문은 단지 유럽에서만 번역돼 유통된 것은 아니었다. 이탈리아의 아나키스트 에리코 말라테스타는 1880년대에 미국과 아르헨티나를 여행하며, 마르크스주의에 고무된 전위당을 대체할 대안들을 퍼뜨렸다. 그 10년 뒤 알렉산더 버크만(Alexander Berkman)이라는 열정적인 청년이 유럽의 이런 직접행동들을 미국에도 전파하기 위해 뉴욕에서 피츠버그로 옮겨갔다.

1870년 리투아니아에서 태어난 버크먼은 18살에 미국으로 이민을 가서, 당시 의류공장에서 일하고 있던 러시아 이민자인 엠마 골드먼을 만났다. 버크먼은 그의 나이 20대 초반에 골드먼과 함께 자본주의에 대항하는 극적인 파업을 계획했다. 그것은 한 카네기 철강공장을 맡고 있던 사업가 헨리 클레이 프릭을 암살하는 것이었다. 프릭은 노동쟁의 중에 노조의 저항을 분쇄하기 위해 '핑커톤 탐정사무소'로부터 파업 진압요원 300명을 고용했고, 그 결과 10명의 노동자가 죽음을 당했다. 프릭은 1892년 버크먼에 의해 세 발의 총탄을 맞고 두 번이나 칼로 찔렸음에도 살아남았다.

버크먼은 22년을 선고받았다. 옥중 문학의 고전인 버크먼의 《한 아나키스트의 옥중 회고록(Prison Memoirs of an Anarchist)》(1912)은 그의 젊은 이상주의, 참을 수 없을 정도로 긴 독방 감금, 비인간적 조건에 대한 항의, 절망과 외로움, 성공하지 못했던 탈출계획 등에 대한 고통스러우나 감동적인 증언을 담고 있다. 버크먼은 1906년에 풀려나자 골드먼과 재회해 아나키즘 선동을 벌이다가 1936년에 자살했다. 그는 탈진한 상태에서 오는 고통, 친구들의 금전적 지원에 의존하는 데서 오는 고통을 겪는 대신 자살을 선택했다. 그가 조금만 더 오래 살았다면 스페인에서 분출한 격동의 사건들을 듣고 적어도 위안은 얻었을 것이다.

14년의 투옥생활을 통해 세계에 대한 버크먼의 이해는 깊어졌다. 그는 10년을 감옥에서 보낸 뒤 골드먼에게 보낸 편지에서 "그러나 성숙이 길을 밝게 비춰 주었다"고 털어놨다. 경험은 그에게 "식지 않는 심장의 정화된 전망'[119]을 가르쳤다. 이런 말들은 무미건조할 정도로 지적인 발언들로 들린다. 하지만 버크먼의 회고록은 감옥에서의 육체적인 박탈 상황에 뿌리를 둔 것이었다. 시간이 흐름에 따라 그는 지적으로 성장했다. 감옥에서 풀려난 그는 용감하게, 그러나 두려움을 가진 채 자신의 자유를 껴안는다. 버크먼은 자본주의의 불평등에 대한 대응으로 폭력을 사용하는 것의 한계를 깨달았다.

버크먼과 골드먼은 1차 세계대전 때 반전활동을 하다 미국에서 추방됐다. 두 사람은 러시아로 갔고, 그곳에서 타오르는 혁명의 불꽃에 활기를 얻었다. 혁명 이전 러시아에서는 아나키즘 활동이 활발했고, 아나키스트들은 1917년 2월에 터진 1차 혁명 이후 한창이었던 많은 투쟁들에 참여했다. 그러나 결정적인 행동을 해야 할 때 그들은 발걸음을 잘못 디뎠고, 그들보다 더 규율 잡힌 볼셰비키의 당 기구들에 압도당했다.

상트페테르부르크 서쪽 30킬로미터에 있는 인구 5만여 명의 요새와 같은 섬 도시 크론슈타트는 중요한 해군기지였을 뿐 아니라 아나키스트 공산주의자들의 중심지이기도 했다. 1917년 10월 혁명 직후 크론슈타트는 레닌의 독재 정부와 맞서는 입장이었고, 급기야 1921년에 충돌이 일어났다. 레닌은 크론슈타트의 반란을 진압하기로 결정했다. 볼셰비즘이 자본주의를 복원하고자 하는 반혁명 세력으로부터 끊임없는 위협을 받고 있다는 이유에서였다.

---

[119] Alexander Berkman, *Prison Memoirs of an Anarchist* (Pittsburg, 1970), 432쪽.

마르크스-레닌주의 정당들은 당시뿐 아니라 그 이후에도 이런 주장을 계속했다. 그러나 역사의 기록을 보면, 크론슈타트는 반동 세력들의 근거지이기는커녕 오히려 혁명의 목표들을 더욱 진전시킬 것을 요구하고 있었다. 이런 점은 크론슈타트 임시혁명위원회의 신문 〈이즈베스티아(Izvestia)〉에 발표된 성명과 보고서들을 통해 분명히 알 수 있다. 이들 성명과 보고서는 레닌과 트로츠키의 구식 행동 방식이 지닌 절대주의와 독재적 의도를 공격하고, 소외된 노동자의 삶에 변화를 가져다주지 못하는 국가자본주의의 창출에 경악한다는 입장을 밝히면서 제3의 진정한 프롤레타리아 혁명을 요구했다.[120] 트로츠키는 크론슈타트의 반란자들을 "토끼 사냥하듯 사살하라"는 명령을 적군에 내렸다. 크론슈타트 반란자들의 가족이 볼모로 잡혔고, 적군은 얼어붙은 바다를 건너 이 섬을 공격해 1만 8000명의 아나키스트드을 살해했다.[121] 그 해 말 질려버린 골드먼과 버크먼은 러시아를 떠났다.

크론슈타트의 사례는 고립된 특별한 사건이 아니었다. 그것은 볼셰비키 국가에 반대하는 아나키스트들의 역사에서 가장 극적이고 선명하게 기억되는 일화였을 뿐이다. 아나키스트들과 볼셰비키들이 바리케이드의 같은 쪽에 있었던 밀월 기간은 1917년 10월 혁명 이후 단 몇 달간 뿐이었다.

1918년과 1921년 사이에 우크라이나 남쪽에서도 크론슈타트 사건에 필적하는 일들이 벌어졌다. 약 700만 명의 인구가 살던 이 지역에서 아나키스트 집단들은 그들 나름의 공산주의 사회를 세웠다. 이 운동에 관여한

---

120 Voline(V. M. Eichenbaum의 가명), *The Unknown Revolution* (Detroit, 1874), Bk III, Pt. 1, 제4장을 볼 것.
121 Gregory Petrovich Maximmoff, *The Guillotine at Work*, 제1권: *The Leninist Counter-Revolution* (Orkney, 1979), 168쪽.

정신적 지도자 네스토르 마흐노(Nestor Makhno)가 혁명을 위협하는 서방 군대와 반혁명 세력에 대항해 나라를 방어하는 데 도움을 주는 동안에는 레닌도 그에 대해 개인적인 동지애를 표현했다. 우크라이나는 1년 이상 볼셰비키의 통제권 밖에 있었다. 마치 20년 정도 뒤에 스페인의 아나키스트 시민군이 아라곤에서 그랬던 것과 같은 정신에서 마흐노의 군대는 당시 우크라이나로 진군했다. 스페인 내전 당시의 사건들은 켄 로치의 영화 〈토지와 자유(Land and Freedom)〉(1995)가 극적으로 되살려냈다. 이 영화에서처럼 마흐노의 혁명적 파르티잔들은 어느 한 지역으로 진입하면 집산주의 또는 공유의 원칙에 따라 그 지역을 개조하겠다는 계획을 발표하지만, 자신들의 견해를 강요하지 않는다. 이런 점은 그들이 내건 공고문에 잘 나타나있다.

> 우리(마흐노주의) 군대는 그 어떤 정당, 어떤 권력, 어떤 독재에도 봉사하지 않는다. … 행동하고, 조직하고, 생활의 모든 분야에서 상호 이해에 도달하는 것은 노동자와 농민들 스스로 할 일이다. … (마흐노주의자들은) 노동자와 농민들을 통치하거나 명령을 내릴 수 없고, 그렇게 하지도 않을 것이다.[122]

마흐노 자신은 이율배반적인 성격으로 되어갔다. 그는 알코올 중독에 빠졌고, 이로 인한 그의 행동 변화는 자신은 물론 그가 이끌던 운동의 신뢰도를 손상시켰다. 이처럼 그와 그의 동료들이 언제나 모범적인 아나키스트였던 것은 아니다. 그들은 때때로 자유연애에 대해 강압적인 태도

---

122 Voline, *The Unknown Revolution*, 628쪽.

를 보였다. 그들은 대개 배우지 못한 농민들이었고, 마흐노 자신은 경솔한 부주의에 빠지곤 했다. 그러나 볼셰비키 국가자본주의에 대한 이들의 원칙적인 반대는 의심할 여지가 없었다. 레닌파나 트로츠키파와 달리 그들은 우크라이나에 일차원적 국가를 강요할 의도가 없었다. 크론슈타트에서처럼 볼셰비키 정부는 자유분방한 마흐노주의가 자신의 권위에 도전하는 것을 허용할 뜻이 없었고 굴복을 요구했다. 저항은 군사적 억압과 처형의 대상이 될 뿐이었다. 가까스로 도망친 마흐노는 파리에 정착했고, 좌절과 실의 속에 1935년 사망했다.

볼셰비키 국가가 마흐노주의에 대응한 방식은, 자본주의 국가가 자신의 정당성에 의문을 제기하는 세력에 의해 위협 받을 때 대응하는 방식과 다르지 않았다. 아나키즘은 1918년 4월부터 억압됐고, 1921년 마흐노주의 운동은 무릎을 꿇었다. 그해 여름 레닌 정부는 오데사에서 꽤 규모가 크고 비중 있는 한 아나키스트 집단 구성원들을 투옥했다. 이들 중 일부는 나중에 처형당한다. 오데사 소비에트 및 볼셰비키 당 지역위원회를 포함한 소비에트 기구와 관련 집단들에 대해 선전활동을 했다는 이유에서였다. 소비에트 당 기관지는 이런 그들의 활동은 반역의 범죄에 해당한다고 발표했다. 국가의 관점에서 당시 레닌 정부가 국내외적으로 해야 했던 과제들을 고려한다면, 왜 당시 레닌 정부가 마흐노주의자들에게 이런 비난을 해야 한다고 생각했는지를 이해하는 것은 그리 어렵지 않다. 같은 이유에서 거의 100명에 이르는 톨스토이 계열의 평화주의적 아나키스트들이 처형됐다. 그 대부분은 적군에 복무하기를 거부했기 때문이었다.[123]

---

123 Voline, *The Unknown Revolution*, 315쪽. Peter Arshinov, *History of Makhnovist Movement* (Detroit, 1975)도 볼 것.

오늘날의 아나키스트가 1917년과 1921년 사이에 러시아에서 벌어진 사건들을 이야기한다면, 그는 볼셰비키가 얼마나 배반적이었는지를 적 나라하게 보여주려는 게 아니라 좌익 혁명정부도 자본주의 정부와 다르지 않게 행동한다는 점을 설명하려는 것이다. 스탈린이 등장하기 훨씬 전에 레닌이 지배한 러시아에서 일어난 사건들은 훗날 1960년대 쿠바 공산주의 정부에 의해 상대적으로 소규모이긴 하나 되풀이된다.[124] 러시아와 쿠바 사이에 스페인이 있었다. 스페인은 한 세대의 공산주의자들에 대해 그들의 환상을 깨는 역할을 했다. 자본주의에 대한 증오를 바탕으로 연대하는 사회주의자들은 자본주의를 해체하고 더 나은 새로운 사회를 건설하는 과제를 달성하기 위한 공동의 기반을 찾을 것이라는 희망을 갖고 있었다. 그러나 러시아 혁명 초기에 발생한 사건들이 충분히 알려지게 되자 그들은 이런 희망을 포기했다.

키스는 받을 만해야

아나키즘 전통에서 가장 두드러진, 그리고 때로 극적으로 성공적이고 고무적인 결과들이 있었던 것은 1936~1939년 내전기 스페인에서였다. 스페인의 자유지상주의 전통은 19세기 말로 거슬러 올라간다. 1892년 낫으로 무장한 스페인 농민들은 "우리는 더 이상 기다릴 수 없다. 우리가 혁명을 시작해야 한다. 아나키여 영원하라!"고 선언하며 헤레스로 진군했다.[125] 이 운동은 스페인의 전투적 아나키즘 조류의 전조였다. 이 조류는 1930년

---

124 Frank Fernandez, *Cuban Anarchism: The History of a Movement* (Tuscon, AZ, 2000)를 볼 것.
125 David Miller, *Anarchism* (London, 1984), 105쪽.

대에 1만~3만 명에 이르는 '이베리아 아나키스트 연맹(FAI)'[126]으로 발전한다. 이 연맹은 스페인의 생디칼리스트 노동조합인 전국노동연합(CNT)에 영향을 주었다.

20세기 초반 몇십 년 동안 서유럽에 번성했던 전투적 형태의 노동조합주의인 생디칼리즘은 1차 세계대전을 맞아 몰락했고, 다시 영향력을 회복하는 데 실패했다. 스페인만 예외였다. 스페인에서는 생디칼리즘의 자유지상주의적인 원리들, 특히 정당으로부터 독립된 자율성에 대한 강조, 탈중앙화하고 연방주의적이며 반관료주의적인 구조의 채택, 직접행동을 통해 장기적으로 자본주의의 근거를 허문다는 목표 등 생디칼리즘이 지닌 요소들이 이베리아 아나키스트 연맹의 혁명적 아나키스트들을 매료시켰다.

1930년대 초반에 CNT는 대개 아나키스트들의 지배를 받았고, 아나르코 생디칼리즘적인 대중적 노동조합 운동으로 발전했다. 이 운동은 스페인에서도 특히 카탈루냐에서 안달루시아에 걸치는 지역에서 큰 영향력을 발휘했고, 사회주의 성향의 '일반노동자연합(UGT)'[127]과 충돌하기는 했지만 스페인 전체 노동조합 활동가의 거의 절반을 포괄했다. 이 운동은 선거에서 투표 기권 전략을 채택했다. 1933년 전국적인 우익 정부가 선출된 뒤에는 많은 CNT 회원들이 이런 전략에 의문을 제기했다. 1936년 총선에서는 CNT 회원 중 많은 사람들이 투표를 했고, 그 결과 좌익 정당들에 의한 '인민전선 연립' 정부가 승리했다. 당시 CNT는 비공식적으로

---

126 1927년 결성된 이베리아반도, 즉 스페인과 포르투갈의 아나키스트 집단들의 느슨한 연맹으로, 결성 목적은 전국노동연합(CNT) 내부의 개량주의 흐름을 견제하고 아나키즘 원칙을 지키는 것이었다. 사용자가 CNT 지도부를 공격하는 암살자를 고용할 때는 CNT의 무장조직으로 기능했다.(역자)
127 1879년 결성된 '사회당'으로 더 알려진 스페인사회주의노동자당(PSOE) 계열의 노동조합.(역자)

는 투표를 지지했던 것으로 보였다.

　스페인 내전은 1936년 7월에 일어났다. 당시 파시즘에 고무된 프랑코 장군은 군의 압도적인 지지를 업고 새로 선출된 정부를 공격했다. 도시 노동자와 농민들은 이런 쿠데타 시도에 일종의 사회혁명으로 대응했다. 바르셀로나에서는 감옥이 개방됐고, 아나키스트들의 성명에 표현된 정신에 맞춰 매음굴은 폐쇄됐다. "키스를 사는 남자는 그것을 파는 여자와 같은 수준으로 자신을 떨어뜨린다. 아나키스트들은 키스를 사지 말아야 한다. 키스를 받을 만한 사람이 돼야 한다."[128]

　스스로를 방어하기 위해 시민군이 결성됐고, 토지와 공장을 비롯한 일터는 집단화됐으며, 이윤 동기는 역사의 쓰레기통에 폐기됐다. 아나키즘을 따르는 집단공장이나 집단농장이 2000개 정도나 조직됐고, 이들 공장과 농장은 1500만 에이커가 넘는 지역에 걸쳐 약 300만 명에게 영향을 주었다. 각각의 집단공장이나 집단농장은 그 규모가 달랐고, 분포 지역도 다양했다. 그러나 대개는 마드리드의 내부나 주변, 아라곤, 카탈루냐, 레반테 등에 집중됐다. 다 그런 것은 아니었지만, 대부분 자발적으로 조직됐다. 집단화의 외부에 남기를 선택한 개별적인 소규모 자산 소유자들도 있었지만, 대규모의 사적 소유 부동산은 공동 자산으로 몰수됐다.

　아나르코 생디칼리즘적인 CNT와 아나키스트 조직인 FAI 모두에 온건파와 극단파가 있었다. 두 조직에는 자연스럽게 긴장과 갈등이 커져갔다. 그러나 어느 쪽도 레닌식 경제조직 방법을 도입하거나 강요하는 전위당이 되지는 않았다. 두 조직의 시민군은 이 마을 저 마을을 다니면서 지역 주민들을 설득해 토지와 공장을 스스로 접수하게 한 다음 아나르코 공

---

128 Joll, *The Anarchists*, 239쪽.

산주의의 노선에 따라 그것들을 운영하도록 했다. 지역적 권위는 위원회에 의해 행사됐고, 그 세부적인 방식과 분배 체제는 지역마다 달랐다.

아나키즘과 공산주의에 고무된 원칙들은 기초적인 필수 식량을 한데 모은 다음 일괄적인 배급 기준이나 각 가정의 규모를 고려한 차등배급 기준에 따라 분배됐으며, 차등배급 기준이 더 많이 적용됐다. 의료와 같은 일상 서비스들은 무료로 제공됐다. 원료나 설비와 같은 특정 자원이 필요한 집단공장이나 집단농장은 지역 위원회에 그 자원의 공급을 신청했다.

야심찬 자주관리 프로그램들이 각 도시와 마을에서 시도됐고, 이런 시도들은 종종 주목할 만한 성공을 거뒀다. 가장 성공적이었던 곳은 바르셀로나였다. 7000여 명의 고용원들 대부분이 CNT 구성원이었던 사기업 '제너럴 트램웨이 컴퍼니'의 경영자들은 혁명의 격동 속에서 자신들의 직위에서 물러났고, 노동자들이 열정을 갖고 회사 경영의 책임을 인수했다. 노동조합이 구성한 위원회가 발전소, 정비공장, 행정관청 등 관련 조직의 대표들을 만났다. 시가전이 끝난 지 1주일도 지나지 않아, 빨강과 검정을 비스듬하게 칠한 이 회사의 트램카(시가전차) 700대가 거리를 내달렸다. 그 전에 통상 운행되던 트램카 숫자보다 100대가 더 많았다. 사고가 나기 쉬운 트레일러 차량을 없애기로 노동자들이 결정하면서 트램카 운행 대수를 늘린 것이었다. 트램카 시스템 전체는 연방주의적 관리의 원칙에 따라 조직되고 운영됐다. 기술자들과 협조해 전기 베어링 막대를 공기를 이용한 완충장치로 대체하는 등 트램카의 기능 개선도 이뤄졌다. 해외에서 새로 도입한 도구와 장치들의 값을 다 지불하고 나서도 노동자들의 임금을 올리고 종업원 문화시설을 개선하는 데 투자할 수 있었다. 새로운 단일 요금 체계가 도입됐음에도 영업이익이 발생했다. 이는 더 이상

이익을 남길 필요가 없었을 뿐 아니라 경영자들에게 많은 보수를 지급할 필요도 없어졌기 때문이다.

당시의 혁명이 경제적 실적과 동기부여에 긍정적인 영향을 주었다는 증거와, 1936년과 1937년 사이에 농업 생산이 증가했음을 보여주는 증거는 많다.[129] 하지만 동시에 이 기간은 전쟁위기의 시기였던 만큼 그 통계가 평화 시에도 그럴 것이라고 생각하는 근거가 될 수는 없다.

전쟁은 경제적 삶에 연관된 조직들의 여러 측면에 영향을 주었다. 지역 차원이 아닌 전국 차원에서 재화와 서비스를 분배하는 체제를 만들어야 한다는 어려운 과제는 시도할 기회조차 찾기 어려웠다. 그럼에도 불구하고 전반적으로 집단공장과 집단농장들은 비이윤적인 토대에서 자체 업무를 수행하고, 국가나 당의 통제 없이도 참여의 원칙에 따라 농장들과 수천 개의 기업을 운영할 수 있는 능력을 과시했다. 카탈루냐의 주도인 바르셀로나에서는 구두 닦는 일에서부터 공중위생을 돌보는 일에 이르기까지 모든 것이 공적 통제 아래 있었다. 조지 오웰은 자신이 목격한 바를 이렇게 기록했다.

> 모든 가게와 카페가 '집단화된 곳' 이라는 안내판을 걸어두었다. 구두닦이 일까지 집단화됐고, 구두닦이 가게들은 검정과 빨강으로 색칠됐다. 웨이터와 가게 점원들은 누구든 똑바로 쳐다보고 자신과 동등한 사람으로 대한다. 노예적이거나 형식적인 형태의 말은 일시적으로 사라졌다. … 사적으로 소유된 자동차는 모두 징발돼 없어졌다. 모든 시가전차와 택시, 그리고 그 밖의 운송수단 대부분이 빨강과 검정

---

[129] Miller, *Anarchism*, 162~163쪽. Albert Meltzer가 편집한 Gaston Leval, 'Self Management in Action', *A New World in our Hearts* (Orkney, 1978).

으로 칠해졌다. … 무엇보다 혁명과 미래에 대한 믿음이 있었고, 평등과 자유의 시대에 갑자기 태어난 듯한 느낌이었다. … 대개 아나키스트였던 이발사들은 자신들이 더 이상 노예가 아님을 준엄하게 알리는 공고문을 자신의 이발소에 내걸었다.[130]

이 구절이 들어있는 오웰의 《카탈루냐 찬가(Homage to Catalonia)》는, 켄 로치와 짐 앨런이 〈토지와 자유(Land and Freedom)〉라는 영화를 만들 때 참고한 1차 자료들 가운데 하나였다.

〈토지와 자유〉는 '스페인 혁명에서 가져온 한 이야기' 라는 의미심장한 부제를 달고 있다. 이는 스페인에서 벌어진 사건들을 '파시즘에 대항한 좌파 연대 세력의 성전'으로 신화화하는 대중적인 역사관에 이의를 제기할 의도에서 이 영화가 만들어졌음을 보여준다. 이에 못지않게 중요한 것은 이 영화가 자주관리와 집단화라는 심오한 역사 경험을 낳는 데 도움이 된, 용솟음치는 정신과 열정적인 헌신의 태도를 잡아내기 시작했다는 점이다. 이런 점을 가장 잘 보여준 대목은 한 마을의 농민들이 시민군과 함께 토지를 어떻게 할 것인지에 대해 논의하는, 길지만 현장감 있는 장면이다. 이 장면에 등장하는 인물들 가운데 단 두 사람만 전문적인 영화배우였고, 나머지 마을 사람이나 시민군들은 모두 영화배우가 아닌

---

[130] George Orwell, *Homage to Catalonia* (London, 1989), 3~4쪽. 오웰의 설명은 크로포트킨이 기록한 1871년 파리 코뮌에 대한 직접 묘사다. "나는 그런 즐거운 숙고의 순간들을 잊지 못할 것이다. 이쪽 끝에서 저쪽 끝까지 파리의 대로들을 가득 메운 거대한 야외 클럽에 동참하기 위해, 나는 남미 구역에 있던 건물 위층 내 방에서 내려왔다. 모든 사람들이 공적인 문제들에 대해 얘기했다. 단지 개인적일 뿐인 모든 문제들은 잊혀졌다. 팔고 사는 것에 대한 생각은 더 이상 없었다. 모두들 몸과 마음이 미래를 향해 나아감을 느꼈다. 전반적 열정에 휩쓸린 중산계급에 속한 사람들조차 즐거운 마음으로 신세계가 열리는 것을 보았다. 그들은 말했다. "사회혁명이 필요하다면, 그렇게 하자. 모든 것을 공유하도록 하자. 우리는 그럴 준비가 돼 있다."" Jeff Ferrel, *Tearing Down the Streets Adventures in Urban Anarchy* (New York, 2000), 242쪽에서 인용.

일반인들이 연기했다.

이 영화는 토지를 집단화를 해야 한다는 주장과, 이에 반대하는 주장에 대한 찬반 토론 각각에 동등한 비중을 둔다. 이 주목할 만한 장면에서 카메라는 물 흐르듯 부드러운 촬영으로 논쟁의 흐름을 완벽하게 담아낸다. 이를 통해 생동감과 확신 속에 마주치게 되는 것은 스스로의 삶을 정치화하는 민중의 의지와 능력이다. 마을 주민들과 시민군이 그들 자신과 관련된 것들의 경계를 다시 그릴 때 부각되는 것이 또 하나 있다. 그것은 정치를 구성하는 것 그 자체가 정치적인 문제라는 깨달음이다. 국가주의에서 헤어나지 못하는 영역으로서의 정치는 마을 사람들이 진행하는 토론의 과정에 의해, 그리고 '알맞은 조건들'을 기다리면서 무한정 사회혁명을 미룰 수 없다는 그들의 결정에 의해 의문시된다.

단 200만 파운드의 예산과 씨름하며 만들어진 〈토지와 자유〉는 스페인 내전과 공산당의 역할 사이의 단순치 않은 정치를 그리고 있다. 스페인에서 싸우기 위해 영국 리버풀을 떠난 의용병 데이비드가 죽는 데서, 그리고 손녀가 그의 편지와 유품을 발견하는 데서 시작되는 일련의 회상들 속에서 영화의 줄거리가 전개된다.

데이비드는 영국 공산당의 당원이면서도, 공산당보다는 아나키스트들과 공통점이 더 많은 반스탈린주의적 마르크스주의 집단인 '마르크스주의 노동자 통일당(POUM)'[131] 소속 시민군으로 프랑코 군대와 싸운다. 그는 스페인인, 프랑스인, 아일랜드인, 미국인이 뒤섞인 사람들과 동지애를 나눈다. 데이비드는 그 일원이자 아나키스트인 비안카를 부상에서 회복된 뒤 바르셀로나에서 우연히 만난다. 둘은 말다툼을 한다. 데이비드

---

131 트로츠키주의 집단과 스페인공산당(PCE)에서 이탈한 사람들이 1935년 결성한 반스탈린주의 공산주의 정당.(역자)

는 공산당이 이끄는 인민군에 들어가기로 결심하고, 비안카는 화를 내며 그의 곁을 떠난다. 데이비드는 인민군 지도부로부터 바르셀로나 전화교환소를 점령한 아나키스트 조직 CNT를 공격하기 위한 총격전에 합류하라는 명령을 받는다.

이 전화교환소 건물을 둘러싼 전투는 1937년 5월에 실제로 있었던 사건이고, 아나키스트들에 대한 공산주의자들의 공격에서 중요한 의미를 갖는 것이었다. 영화에서 공산당은 집단공장과 집단농장들을 파괴하고 반스탈린주의 공산주의자들을 살해하는데, 이런 내용들도 실제로 있었던 일이다. 데이비드는 자신이 목격한 이런 사건들에 역겨움을 느낀다. 그는 전화교환소 전투를 등지고 POUM의 시민군으로 돌아간다.

《카탈루냐 찬가》와 마찬가지로 〈토지와 자유〉도 공산당이 고의적으로 시민군과 POUM에 무기를 공급하지 않았던 사실을 그리고 있다. 아울러 자유지상적이며 반스탈린주의적인 좌파들이 뜻은 좋았지만 군사적으로는 절망적일 만큼 조직적이지 않았고 규율도 잡혀있지 않았다는 신화를 반박한다. 모스크바는 스페인의 사회혁명을 북돋음으로써 얻을 게 전혀 없다고 판단했다. 그래서 대신 공산당에 의한 통제를 통해 유아기에 있던 사회혁명을 압살했다. 이런 깨달음으로 쓰디쓴 환멸감에 빠진 데이비드는 자신의 공산당 당원증을 갈기갈기 찢어 버린다.

〈토지와 자유〉는 배신에 관한 영화로 볼 만한 요소들을 많이 갖고 있다. 동시에 이 영화는 거의 성공할 뻔했던 한 중대한 사회혁명의 실험을 재창조해내는 개가를 올렸다. 이 영화로 재창조된 사회혁명의 실험은, 권위주의적 좌파는 노골적인 파시즘만큼이나 나쁘다는 점을 보여준다. 1936년에 안개가 걷힘으로써 상황을 바로 볼 수 있게 됐다는 로치의 코멘트는 바로 이런 측면을 가리키는 것이다. 짐 앨런은 한층 날카롭게 말했다. "당신이 스페인의 교훈을 이해한다면, 토니 블레어와 관련된 오늘날의 교훈도 이해할 겁니다. 사회민주주의자들은 언제나 당신을 배신할거란 것을."[132]

두 시간 미만의 영화가 스페인 내전의 모든 이야기들을 다 전할 수는 없다. 〈토지와 자유〉는 아나키스트들이 지방정부에 참여했다가 1936년 말부터는 라르고 카바예요가 이끈 전국적인 공화주의 정부에 참여한 데 대해서는 천착하지 않았다. 이 공화주의 정부는 바르셀로나 전화교환소에 있던 CNT 아나키스트들이 공격당한 1937년 메이데이 직후 붕괴했다. CNT의 정부 참여는 논쟁적인 주제로 남아 있고, 가볍게 취급돼서는 안 된다. 그러나 공산주의자들과 우익 사회주의자들의 반대에 직면한 가운데 집단공장과 집단농장을 세우는 등의 경제적 진보들을 유지하면서 프랑코 세력과 맞섰던 당시의 상황에서 아나키스트들이 자멸하지 않기 위해 스스로 유연함을 보였던가는 논의의 여지가 있다.

바르셀로나의 메이데이 휴일들 이후 CNT는 전국적인 정부나 카탈루냐 정부의 밖에 있었고, 아라곤에 대한 그들의 통제는 끝났다. 그 이후에는 경제적, 정치적 상황 전개에 대한 그들의 영향력을 유지한다는 것은 힘겨운 일이었다. 사회주의적인 카바예요 정부는 후안 네그린이 이끄는 한층 더 친스탈린주의적인 정부로 대체됐고, 경제적인 문제에는 물론 군사적인 문제에도 권위적인 명령 구조가 강요됐다. 1938년이 끝나갈 때 소련의 원조는 거의 없어졌고, 코민테른이 조직한 국제여단은 철수했다. 스페인 공화주의자들만이 홀로 남아 프랑코에 맞서게 된 것이다.

〈토지와 자유〉는 지방의 집단공장과 집단농장에 초점을 맞추기는 했

---

132 Brian Banford, 'Interview with Ken Loach', *The Raven*, 9, no. 1 (London, 1996). 같은 주제에 관한 Bamford의 Jim Allen 인터뷰도 볼 것.

지만, 권위주의적 공산주의자들과 자유지상주의적인 CNT와 FAI 사이의 갈등을 부각시켰다. 이 갈등은 1917년 혁명 이후 러시아에서 일어난 사건들이 이미 암시했던 바를 확인시켜 주었다. 그것은 바로 공동의 적이 주는 위협은 중앙의 권위주의적 지배를 합리화하는 근거가 되는 동시에, 아나키스트들에게는 전술적인 차원에서 기본 원칙들을 희석시켜도 좋은지를 놓고 딜레마에 빠지게 한다는 것이다.

러시아의 경우에는 유럽 침략군과 반혁명 세력, 스페인의 경우에는 프랑코의 반동세력이 바로 공동의 적이었다. 공동의 적을 합리화의 근거로 삼는 논리는 중앙집중화한 좌파 정당들이 표를 얻기 위해 유권자들에게 호소할 때 활용하는 논리와 근본적으로 같다. 좌파 정당들이 말하는 공동의 적은 바로 보수주의 정당들이다. 많은 사회주의자들이 이런 오래된 딜레마에 굴복하고 있다. 자신들이 뽑은 정치인들이 십중팔구 배신할 것임을 알면서도 중앙집중화한 좌파 정당들에 지지 표를 던진다. 그러면서 그들은 참담한 심정으로 그저 뭔가 좋은 일이 일어날 것이라고 기대하거나, 약간 중도좌파적인 정부가 중도우파 정부보다는 나을 것이라는 절망적인 희망을 품는다.

모든 지역들이 비위계적인 사회경제 질서를 창출하기 시작하는 등 스페인에서 일어난 사건들은 아나키스트들의 의식 속에 계속 살아남아 있다. 아나키스트들은 어떤 일이 가능한가를 보여준 긍정적인 사례로서만이 아니라 중앙집중화한 정당은 자신이 통제할 수 없는 급진적 변화를 어떻게 용인하지 않는지에 대한 경고로서 스페인의 사건들을 기억하고 있다.

스페인에서 표출된 아나키스트들의 열망은 프랑코의 승리와 함께 죽지 않았다. 사바테 형제 등에게는 전투가 1950년대까지 계속됐다.

1936년 내전이 터졌을 때 호세 사바테(Jose Sabate)는 26살, 그의 남동생 프란시스코(Francisco Sabate)는 21살, 막내 남동생 마누엘(Manuel Sabate)은 겨우 9살이었다. 호세와 프란시스코는 지역방위 집단에 가입해 아라곤 전선으로 갔다. 전쟁이 끝났을 때 그들은 스페인과 프랑스 접경지역의 진지에서 계속 싸우기로 결정했다. 구사일생, 총격전, 강도행위를 거쳐 호세와 마누엘은 결국 추적을 당한 끝에 1950년에 살해됐다. 프란시스코는 다시 싸우러 가서 대담한 전적을 올리기도 하고 무모한 탈출에 성공하기도 하면서 살아남다가 1960년에 사살됐다.

에릭 홉스봄은 프란시스코 사바테와 그의 동료들을 절망적이면서도 열정적인 낭만주의자들, 대담무쌍한 산적떼, 돈키호테적인 모험에의 열정을 정치적 행동이라는 명분으로 합리화시킨 부치 캐시디와 선댄스 키드[133]의 스페인 버전으로 묘사했다.[134] 이런 설명은 프란시스코와 그의 동료들의 투쟁을 뒷받침했던 아나키즘의 전통에 대한 지나친 평가절하다.

프란시스코와 그의 동료들은 의식을 끌어올리고 프랑코 정권에 대한 반대를 계속한다는 목적의 정치적 활동에 사용할 자금을 마련하기 위해 은행을 털었다. 그러나 그들은 그들만의 힘으로 프랑코 정부를 타도한다는 환상은 결코 품지 않았다. 프란시스코의 무기 중에는 도시 지역에 수천 장의 선전 전단을 살포할 수 있는 수제 박격포가 있었다. 그는 한 은행을 대담하게 습격한 후 나오면서 은행 안에 남아있는 사람들이 경보를 울리지 못하도록 문간에 폭탄을 설치하기도 했다. 나중에 사람들이 그 폭

---

133 1969년 제작된 로버트 레드포드 주연의 영화 《내일을 향해 쏴라》의 두 주인공. 레드포드는 이 영화에서 자신이 연기한 선댄스 키드의 이름을 따서 1985년 '선댄스 영화제'를 창시했다.(역자)
134 프란시스코 사바테에 대해 말하자면, '침대에서만 완전한 자기 자신이 되는 여성들이 있는 것처럼, 행동에서만 스스로를 실현하는 일부 남성들도 있다.' Eric Hobsbawm, *Bandits* (London, 2000), 125~38쪽. 좀 더 호의적인 설명을 보려면, Stuart Christie가 옮긴 Antonio Tellez, *Sabate* (London, 1974).

탄을 해체했을 때, 그 안에는 "나는 당신들이 생각하는 것만큼 피에 굶주려 있지 않다는 점을 당신들에게 보여주고자 할 뿐"이라고 적힌 쪽지와 함께 모래만 가득 들어 있었다. 사바테 형제들의 순수한 열정은 지금은 멀게만 느껴지는 어떤 한 세계를 배경으로 한 것이었다. 그러나 그들의 놀랄 만한 삶은 그들의 신념을 구체화한 것이었고, 그들의 정신은 회의와 체념으로 흔들린 적이 거의 없었다.

스페인의 아나키즘 전통은 스페인 외부의 사람들에게도 영향을 주었다. 예를 들어 스튜어트 크리스티(Stuart Christie)는 1960년대 초 십대의 나이에 폭약을 담은 배낭을 짊어지고 프랑코를 암살하겠다는 열망을 품고 고향인 스코틀랜드를 떠났다. 스페인에 도착한 직후 체포된 그는 20년 감옥형을 선고 받았으나 몇 년 뒤 풀려났다. 그는 런던에 정착해 가스관 수리공으로 일하면서, 투옥된 동료 아나키스트들을 돕는 흑십자(Black Cross)의 공동 설립자가 됐다. 나중에 그는 런던에서 체포됐고, 폭발 사건을 계획한 분노여단(Angry Brigade)의 회원이라는 혐의로 다시 한번 장기 투옥될 상황에 직면했다. 그러나 그러기 전에 아나키즘의 유령이 다시 나타났다. 이번에는 스페인이 아니라 파리의 거리에서였다.

분노한 사람들

1917년 2월 러시아 혁명은 계획된 것이 아니었기 때문에 볼셰비키들을 당황하게 했다. 이와 마찬가지로 1968년 5월 초 파리의 학생 시위와 프랑스 전역으로 확산된 불만의 표출은 준비돼 있지 않은 프랑스 공산당을 뒤흔들었다. "자신의 운명에 묶인 오이디푸스처럼 자신들의 당에 묶인 공산당원인 학생들은 그 물결을 막기 위해 동분서주했다"[135]는 표현이 참으로 적절했다. 5월 중순부터는 학생들에 이어 노동자들이 공장 점거 등 그들 나름의 직접행동에 나섰고, 곧이어 총파업이 벌어졌다. 당시 반란의 정신은 다니엘 콩방디와 가브리엘 콩방디 등에 의해 잘 기록됐다. 두 사람은 파업 노동자들을 지지하는 거대한 행진이 있었던 5월 24일 밤에 파리의 시위대가 무력을 사용하지 않은 채로도 국가를 얼마나 위협했는지를 직접 묘사했다.

> 분위기는 전율이었다. 우리는 계획했던 대로 증권거래소로 행진했다.(또 하나의 목적지이던 호텔 드 비유는 군과 경찰이 너무나 잘 방어하고 있었다.) 우리는 너무도 쉽게 그곳을 장악한 뒤 불을 질렀다. 파리는 시위대의 손에 들어와 있었다. 진정으로 혁명이 시작된 것이다! 경찰이 그 모든 공공건물과 전략지점들을 다 지킨다는 것은 불가능했다. 엘리제, 호텔 드 비유, 그리고 여러 다리들과 오에르테에프(ORTF, 프랑스 방송협회, 1975년까지 프랑스의 라디오와 텔레비전 사업을 독점 운영한 공기업)…. 모두가 그것을 느꼈고, 계속 나아가기를 원했다. 그러나 그때 정치적인 녀석들이 개입했다. 극좌파인 '혁명적 공산주의 청년(JCR)' 단원들이었다. 그들은 오페라 광장에서 주도권을 잡았고, 우리는 발걸음을 학생과 예술가가 많이 거주하는 라틴 구역 쪽으로 돌려야 했다. 치명적인 유혹을 발하던 소르본은 단념해야 했다. 우리가 재무부와 법무부를 점거하지 못한 것은 '프랑스 전국 학생연합(UNEF)'과 '통일사회당(PSU)'의 간부들 때문이었다.

---

135 Daniel과 Gabriel Cohn-Bendit, *Obsolete Communism* (Edinburgh, 2000), 54쪽(1968년 처음 발행됨).

이들 '혁명가'는 자신들을 뒤처지게 만들면서 계속 추진력을 강화해 가던 운동의 잠재력을 결코 이해할 수 없었다. '아무 것도 아닌' 그들을 압도하는 게 얼마나 쉬운 일이었는지를 우리는 미처 깨닫지 못했다. … 만약 5월 25일 아침에 가장 중요한 정부 부처들이 점거된 모습을 파리 시민들이 보았다면, 드골주의는 즉시 굴복했을 것이다. 그리고 더 많은 비슷한 행동들이 프랑스 전역에서 일어났더라면 더욱 그랬을 것이라는 점은 이제 분명하다.[136]

2차 세계대전 이후 프랑스에서 비록 공산당이 많은 좌익 이반자들 사이에서 지도적인 역할을 확보했지만, 1968년 5월의 학생 시위대는 여기서 이탈했다. 학생들은 중앙집중적이고 국가주의적인 공산당이 자유지상적 혁명의 가능성에 제기하는 위험을 예리하게 알고 있었다. '소르본 점거위원회'가 소련 공산당에 보낸 다음과 같은 전통문을 보면, 환희감을 표현한 행간에서 그들의 역사의식을 엿볼 수 있다.

> 두려움에 떨라, 관료들아. 노동자 평의회들의 국제적인 힘이 곧 너희들을 쓸어버릴 것이다. 마지막 자본가의 내장으로 마지막 관료의 목을 매달고 나서야 사람들이 행복해질 것이다. 크론슈타트 수병들의 투쟁이여, 트로츠키와 레닌에 맞선 마흐노주의자들의 투쟁이여, 영원하라. 1956년 부다페스트 의거여, 영원하라. 국가를 타도하라.

1968년 파리에서 일어난 사건들의 아나키즘적 정신과 혁명적 분투

---

136 Cohn-Bendit, *Obsolete Communism*, 55-56쪽.

는 점차 소멸했고, 그것이 낳은 학생-노동자 동맹은 오래가지 못하고 공산당이 주도한 노동조합주의자들과 정부 사이에 이뤄진 정치적 거래로 질식당했다. 1968년 5월의 분출은 경제위기와 직접적으로 관련된 것이 아니었다. 공산당과 노동조합 지도부가 일련의 임금교섭으로 봉기를 전환시킨 것은 나중의 일이었다. 하지만 봉기가 계속되는 동안 아나키즘에 고무된 반란의 유령은 서방의 냉전적 정치질서를 파열시킬 듯했고, 그 반향은 권력 중개상들이 바라는 대로 그렇게 쉽사리 잠들지 않았다.

한 예로 장-뤽 고다르와 장-피에르 고랭과 같은 영화감독들의 작품에 당시 사건들의 여파가 반영됐다. 특히 주목할 만한 것은 2년 뒤 두 사람이 만든 〈투 바 비엥〉이었다. 만약 노동조합 운동이 공산당 관료와 당원들에 의해 이끌리지 않고 스페인의 FAI나 CNT와 비슷한 형태로 전개됐다면 프랑스에 어떤 일이 발생했을지는 단지 상상만 해볼 뿐이다.

1970년대 영국에서 분노여단(Angry Brigade) 운동을 이끈 사람들 가운데 일부는 1968년 파리를 휩쓴 혁명의 정신을 경험했다. 1970년 분노여단의 '폭탄 성전'은 이런 프랑스적 관련성을 짐작케 했다. 당시 런던 패딩턴에 새로 설치된 경찰서에서 프랑스제 화약이 들어있는 두 개의 작은 가방이 불발했다. 3개월 뒤에는 폭탄 세 개가 잇따라 실제로 터졌고, 그 가운데 두 개는 권력층 인사들의 집에서 폭발했다. 그러나 이런 사실들은 당국에 의해 은폐됐고 언론에도 보도되지 않았다.

1970년 11월 19일 BBC 방송차량 밑에서 4온스의 티엔티가 폭발했을 때, 그 목표는 BBC가 촬영하던 미스월드 선발대회였다. 12월 4일에는 런던에 있는 스페인 대사관을 향해 자동화기가 불을 뿜었다. 닷새 뒤에는 런던의 노동부 사무실들이 목표였다. 그때 노동조합 조합원들은 파업으로 초래된 금융적 손실의 부담을 노동자들에게 부과시키고 비공인 노동쟁의를 할 경우 조합원 개개인을 투옥할 수 있도록 하는 새로운 법률에 반대하는 데모를 벌이고 있었다. 1971년 1월 또 한 발의 폭탄이 내무부 장관 집 정문을 부쉈다. 이어 한 패션 부티크가 공격을 받았고, 런던의 경찰 컴퓨터를 폭발시키려는 시도도 있었다. 자동차회사 포드의 임원과 정부 장관 한 명의 집도 폭탄공격으로 피해를 입었다.

이런 분노여단의 선례를 쫓아 그 이후 다양한 비(非)아나키스트 집단들이 세계 도처에서 무차별적으로 폭탄을 사용하는 행동을 했다. 이 때문에 분노여단이 그저 폭파범이기만 했던 것이 아니었다는 점을 잊기 쉽다. 우리가 아는 폭파범이라는 말의 뜻에 비추면, 그들은 폭파범이 아니었다. 아울러 당시 보수당 정부가 자유시장 자본주의에 대한 노동계급의 조직적 반대운동을 탄압하고 있었다는 사실도 고려해야 하지만, 이 역시 제대로 고려되지 않고 있다. 분노여단의 운동은 자유시장 자본주의에 대한 반대였던 게 사실이었고, 분노여단 스스로도 자신들을 그렇게 인식했다.

8월 20일 이십대 초반의 남녀 두 쌍이 런던 북부 스토크 뉴잉턴의 암허스트 거리 359번지에 있는 자신들의 아파트에서 체포됐다. 그들은 존 바커, 힐러리 크리크, 짐 그린필드, 애너 멘델슨이었다. 이들 4명은 폭탄을 어딘가에서 폭발시킬 음모를 꾸몄다는 혐의를 받았다. 다음날 아파트에 나타난 스튜어트 크리스티도 체포됐고, 경찰은 그의 차 트렁크에서 뇌관 2개를 발견했다고 주장했다. 크리스 보트, 앤지 웨어, 케이트 맥린도 체포돼 같은 혐의로 재판을 받았다. 이들 8명이 바로 '스토크 뉴잉턴의 8인조'로 알려진 이들이다. 경찰은 이들의 아파트에서 탄약과 총, 그리고 젤리그나이트(니트로글리세린을 함유한 강력한 폭약의 일종) 33개를 찾아냈다고 주장했다.

멘델슨, 바커, 크리크는 법정에서 스스로 변호하기로 결정했고, 피고인들은 누구도 분노여단과 관계가 없다고 부인하지 않았다. 대신 그들은 경찰에 의해 누명을 쓰고 있다고 주장했다. 스스로 변호에 나선 세 명은 열악한 주택에서 감기로 죽는 노인들부터 북아일랜드의 수용소에 이르기까지 그들이 제기하고 싶은 문제들을 언급했고, 자신들의 정치사회적 신념을 숨기지 않았다. 이들의 운동을 폭력과 무질서로 표현한 한 경찰 간부는 법정에서 질문에 답하는 과정에서 산업재해로 1주일에 10명이 사망한다는 사실을 모르고 있다고 말했다. 보트, 웨어, 맥린에 대한 소송은 시작부터 증거가 불충분했다. 크리스티 등 나머지 5명에 대한 소송은 경찰이 누명을 씌웠다는 점만 확인되면 기각될 수도 있었다.

당시는 1972년 영국을 공격한 아일랜드공화군(IRA) 소속 폭파범들의 신념이 경찰의 불법적인 가혹행위 때문에 굳어진 것이라는 사실이 드러나기 몇 해 전이었다. 배심원들은 만장일치 결정을 보지 못했다. 이들은 멘델슨, 바커, 크리크, 그린필드에게는 유죄를 인정하고, 나머지 4명은 무죄 석방하기로 합의했다. 다수결 타협안을 낸 것이다. 배심원 중 두 명은 피고 8명 모두가 무죄라는 판단을 끝까지 바꾸지 않았다. 배심원들은 4명에 대해 유죄 판결을 내려놓고도 이들에 대해 선처해 줄 것을 판사에게 호소하는 전례 없는 탄원을 했다. 이들 4명에게는 10년 형이 선고됐다. 이에 앞선 별도의 재판에서는 제이크 프레스콧이라는 사람이 분노여단의 성명서를 전달하는 봉투들 가운데 일부를 전달한 혐의로 15년 형을 받았다.

경찰은 분노여단 운동에 대해 아무런 새로운 사실도 찾아내지 못했고, 올드 베일리[137]의 피고석에서 1972년 여름을 다 보낸 8명은 분노여단

---

[137] 런던의 중앙 형사재판소.(역자)

에 관해 대체로 침묵을 지켰다.[138] 이들이 체포된 뒤에도 네 번의 폭탄 공격이 더 있었다. 그 가운데 가장 규모가 큰 폭발은 1971년 10월 말 런던 우체국 건물의 지붕에서 발생했다. 마지막 폭파는 이틀 뒤에 일어났다. 이로써 분노여단의 폭파 행위는 모두 20차례가 넘었고, 불발된 시도도 6차례 있었다. 이중 어떤 경우에도 죽거나 중상을 입은 사람은 없었고, 단 한 명만 경상을 입었다.

분명한 것은 분노여단이 스스로를 혁명의 전위로 생각하지 않았다는 점이다. 그리고 그들이 사용한 소형 폭탄은 결코 사람을 죽이거나 병신으로 만들 목적으로 만들어진 것이 아니었다. 분노여단의 공격 중 대부분은 1970년대 초 영국을 휩쓴 산업불안을 촉진한다는 의도에서 이뤄졌다. 당시 영국 정부는 억압적인 법률을 통해 노동자들의 불만을 단호하게 억압하려고 했다. 분노여단은 집 없는 노숙자들의 문제나 여성운동 등 다양한 사회적 쟁점들에 관련된 급진적 활동가들의 네트워크에서 출현했다. 분노여단의 동기와 그 조직구성은 그들이 발표한 성명에서 엿볼 수 있다. '성명 1호'는 프랑스 상황주의 이론의 핵심 용어인 '스펙터클(spectacles)'[139]이라는 단어가 들어있어 영국 경찰을 당황하게 했을지는 모르지만, 아주 짤막하고 명쾌하다.

---

138 애너 멘델슨보다 몇 개월 늦게 1977년 석방된 힐러리 크리크는 현재 해외에 살고 있다. 이름을 바꿔 쓰고 있는 멘델슨은 현재 갈채 받는 시인이다. 존 바커와 짐 그린필드는 마리화나 밀수 사건에 연루돼 체포, 다시 투옥됐다. 짤막하고 직접적인, 그러나 드러나지 않는 스튜어트 크리스티의 재판 기록인 The Chritie File (Orkney, 1980)이 있다. 분노여단 운동을 가장 잘 설명하고 있는 것은 그것을 주제로 쓰어진 한 책에 대한 존 바커의 비평이다. 이는 www.christiebooks.com에서 볼 수 있다.
139 프랑스의 대표적인 상황주의자로 꼽히는 기 드보르(Guy Debord)가 1967년에 쓴 《스펙터클 사회 (The Society of the Spectacle)》에 나오는 개념. "상품이 사회생활을 완전히 점령한 순간"이자 "상품에 대한 관계가 가시적일 뿐 아니라, 그것이 사람들이 보는 전부"인 상태로서, 단순히 "이미지의 집합이 아니라, 이미지가 매개하는 사람들 사이의 사회적 관계"를 지칭하는 말이다. '장관' '구경거리' 등으로 옮길 수도 있겠지만 정확한 의미 전달이 안 되는 등 적당한 우리말이 없어 '스펙터클'로 그대로 옮겼다. 드보르는 1994년 62살의 나이로 자살했다. (역자)

파시즘과 억압은 분쇄될 것이다
대사관(스페인 대사관, 목요일에 기관총 사격 당하다)
판사들
고관대작들
스펙터클들
재산   성명 1호
                        분노여단[140]

1971년 1월 한 폭발사건 직후에 발표된 '성명 5호'는 목표물들은 그 상징적 가치로 인해 선정된다는 사실을 재확인시켰다. "우리는 결코 용병이 아니다. 우리는 재산을 공격하는 것이지, 사람을 공격하지는 않는다. 우리가 만약 원했다면 카, 로빈슨, 월드론(집이 폭파된 사람들) 등은 모두 죽었을 것이다." '성명 7호'는 좀더 긴 문장으로 씌어졌다. '성명 7호'가 사용한 언어들은 분노여단이 마르크스-레닌주의적인 혁명정치에서 나온 집단이 아님을 시사한다.

> 장애물을 보라 … 숨쉬지 말라 … 사랑하지 말라 … 파업하지 말라 … 말썽 일으키지 말라 … 하지 말라. 정치인들, 지도자들, 부자들, 대기업 사장들이 지휘하고 있다 … 그들은 지배하고 우리 인민들은 고통 받는다 … 그들은 우리를 생산과정의 단순한 기능들로 만들려고 한다. 그들은 자신들의 공장에서 나오는 화학 폐기물로 세계를 오염시켜 왔다. 그들은 자신들의 미디어

---

140 분노여단 성명에서 인용하는 모든 문장은 *Conspiracy Notes 4*, Stoke Newington Eight Defence Group (London, 1972)에 나온 것이다.

로 배출한 쓰레기를 우리의 목구멍에 밀어 넣었다. 그들은 우리를 어리석은 성적 희화화의 대상으로 만들었다. 우리 모두를, 남성과 여성 모두를 … 우리를 대변한다고 자처하는 특정 종류의 전문가들이 있다 … 의원들, 공산당, 노동조합 지도자들, 사회사업가들, 구식 좌파들 … 이 모든 사람들이 감히 우리를 대변해 행동한다고 주장한다. 이 모든 사람들에 공통된 점이 있다 … 그들은 언제나 우리를 팔아먹는다는 것이다.

첫 대목에서 사적인 것과 정치적인 것을 융합하는 자유지상적 논조를 취한 이 성명은 아나키즘의 신념을 표현하고 있다. 즉 전통적 공산주의자들, 좌익 정당과 노동조합들의 위계적 권력구조는 그들이 스스로 대변한다고 하는 사람들의 이익과는 반대로 작동한다는 것이다. 이와 비슷한 아나키즘적 감성은 1971년 10월 성명에도 나타난다. "그 어떤 중앙위원회도 없다면, 그리고 우리 회원들을 분류하는 그 어떤 위계도 없다면, 우리가 낯선 얼굴이 친구임을 아는 것은 오로지 그의 행동을 통해서일 것이다. 우리가 다른 사람들을 사랑하고 포옹하는 것은 그들도 그러리라는 것을 우리가 알기 때문이다."

그러나 동시에 성명들 가운데 일부는 마르크스-레닌주의적 담론에 그들이 친숙하다는 점을 보여준다. 예를 들어 '성명 6호'는 "우리의 역할은 모든 수준에서 정치적 모순을 심화시키는 것"이라고 선언하고 "무장한 혁명적 노동계급이 자본주의 체제를 전복할 때까지" 폭파 캠페인을 계속하겠다고 장담하고 있다. 그런가하면 어떤 때는 성명이 직접적인 정치적 언어에서 방향을 바꿔 1968년 파리 스타일의 소비자 문화를 겨냥한다. "삶은 너무 따분하다. 우리가 받은 임금을 몽땅 최신 스커트나 셔츠를 사는 데 소비하는 것을 빼고는 아무런 할 일이 없다. 형제자매여, 당신의 진정한 욕망은 무엇인가?"

분노여단의 성명들은 이처럼 수사적이고 극적인 형식을 띠고 있었다. 이 때문인지 주요 신문들은 분노여단 단원들을 혁명적 낙천가들로 단정 짓고 무시했다. 그러나 그들의 분노는 진지했고 정당했다. 그들은 노동조합이나 좌익 정당 등 그들에게 개방된 합법적인 선택지 안에 들어있는 권력구조에 좌절했다. 그래서 그들은 직접행동을 통해 세상을 바꿀 수 있기를 바라면서 분노하고 표현했으며, 이런 자신들의 감정이 확산되기를 희망했다. "분노여단은 바로 당신 옆에 있는 남자나 여자. 그들은 주머니에 총을 갖고 있고, 마음에는 분노를 담고 있다." 분노여단의 일부 조급한 행동들은 '스토크 뉴잉턴의 8인조'와 같은 운동으로부터 사람들의 관심을 분산시켜, 그들 자신에게 좋지 않았다. 그러나 분노여단을 지탱한 분노와 사랑은 반자본주의 운동의 열정이나 단호함과 질적으로 다르지 않았다.

그들 마음속에 있던 분노와 그들 주머니 속에 있던 총 사이의 어딘가에 하나의 가느다란 선이 있었다. 그것은 정치적 분노를 표현하는 방법으로서 폭력이 지닌 상징적 가치와 물질적 폭력 그 자체 사이에서 균형을 잡기 위한 경계선이었다. 아나키스트들의 활동에서 정치적 폭력이 사용된 것은 직접행동의 전통에서 비롯한다. 직접행동의 전통이 반드시 폭력을 용인하는 것은 아니지만, 이 전통은 폭력을 사용한 역사를 갖고 있다. 이 전통의 뿌리는 바쿠닌과 행동을 통한 선전, 그리고 게릴라 선전 전략이 개발된 1870년대의 이탈리아 아나키즘으로 거슬러 올라간다.

일단의 아나키스트들이 한 마을에서 반란의 기운을 부추기고 어떤 일을 할 수 있는가를 보여준 다음 계급의식을 불러일으켜서 그곳 주민들이 스스로 행동에 나서게 한다. 이런 프로그램의 첫 시도는 1874년 볼로

냐에서 이뤄졌지만 실패했다. 3년 뒤 산 루포(San Lupo)에서 한 무리의 아나키스트들이 레티노 마을로 행진해 들어가 무기와 징세관들의 영수증을 빼앗아 나눠주었다. 이를 환영하지 않은 마을도 있었지만, 긍정적인 반응을 보인 마을도 있었다. 이들은 결국 포위돼 탈출하고자 했지만 체포되고 말았다. 이런 직접행동은 상징적인 폭력 행위를 통해 의식이 고양될 수 있다는 기대에 의해서도 부분적으로 부추겨진다. 폭력 행위가 의미 있는 반란의 전제조건인 대중적 불만을 촉발시키는 첫걸음으로 간주되는 것이다.

아나키즘은 개인을 강조하기에 개인적인 반란, 곧 특별한 상황에 대응한 개인의 직접행동을 고무한다. 이런 종류의 아나키즘적 행동들은 1890년대 초에 프랑스를 비롯한 여러 곳에서 전면에 등장했고, 1894년 프랑스 대통령 카르노의 암살에서 절정에 이르렀다. 1890년대 초 프랑스 등지에서 행동에 나선 아나키스트들은 대부분 각기 다른 개인들이었다. 바로 이들의 행동으로부터 '신관이 달린 원형 폭탄을 든 반란자'라는 아나키스트의 정형화된 이미지가 만들어졌다. 이런 행동들 모두가 카르노의 죽음이나 20명이 사망한 1893년 바르셀로나의 극장 폭발사건과 같은 정치적인 지향을 가진 행동은 아니었다.

1923년 말라테스타가 죽기 하루 전에 마지막으로 공책에 써넣은 구절을 보면, 그도 이런 정치적 지향을 갖는 행동을 경계했던 것 같다. 그는 이렇게 썼다. "폭탄을 던져 한 행인을 숨지게 한 그가 선언한다. 자신은 사회의 한 희생자로서 사회에 반기를 든 것이라고. 그러나 그 가엾은 희생자는 이렇게 항변하고 싶어도 항변할 수가 없다. '그럼 내가 사회인가?'"[141]

---

[141] Errico Malatesta, *Anarchy* (London, 2001), 10~11쪽.

분노여단은 사람들을 살해할 의도로 폭파 행동을 한 것이 결코 아니었다. 그러나 대중매체들은 이런 점을 쉽게 무시했다. 대중매체들은 분노여단을 테러리스트로 간주하고, 그들을 1970년대의 독일 적군파(RAF)와 뒤섞었다. 독일 적군파 단원들은 국가에 대해 계급전쟁을 선언하고, 은행을 털고, 정치인과 군인들에게 총격을 가하고, 폭탄을 터뜨리고, 비행기를 납치하고, 인질극을 벌인 도시 게릴라들이었다.

1976년 감옥에서 사망한 울리케 마인호프(Ulrike Meinhof)를 비롯해 안드레아스 바더(Andreas Baader), 구트룬 엔슬린(Gudrun Ensslin), 그리고 역시 감옥에서 사망한 얀 카를 라스페(Jan Carl Raspe) 등 독일 적군파 단원들은 극단적으로 직접행동에 투신했다. 아나키스트들은 이들의 행동에 관심을 가졌다. 많은 아나키스트들이 국가에 맞선 독일 적군파의 결의에 공감할 수 있었고, 일부 아나키스트들의 눈에는 적군파의 행동들이 저항의 한 가능한 형태로 비쳤다. 독일 적군파가 초기에 발표한 성명들 가운데 일부는 분노여단의 성명과 그리 다르지 않았다. 이를테면 1972년 5월에 나온 적군파 성명의 끝 구절이 그렇다.

우리는 판사와 검사들이 수감된 정치범들의 권리 유린 행위를 멈출 때까지 그들을 향한 폭탄 공격을 계속할 것이다. … 정치범들에게 자유를! 계급적 정의에 대항해 투쟁을! 파시즘에 대해 투쟁을![142]

이처럼 일부 유사성은 있었을지 모르지만, 적군파는 아나키스트 조직이 아니었다. 적군파가 출현한 역사적 배경은 냉전 기간의 서독이라는

---

142 *Armed Resistance in West Germany* (London, 1972), 60쪽. 작자 미상.

매우 특정된 것이었다. 당시 동독은 소련 세력권에 속했고, 서독은 미국 세력권에 견고하게 붙어 있었다. 아울러 베트남 전쟁이 진행 중이었고, 미국이 공산주의의 야망으로 본 위협을 군사적으로 물리칠 의도를 갖고 있다는 점을 서독의 미군 기지들이 명백히 보여주고 있었다. 공산주의의 야망이라는 위협은 서독 내 급진 좌익의 활동을 억압하는 데 충분한 구실이 됐다. 서독의 국가 체제 안에는 이런 현실에 대해 합법적으로 항의할 수 있는 그 어떤 정치적 공간도 없었다.

'바더-마인호프 집단'으로 알려지게 되는 당시 급진주의자들은 이런 극단적인 상황에 역시 극단적으로 대응했다. 당시 냉전기에 친미주의자로 행동하던 이란 국왕의 방문에 반대하는 데모가 독일에서 벌어졌다. 경찰이 데모를 진압하다가 서베를린에서 한 학생을 살해한다. 이 사건에 대응해 구트룬 엔슬린은 성명을 발표한다. 이 성명은 국가와 자본주의에 대해 적군파가 한시도 잊지 않고 가슴 속에 품고 있는 증오의 본질적인 측면에 속하는 역사의식을 드러낸다.

> 그들은 우리 모두를 죽일 것이다. 우리가 어떤 놈들에 반대하는지는 분명하다. 우리가 반대하는 놈들은 바로 아우슈비츠 세대다. 아우슈비츠를 만든 자들과는 논의하는 게 불가능하다. 그들은 무기를 갖고 있고, 우리는 그렇지 않다. 우리는 무장해야 한다.[143]

독일 적군파는 그들의 이론과 실천을 레닌주의 전통 안에 자리매김한다. 그들은 그들 스스로가 속하는 국제적 투쟁에 대한 정확한 분석을

---

[143] *Red Army Faction* (San Francisco, 1979), 1쪽. 작자 미상.

레닌에게서 발견한다. 그러나 적군파가 구사하는 언어를 보면 그들이 주류 레닌주의 정당은 아니었음을 알 수 있다.

1972년 프랑크푸르트의 대형 백화점 두 곳에서 베트남 전쟁에 반대하는 항의의 표시로 소이폭탄이 터졌다. 이 행동의 표적은 자본주의와 제국주의였다. 그 설명은 의외였다. 엔슬린은 "우리는 사람들의 상품 구매를 멈추게 하기 위해 백화점에 불을 질렀다. 구매 충동이 사람들을 위협하고 있다"는 내용의 성명을 발표했다.[144] 적군파 초기에 발표된 다음과 같은 성명 가운데 현대 자본주의 국가에 대해 분노에 찬 비난을 퍼붓는 부분은 아나키즘적 정서의 흔적을 보이고 있다.

> 스스로를 지키지 못하는 사람들은 죽는다. 만약 죽지 않는 사람들이 있다면 그들은 감옥, 교정시설, 노동자 거주지역의 빈민가, 새로 개발된 주거형태인 아파트, 붐비는 유치원과 학교, 외상으로 구입한 가구로 가득 찬 부엌과 침실에 묻힌다.[145]

그러나 동시에 10월 혁명에 뿌리를 둔 측면도 찾아볼 수 있다. 혁명적 활동에 대한 울리케 마인호프의 묘사가 그렇다. "게릴라는 기간조직이다. 그 집단적 학습과정의 목표는 투사들 사이의 평등과 각 투사의 집단화에 있다. 이 학습과정은 투사들로 하여금 상황을 분석하고, 독립을 실천하고, 무장된 핵심을 구축할 능력을 습득하고, 집단적 학습과정 그 자체를 열린 상태로 유지할 수 있게 해준다."[146] 적군파는 역사의 존재론

---

144 *Red Army Faction* (San Francisco, 1979), 1쪽.
145 *Red Army Faction* (San Francisco, 1979), 3쪽. 이 성명은 서베를린에서 한 달 전 체포된 바더가 출입증을 갖고 있던 도서관에서 무장경비대로부터 풀려난 뒤 발표됐다.
146 *The Leveller*, no. 10 (London, 1977), 11~12쪽에서 인용.

적 지시에 복종하는 아나키즘적 춤사위 속에서 생각과 행동, 그리고 존재(being)와 되어감(becoming)을 융합시킴으로써 볼셰비즘에 현대적인 날을 세웠다. "투쟁이 그런 것처럼 모든 것은 항상 운동한다. 투쟁은 운동에서 나와 계속 운동한다. 투쟁은 계속 운동해 나간다. 중요한 것은 오직 목표다. 게릴라는 계급투쟁을 역사의 기본원리로, 그리고 그 속에서 프롤레타리아 정치를 실현할 현실로 인식한다."[147]

적군파의 볼셰비즘은 그들 자신을 아나키즘의 바깥에 자리 잡게 했다. 하지만 바더-마인호프 집단의 분노와 헌신은 음모적인 직접행동이라는 아나키즘의 한 전통에 부합하는 것이었다. 이 전통은 대중봉기를 유발하는 혁명적 행동으로 정부를 무너뜨린다는 바쿠닌의 계획으로 거슬러 올라간다. 물론 바쿠닌의 이런 계획은 성공하지 못했다.

사회적 관계를 폭파할 순 없지만

아나키즘에는 비폭력이라는 대안의 전통도 있다. 이런 전통은 톨스토이의 평화주의와 간디의 직접행동인 '사티아그라하(satyagraha, 비폭력 저항운동)'로 거슬러 올라간다. 사티아그라하는 '진리'와 '힘'을 뜻하는 자라티 고어들의 합성어다. 간디에게 사티아그라하는 사회적 투쟁 운동을 떠받치는 비폭력 저항의 교리였고, 영국의 인도 지배를 뒷받침한 통제의 위계가 복제되지 않는, 독립 이후의 인도에 대한 비전이었다. 영국으로부터의 독립은 궁극적인 목적이 아니었다. 이런 의미에서 간디는 민족

---

147 Ulrike Meinhof, 'Armed Anti-Imperialistic Struggle', in Chris Claus와 Sylvere Lotringer가 편집한 *Hatred of Capitalism* (Los Angeles, 2001), 63쪽.

주의자가 아니었다.

간디는 스스로 아나키스트라고 여러 번 선언했고, 권위주의적 사회주의의 중앙집권적 유토피아를 피하고자 애썼다. 인도의 카스트 제도는 권력을 불균등하게 배분하는 사회 형태들 가운데 가장 두드러진 하나의 사례일 뿐이었다. 간디는 사회적, 종교적 차별이 없는 사회를 건설하는 데 헌신했던 것과 마찬가지로 힌두와 이슬람 사이의 종교적 분열에 반대하는 데도 힘을 쏟았다. 지방 마을의 삶을 변화시키기 위한 간디의 실천적 제안들은 공동체적 화합, 그리고 지역화를 통한 경제 자율성의 배양으로 가는 길을 닦기 위한 것이었다. 해방된 인도에 대한 간디의 전망은 상고주의적인 것이 아니라 아나키즘적인 것이었다.

"국가는 집중화하고 조직화된 형태의 폭력을 대변한다"[148]고 간디는 말했다. 지방 농촌에 근거를 두고 탈집중화한 경제 체제가 생산을 조직하는 대안의 방법으로 간주됐다. 정치 영역에서 간디는 의회 체제를 거부하는 대신 탈집중화하고 탈군사화한 국가를 선출된 공직자들이 관리하는 연방제를 선호했다. "자치는 외국 정부든 민족 정부든 그 어떤 정부의 통제로부터도 해방되려는 부단한 노력을 뜻한다"[149]고 간디는 말했다.

사티아그라하는 사회와 정치를 새롭게 만들려는 간디의 프로그램과 겹치는 측면들을 갖고 있다. 그것은 둘 다 반자본주의 운동이라는 점, 비폭력의 원칙을 지킨다는 점, 그리고 다국적 기업들의 힘에 대응해 지역화를 옹호한다는 점 등이다. 많은 사람들에게 비폭력은 전략이나 전술의 문제가 아니다. 폭력에 대한 원칙적인 반대는 목적-수단 관계의 본질에서 비롯한다는 간디의 신념을 수많은 아나키스트들도 공유한다. 사회가 전

---

148 George Woodcock, *Gandhi*, 85~86쪽.
149 Woodcock, *Gandhi*, 85~86쪽.

체적으로 대안의 필요성을 인식하거나 느끼지 않는다면, 그 어떤 대안도 강제로 부과하려고 할 근거가 전혀 없다. 그런 접근법은 아나키즘의 존재 이유와 필연적으로 충돌한다.

이런 깨달음은 익명의 오스트레일리아 아나키스트 집단이 낸 소책자의 제목《당신은 사회적 관계를 폭파시킬 수 없다》에 표현됐다. 수단과 목적은 분리될 수 없으며 아나키즘은 자신의 조직과 행동의 형태를 통해 스스로를 실현한다는 깨달음에 기초해 반자본주의 운동에서 다시 등장한 아나키즘이 바로 이런 종류의 아나키즘이다. 비폭력으로 변화를 이루는 데 헌신하는 것 외에는 평화적인 비자본주의 사회의 이상을 향해 노력할 수 있는, 다른 의미 있는 방법이 없다.

자본주의의 사회적 관계들과 위계들은 폭탄으로 폭파시킬 수 없다는 진리만큼이나 아나키스트들에게 명백한 진리가 또 하나 있다. 뭔가 효과적인 행동이 이뤄지지 않는 한 기존 질서는 본질적인 변화 없이 그대로 존속할 것이라는 진리가 바로 그것이다. 현실에 대한 분노와 변화를 만들어내겠다는 결의가 뒷받침된 직접행동이라는 아나키즘의 전통은 폭력과 사회 변화에 관한 민감한 쟁점들을 제기하는 대결적 접근법으로 아나키즘을 인도한다. 아나키즘 내부에는 아나르코 공산주의와 개인주의의 긴장이 존재하는 것과 마찬가지로 평화주의의 신념과, 폭력은 근본적인 사회변화 요구의 필연적 결과일 수 있다는 믿음 사이에도 긴장이 존재한다.

시애틀에서 '정상적으로' 행사된 경찰의 폭력은 2001년 6월 고텐부르크에서 더욱 폭력적으로 발전했다. 고텐부르크의 경찰은 실탄을 지급받았고, 그 결과 세 명이 총에 맞았다. 이어 7월 이탈리아 제노바의 반자본주의 시위는 폭동화했다. 무장한 차량이 시위대 속을 돌진했고, 밤늦게 경찰은 대중홍보 활동가들과 그들의 자료가 들어있는 건물에 냉혹하고 매우 폭력적인 공격을 가했다. 이탈리아 경찰이 전투를 하고 싶어 안달이 나기도 했지만, 블랙 블록 아나키스트들이 폭력적인 방법을 채택했기 때문에 시위가 폭동화했다는 점을 많은 시위자들은 알고 있었다. 블랙 블록 아나키스트들은 그들이 계획한 대로 은행 등 건물들을 공격했고, 이는 시위대에 대한 이탈리아 당국의 공격을 초래했다.

그러나 또 다른 관점에서 보면 이탈리아 국가가 사전에 계획한 폭력이 핵심이었다. 시애틀에서와 같은 시위로 인해 정상회담이 혼란에 빠지는 것을 허용하지 말라는 명령이 경찰에 내려졌다. 이탈리아 국가는 반대를 짓뭉개고, 평화적인 시위자들을 악마화하고, 앞으로도 시위가 계속되는 데 대해 제동을 걸겠다는 결심을 했던 것이다. 이런 측면에서 볼 때 은행 유리창을 부수는 행동은 초점을 흐리는 것이었다.

제노바에서 일어난 사태를 가장 잘 기록한 글을 보면, 활동가들은 자신들의 전투성을 묘사하는 데 '폭력'은 너무 강한 단어라고 말하면서 자신들의 행동을 옹호했다. "그 단어는 우리의 적들을 위해 남겨둬야 할 말이다. 우리의 폭력은 적들의 폭력에 견주면 바다에 떨어진 한 방울의 물에 불과하다. 그럼에도 우리는 그것을 대결적 접근방식이라고 부르기를 좋아한다."[150] 약 6미터 높이의 울타리를 둘러 차단한 '적색 구역' 안으로 들어가겠다고 밝힌 시위자들은 직접행동으로 국가와 맞서기 시작했다.

시위자들 가운데 누구도 '고의적인 파괴 행위'에 나서지 않을 것이라고 믿는다면 순진한 것인가?[151] 그리고 그럴 경우에도 경찰 쪽의 폭력 행사가 없었으리라고 믿는다면 순진한 것인가? 좀더 넓은 관점에서 다시

---

150 *On Fire: The Battle of Genoa and the Anti-capitalist Movement* (Edinburgh, 2002), 5쪽. 작자 미상.
151 *On Fire*, 48쪽.

묻자면, 당국에서 폭력적으로 대응할 것이라는 생각 없이 효과적으로 국가와 대결한다는 게 가능한가?

평화주의적 아나키스트들은 인도에서 전개된 간디의 운동을 가리키면서 "그렇다. 운동이 충분히 강력하고 거대하다면 국가에 대해 그렇게 공격하는 게 가능하다"고 주장할 것이다. 그러나 다른 아나키스트들은 그런 주장을 하는 데 인도의 복잡한 상황을 본보기로 이용해선 안 된다고 반박한다. 영국이 간디의 평화주의 때문에 양보하기는커녕 오히려 자신의 목적을 달성하기 위해 간디의 평화주의를 이용했다는 사실을 무시해선 안 된다는 것이다. 좀더 일반적으로 말하자면, 많은 아나키스트들은 국가가 계급적 이익을 지키기 위해 폭력을 사용할 것이라는 사실에 대해 평화주의로는 적절히 대응할 수 없다고 주장하고 싶어 한다.

평화주의적 좌파에 대한 아나키즘의 거부를 가장 통렬하게 드러낸 집단은, 1980년대 초에 런던 등지에서 결성된 조직들을 배경으로 1985년에 등장한 '계급전쟁연맹(Class War Federation)'이다. 이 집단이 초기에 펴낸 간행물 〈계급전쟁〉은 독자들에게 개인적 수준에서 투쟁할 것을 촉구하면서 "죄는 미워하되 죄를 지은 사람은 미워하지 말라"는 간디의 가르침을 거꾸로 뒤집었다.

> 너무나 오랫동안 우리는 길들여져 왔고, 부자들은 그것을 잘 해냈다. 그들은 계급전쟁에서 승리하고 있고, 한 명의 희생자도 내지 않고 있다. 그들은 우리의 코앞에서 즐겁게 놀며 법석을 떤다. … 우리는 따분한 행진이나 청원 등 정상적인 정치활동을 할 게 아니라 사악하고 간악한 투쟁을 해야 한다. … 우리는 우리의 분노와 증오를 특정 개인에 대한 분노와 증오로 만들어야 한다. '체제를 때려 부수자'는 등의

고루한 좌파 구호는 아무런 현실성이 없다. 체제는 각 개인들 외부에 존재하는 게 아니다. 자본가 없는 자본주의란 없다. 우리가 그들의 재산을 파괴해도 보험회사가 보상해주면 그만이다. 우리는 그들이 그렇게 쉽게 보호받지 못하는 영역으로 공격의 방향을 돌려야 한다. 변화를 위한 공격의 표적이 된다는 것이 어떤 것인지 그들도 알게 해주자.[152]

계급의식에 새롭고 반항적인 펑크적 성격을 부가한 〈계급전쟁〉은 부자들을 괴롭힘으로써 자신의 분노를 표현하라고 독자들에게 촉구했다.

이런 거만한 개똥같은 녀석들이 배를 불리고 있는 레스토랑 유리창에 당신의 얼굴을 들이대어 그들이 식욕을 잃게 만들어라. … '핵무장해제 캠페인(CND)'이나 벌이며 자위하는 중산계급 연사의 말을 듣도록 하기 위해 25만 명을 양떼처럼 몰아 런던을 가로질러 걷게 하는 데 엿을 먹이자. … 애스코트 경마장이나 헨리 레가타 조정 경기에 5000명이 나타나도록 해보자. 그래서 우리의 계급적 분노를 그들을 향해 쏟아내자. 하운드들에게 아니스 열매를 뿌리는 대신에 그 사냥개의 주인들을 말에서 떨어뜨리고 그들의 엉덩이를 한껏 걷어차자. 지역유지가 병원에 실려 가는 모습을 보면 지역 주민들은 행복해할 것이다.[153]

이런 '부자 후려갈기기(Bash the Rich)' 식의 사건들이 실제로 일어

---

152 *Class War*.
153 *Class War*.

났다. 물론 이런 식의 직접행동을 부추긴 계급전쟁의 '지도자들' 중 일부는 '스스로 장화를 벗어 던지고 물 속에 뛰어드는 것' 처럼 적극적으로 직접행동에 참가하기에는 너무 얌전했다.

일부 사람들에게는 놀라운 일일지 모르지만, 〈계급전쟁〉이 주목을 받게 되면서 그 발행부수는 무려 1만 5000부까지 치솟았다. 이 간행물은 '노동당, 동전 던지는 집단', '부자 녀석들은 조심하라', '나는 왜 부자를 증오하는가' 등 청량음료 같은 타블로이드판 머리기사를 실었고, 전통적 사회주의에 대한 비판과 더불어 대의제 정치조직이 정치적 참여를 통제하고 계급적 분노를 희석시키는 데 대한 비판을 해댔다. '계급전쟁연맹'이 1992년에 《미완의 사업(Unfinished Business)》[154]을 출간하고 나서야 이들의 정치학이 사람들에게 보다 폭넓게 알려졌다. 이 책은 일관된 아나키즘적 전망에서 현대 영국을 날카롭게 분석하고 있다. 계급전쟁연맹과 이들이 발행한 날카로운 신문은 영국의 아나키즘을 북돋웠고, 《미완의 사업》은 이 조직이 노동계급이라는 낡은 개념을 내세운다는 비판에 대한 논리 정연한 대응이었다.

〈계급전쟁〉은 말 많은 부류의 사회주의자들이나 관념적인 자유지상주의 사회주의자들을 위해 발행된 게 아니었다. 그것은 공영주택 단지에서 살면서 보람 없는 저임의 일자리로 하루하루를 버티는 박탈당한 노동계급 민중만을 청중으로 삼음으로써, 중산계급 급진주의자들을 의도적으로 적대시했다. 중산계급 급진주의자들은 이 신문의 대담한 언어 구사를 이해하지 못했고, 때문에 이 신문을 오해하기도 했다. 대담한 언어 구사는 이 신문을 펴낸 조직의 에너지와 열정에 필수적이었다. 〈계급전쟁〉

---

154 Class War Collective, *Unfinished Business* (Stirling, 1992).

은 타블로이드판인 〈더 선(The Sun)〉을 모방한 것으로, 폭력에 대한 흥겨운 칭송도 마찬가지였다.

〈계급전쟁〉의 독자라면 누구나 경찰의 머리를 벽돌로 내리치는 것이 사회 변화를 진전시키는 유일한 방법은 아닐지라도, 적어도 최선의 길이기는 하다고 생각할 수 있었을 것이다. 그러나 계급전쟁연맹 단원들은 폭력을 숭배하는 이런 경향에 대해, 그리고 남성답고 반지성적인 자신들의 이미지에 따라 행동하는 조직내 성향에 대해 의문을 제기하게 된다. 이는 주목할 만한 일이었다.

연맹의 사려 깊은 단원들은 우려하기 시작했다. 자신들의 조직이 악명을 즐기는 대신 그들의 정치는 진전되지 못하고, 여성을 비롯해 보다 폭넓은 사람들을 끌어들이지도 못하고 있다는 데 걱정을 하게 된 것이다. 특히 여성들은 이 조직이 폭력을 지나치게 강조하는 바람에 흥미를 잃었다. 이 조직의 독선적인 정치학에 대한 자기비판과 고통스럽도록 정직한 분석은 내부 분열로 이어졌다. 내부 분열은 1997년 여름에 나온 〈계급전쟁〉의 마지막 호에서 절정에 이르렀다. 이 마지막 호의 머리기사 제목은 '〈계급전쟁〉은 죽었다. … 그러나 계급전쟁이여 영원하라'였다.

이 마지막 호는 참으로 읽을 만했다. 자기 조직의 강점과 약점을 다뤘고, 지금은 자기파괴를 통해 전진할 때라는 결론을 내렸다. 자본주의의 세계화가 낳는 영향들 속에서 계급투쟁의 의미가 파악돼야 한다는 인식도 들어 있었다. 아나키스트들이 세계를 변화시키는 과제에 정직하게 종사하기는커녕 스스로 정당화시킨 열정 속에 갇혀 보호막을 치고 자기만족에 빠질 수 있다는 점도 계급전쟁연맹은 인정했다. "우리는 취미로서의 아나키즘에는 관심이 없다. 스스로 아나키스트가 되겠다는 의식을 아직 갖지 못한 다른 사람들보다 내가 낫다는 우월감을 갖는 방법으로서의 아나키즘에도 관심이 없다."[155]

폭력과 비폭력을 나누는 경계선은 국가에 의해 결정된다는 인식, 그리고 어떤 단계에 가면 폭력이 불가피하게 될 수도 있다는 인정은 현대 아나키즘을 위한 중요한 측면으로 남아 있다. 이와 함께 반자본주의 운동의 성공, 특히 사파티스타 민족해방군(EZLN)의 발전과정은 이런 논의를 더욱 진전시켰다. 이 점에서 사파티스타의 역할은 결정적이었다. 사파티스타의 봉기는 1994년 새해 첫날에 시작됐다.[156] 그날 약 2000명의 무장한 반군이 멕시코 남단에 있는 치아파스주의 마을들과 한 도시를 점령했다. 이들은 정부에 대한 전쟁을 선언하고, 치아파스 지역의 원주민과 농민들의 자결(自決)을 촉구했다.

이들의 사회주의적인 말 표현들을 잘못 파악한 멕시코 정부는 이들이 중미 마르크스주의 게릴라의 변종쯤 되는 것으로 희화화했다. 사파티스타 봉기는 그런 것과는 다른 것이며, 매우 새로운 어떤 것이라는 사실이 이내 명확해졌다. 그것은 탈냉전 이후의 첫 반란이었고, 구식 마르크스주의 이데올로기와 스스로 관련성을 찾을 필요를 느끼지 않는 운동이었다. 대신 사파티스타는 치아파스 원주민들에 대한 연대의 정신을 보여줄 것을 모든 멕시코인들에게 요청했다. 그러면서 사파티스타는 사회를 마르크스주의적으로 재구성하기 위한 의제는 전혀 갖고 있지 않으며, 권력을 장악할 뜻도 없다고 주장했다. 사파티스타는 전세계 청중에게 호소했고, 자신들의 무장봉기를 감시하기 위한 단체들을 초청했다.

사파티스타 민족해방군(EZLN)은 마오주의 성향의 지방 게릴라들에

---

155 *Class War* 73호 (1997년 여름), 9쪽.(www.akuk.com을 통해 구할 수 있음). 1997년 분열 이후 새로운 계급전쟁연맹과 새로운 신문 〈계급전쟁〉이 나타났다.
156 사파티스타는 멕시코의 아나키스트 혁명가인 에밀리아노 사파타(Emiliano Zapata)로부터 따온 이름이다. Marshall, *Demanding the Impossible*, 511~513쪽을 볼 것.

게 낯익은 위계적 방식으로 그 혁명적 존재를 시작했다. 그들의 중앙집중적 명령의 구조가 의문시되고 결함이 있음이 인정된 것은 치아파스 지역에서 마야족 언어를 사용하는 다양한 부족과 인종 집단들, 즉 원주민들과 교류한 결과였다. 1994년 봉기에 나설 즈음 EZLN은 지도부도 집행기구도 본부도 없는 사파티스타 운동이 됐다. 이런 형태는 공동체와 공동체적 의사결정에 근거를 둔 원주민들의 삶에서 나온 것이었다.

> 원주민들은 자신들을 사회 속의 주권적 개인들이 아니라 공동체의 유기적 일원으로 여겼다. 그들은 '합의'라고 부르는 것에 도달하기 위해 몇 시간이고 며칠 밤이고 몇 달이고 논의했다. 합의가 이뤄지면 그동안 그것에 반대해온 사람은 양자택일 외에 다른 선택권이 없었다. 다른 사람들의 뜻에 따르거나 공동체를 떠나야 했다.[157]

1980년대 치아파스 원주민들과 EZLN 사이의 상호교육 과정은 하나의 새로운 혁명 의제를 낳았다. 1994년 사파티스타가 정치권력을 장악하는 데 관심이 없다고 선언한 게 바로 그것이다. EZLN은 마오주의적 지방 게릴라의 관념을 수정한 것이다. 멕시코 정부는 그것이 국가이기 때문에 반대됐다. 그 대신 시민들이 경제질서에 도전하는 것을 허용하는 참여민주주의가 추구됐다. 치아파스주는 멕시코에서 가장 가난하고 계급 차별이 심한 지역 중 하나였고, 이 지역의 원주민들은 멕시코 중앙 정부의 신자유주의 정책들로 인해 특히 많은 고통을 겪었다. 부사령관 인수젠테 마

---

157 Dias Tello, *La Rebellion de las Canadas* (Mexico City, 1995), Davia Ronfeldt, John Arquilla, Graham E. Fuller와 Mellisa Fuller, *The Zapatista Social Netwar in Mexico* (Santa Monica, 1998), 33쪽에서 재인용.

르코스가 반군의 대변인으로 떠올랐고, 대단한 설득력을 발휘했다.

그는 자결로 가는 길은 더 이상 전국적 정부에 반대하는 전통적인 노선에 따르는 게 아님을 사파티스타가 어떻게 깨달았는지에 대해 1995년에 밝혔다. "우리가 전국적 정부에 반기를 들었을 때 그것은 이미 존재하지 않는다는 사실을 깨달았다. 사실상 우리는 거대 금융자본에 대해, 그리고 투기와 투자에 대해 반기를 든 것이다. 이것들은 유럽, 아시아, 아프리카, 오세아니아, 미주는 물론 멕시코 등 모든 곳에서 모든 결정을 한다."[158]

사파티스타는 이런 깨달음과 더불어 그들의 정책을 재조정한다. 사파티스타는 급진적인 토지개혁은 계속 강력히 요구하면서 관심 영역을 넓혀 평화적인 정착을 추구하고, 성(性)과 관련된 문제들과 대결하고, 탈중앙화한 정부 형태를 주장하며 '아래로부터의 세계화'를 밀어붙이기 시작했다.

사파티스타 봉기의 전개과정은 1994년 이후 전세계로부터 쏟아진 엄청난 지지의 뒷받침을 받았다. 다른 원주민 집단들에게 반란을 일으키라는 호소는 있었지만, 사파티스타에 대한 지지가 군사적인 것은 아니었다. 인권 활동가, 원주민 권리 운동가, 평화단체 활동가, 환경운동가 등 다양한 배경의 활동가들이 사파티스타를 지지했다. 이들은 새로운 미디어를 통해 소식을 전달했을 뿐 아니라 치아파스를 직접 방문했고, 지지집단과 특별 활동조직을 조직해 가동했다. 그 결과 사파티스타 운동은 더욱 신축적인 운동이 됐고, 군사적인 성격을 더욱 떨어냈다. 사파티스타는 1996년 8월 거의 50개 나라에서 3000명의 대표들이 참석한 가운데 '인간

---

158 Amory Starr, *Naming the Enemy* (London, 2000), 104쪽.

성 옹호와 신자유주의 반대를 위한 국제회의'를 개최했다. 이 회의는 반자본주의 운동을 낳았다.

덴마크 코펜하겐의 한 아나키스트 집단은 사파티스타와 반자본주의 운동의 장기 목표로 남아있는 것, 다시 말해 '지구적 자본주의와 국가권력에 반대하는 지구적 시민사회의 구축'을 위해 작은 방법으로나마 실천적인 기여를 해왔다. 이들의 '자유도시' 크리스티아니아(Christiania)는 30년 전에 생겨났다. 그때 활동가들은 버려진 군사건물 터로 들어가 대안적인 생활방식을 추구했다.

크리스티아니아는 공무원들의 세금납부 요구에서부터 폭동진압 경찰의 침입에 이르기까지 국가 당국과 몇 차례의 거친 충돌을 겪었다. 15개 구역으로 나뉜 크리스티아니아는 대부분 스스로 설계하고 지은 건물들에서 사는 650~1000명의 사람들에게 집이자 일터다. 이곳의 주민과 사업체들은 공동체의 '공동기금'에 지대를 내고 있지만 정부의 세금으로부터는 해방돼 있다. 크리스티아니아의 공동기금은 쓰레기의 수거와 처리, 아이들 양육 시설, 전기 및 수도 공급 비용과 같은 필수적인 지출에 쓰인다. 15개 구역은 각자 그 구역의 공동기금을 운영하고 있다.

이곳의 정부는 고대 아테네의 폴리스를 능가할 정도로 완전히 민주적이다. 모든 주요한 결정들은 크리스티아니아에 거주하는 모든 사람들이 초청된 공개회의에서 내려진다. 총회가 진행 중일 때는 모든 가게와 카페가 문을 닫는다. 회의에 붙여진 안건들에 대한 논의는 합의가 도출될 때까지 계속된다. 투표로 의사결정을 하지 않으며, 이 때문에 결정이 신속하게 내려지지 않는 경우도 있다. 행정구역이자 자치구역이기도 한 15개 구역은 매달 자체 회의를 열고, 필요할 경우에는 여러 구역들이 '접촉집단'을 구성한다.

크리스티아니아가 아나키즘의 목가주의로 해석돼서는 안 된다. 이 곳은 고대 아테네의 폴리스처럼 정치적으로 동질적이지 않다. 모두 합쳐 주민의 20퍼센트만이 느슨한 아나키즘적 전망이라고 부를 수 있을 만한 생각을 공유하고 있고, 이들은 다른 다양한 정치적 성향을 지닌 시민들과 생활공간을 함께 나누고 있다. 크리스티아니아에는 보수주의자들도 산다. 이들은 옷을 제법 차려입고 자전거로 일하러 가며, 크리스티아니아의 다른 보통 사람들과 거의 접촉하지 않는다. 푸셔 거리의 환각제 거래자들은 고집 센 자들이다.

크리스티아니아가 공식적인 '사회적 실험'이 된 덕분이기도 하겠지만, 어쨌든 크리스티아니아는 이제 관광명소이기도 하다. 현대 부르주아 국가의 한복판에서 번성하는 대안적 생활양식이 던져주는 전망에 흥미를 느낀 관광객들이 이곳을 찾는다. 그러나 크리스티아니아에서도 진정으로 대안적인 곳은 아나키스트의 구역들이다.

이런 구역들에는 모두 짐작하겠지만 나이 많은 전통적 자유지상주의자와 직접행동을 선호하는 전투주의자 등이 혼합돼 있어 일정한 의견 차이가 있다. 모든 것을 공유하는 아나키스트들의 집단 공동체도 여러 곳 있으며, 몇몇 아나키스트들은 국가의 바깥에서 생활하고자 하는 뜻에서 전기 사용을 거부하고 있다. 행동에 의한 선전은 언제나 아나키스트 전통의 일부였다. 브외르네클린, 블라 카라멜, 사우스 디센과 같은 구역들은 이런 전통에 새로운 의미를 부여하는 시도를 하고 있다.

영국의 성 조지 언덕에 세워진 디거스의 공산주의 공동체와, 덴마크 크리스티아니아에서 이뤄지고 있는 대담하고 지속적인 사회적 실험 사이에는 300년이 넘는 세월의 간격이 있다. 그러나 둘을 이어주는 사고 유형이 존재하며, 아나키즘을 본질로 하는 자유지상적 관행들을 실행하겠다는 결의는 같다. 크리스티아니아에서 사는 사람들처럼 윈스탠리도 사람들이 서로 협력해 일하면서 스스로의 삶을 운영할 수 있기를 희망했다.

성 조지 언덕의 공산주의 유토피아 계획은 12개월 동안 생존하는 데 그쳤지만, 크리스티아니아는 30년이 넘게 운영되고 있다. 그 기간 동안 크리스티아니아 사람들은 집, 학교, 운동장을 지었고, 가게와 레스토랑을 열었고, 사회적 의식을 활성화시켰고, 몇몇 잊지 못할 음악회들을 개최했고, 다양한 협동조합을 운영했고, 자원 재활용 프로그램과 풍력 및 태양력 발전계획을 수립했고, 참여적인 형태의 직접민주주의를 발전시켰고, 재정기금 및 공동자원 관리 체제를 개발했다. 현재 크리스티아니아가 직면한 과제는 반란의 첫 세대를 자극한 자유지상주의적인 정신과 관행을 활력적으로 유지하는 것이다. 하지만 그동안 크리스티아니아를 건설해 온 과정에도 디거스의 경우와 마찬가지로 국가권력과의 갈등 및 충돌이 있었다.

국가에 대한 아나키즘의 공격은 총알, 폭탄, '부자 후려갈기기'에서부터 사파티스타의 시적 정치, 크리스티아니아의 DIY(스스로 하기) 활동에 이르기까지 실로 다양한 형태를 취해왔다. 현대 반자본주의 운동은 그 많은 형태의 공격들을 하나로 합치고 있다. 그 실탄은 이제 아나키스트들이 아니라 국가 세력들에 의해 공급된다.

5장 위계의 전복

인간은 자유롭게 태어났으나, 모든 곳에서 족쇄에 갇혀 있다.

— 루소

펑크와 아나키즘의 연관성을 주제로 한 일러스트

머릿속 수레바퀴

진보적 자유주의자와 아나키스트의 차이는 깊이에 있다. 사회주의자를 포함한 진보주의자는 필요할 경우 급진적 변화를 말하기도 하지만, 점진적 변화가 국가 기구들을 건전한 토대 위에 올려놓는다고 생각한다. 자신들의 진보적 자유주의의 의제들을 실현하는 데 필요한 의지를 지닌 정당들이 만드는 계몽된 법률을 통해 착취가 축소되고 최소화될 수 있다는 것이다.

아나키즘은 이런 진보적 자유주의의 가치들과 어긋나지 않는다. 아나키즘은 오히려 모두를 위해 그 진보적 자유주의의 의제들을 실행하는 데 필요한 변화의 깊이를 이해하고 있으며, 그런 목적을 향해 나아간다. 아나키즘은 기존 질서를 진보적 자유주의보다 더 깊게, 그리고 더 지속적으로 분석하며, 착취와 계급지배를 유지하는 정치적, 경제적 기제와 사고양식은 물론 사회적, 심리적 기제와 사고양식도 확인한다. 권위, 통제, 지배의 문제와 관련해 아나키즘은 왜 사람들이 계급착취를 받아들이는지, 왜 사람들이 반란을 일으키지 않는지를 이해하고자 한다.

과거에는 때때로 아나키즘의 근본적 반란은 국가 기관들과 정부의 권위를 겨냥한 공격들과 맞물려 연상되곤 했다. 하지만 강요된 권위, 위계적인 권력 형태, 모든 형태의 지배에 대한 아나키스트들의 반대는 협소한 정치 영역을 훨씬 넘어선 사고의 영역들에서 발전해 왔다. 기존 질서가 사회생활에 대한 통제에 뿌리를 두고 있다는 점, 권위와 복종의 구조를 통해 강화된 특정한 태도들의 수용이 지적인 감옥의 상태를 구성한다는 점을 아나키스트들은 각별히 인식하고 있다. 여기서 지적인 감옥은 막스 슈티르너가 '머릿속 수레바퀴'[159]라고 부른 정신적 억압의 형태를 띤다.

그렇다고 해서 권위주의에 반대하는 개인이나 집단들이 명예로운 아나키스트들이라는 주장이 맞다는 것은 결코 아니다. 비정치적인 형태의 권위주의나 위계구조를 탐색하고 그에 반대하는 많은 개인들, 운동들, 그리고 문화형태와 감수성들이 존재한다. 이들은 의식적으로 아나키즘이라는 틀 속에 스스로를 옭아매지 않으려 하지만, 그래도 여전히 아나키스트들이 친숙하게 느낄 만큼 충분히 일관된 방식을 취한다. 권위와 복종의 관념을 완전히 제어하는 태도와, 구조들을 허물어뜨리는 사고방식은 정치 조직과 제도들에 대한 좀더 전통적인 관심들만큼이나 자유지상주의 좌파에게 긴요하다.

권위와 복종이라는 관념에 기반을 둔 문화적, 사회적 쟁점들에 대한 아나키스트들의 관심은 정치권력이 어떻게 유지되는가에 대한 폭넓은 이해에 기초하고 있다. 여기엔 정치권력의 장악이 반드시 우선돼야 할 행동일 필요는 없다는 깨달음이 들어있다. 정치권력의 '장악'이나 '획득'의 측면에서 전개하는 사고나, 이와 비슷한 용어로 구성된 이론은 단순하

---

159 Max Stirner, *The Ego and Its Own* (Cambridge, 1995), 145쪽.

고 사람들을 오도하는 주체-객체 접근법을 이용해 급진적 변화를 야기한다.

지배계급이 권력을 자발적으로 넘겨주지 않는다는 사실을 회피하는 것이 대안은 아니다. 마치 연료 효율이 높은 자동차와 같은 열정으로 혁명이 즐겁게 굴러갈 수 있는 것처럼 말해서도 안 된다. 이보다는 왜 더 많은 사람들이 반란을 일으키지 않는지, 왜 그렇게 많은 사람들이 자신들을 불행하게 하는 권위의 구조들에 복종하는지를 이해해야 한다. 이런 이해에 도달하는 것이 조직적인 저항을 구축하는 것만큼이나 중요하다. 특히 아나키즘은 일터에서만이 아니라 민중의 일상생활이라는 사회적 존재에서 나타나는 소외의 효과들에 관심을 갖고 있으며, 이 점은 상황주의(Situationism)의 적절성과 호소력을 설명하는 데 도움이 된다.

1960년대, 특히 1968년 5월 파리의 봉기와 함께 연상되는 상황주의는 냉전의 맥락 속에서 나온 것으로, 전통적 마르크스주의의 재해석을 추구했다. 좌익 지식인계에서 새로이 떠오른 아나키즘 사상과 연계된 신좌파의 등장은 모더니즘을 되돌아보면서 다른 한편으로는 부지불식간에 도시적 아나키즘의 형태들을 앞질러 내다보는 두 얼굴을 지닌 상황주의에게 폭넓은 배경이 됐다.

마르크스가 《공산당 선언》에서 숨 막히게 표현했던 자본주의의 혁명적 동학이 그 사이에 어떻게 새로운 단계에 들어섰는지에 대해 상황주의는 재빨리 인식했다. 이 새로운 측면 아래서 억압은 어둡고 열악한 공장들에서만 나오는 게 아니라 광고, 건축물, 관광여행, 슈퍼마켓, 일류 스타와 같은 것들로부터도 나왔다. 자본주의는 결코 보수적이지 않았다. 그것은 감각적이면서도 겉보기에 만족스러운 소비가 주는 황홀함의 배후에서 상품을 인간화하고, 불법적인 잠재 욕망을 활용하고, 계급 체제의 본질을 견고하게 만들면서 전위 예술을 식민화할 수 있었다.

마르크스는 봉건제에서 자본주의로 이행한 데 따른 결과들을 묘사하면서 "종교적 열정, 기사도적 정열, 속물적 감상주의라는 천상의 황홀함들"이 어떻게 "이기적인 계산의 차가운 물 속에 빠져"[160] 익사했는지에 대해 썼다. 그러나 그 새로운 단계에서 대담하게도 자본주의는 마르크스가 파괴됐다고 생각한 것의 여러 측면들을 재탈환하면서, 욕망의 대상으로 상품을 등장시켰다.

이를 인식한 상황주의는 대항 조처를 취할 것을 추구했다. 그 대응 조처들은, 아무리 정교한 교정을 가하더라도 소외는 그렇게 쉽게 철폐될 수 없다는 사실, 그리고 계급에 기초한 소비사회의 형이상학적 빈곤을 너무나 빈틈없이 위장하는 이미지, 상징, 인공물들에 대한 전복적인 전유, 즉 '우회(detournement)'를 통해 반란이 선동될 수 있다는 사실에 기반한 것이었다.

1957년 유럽의 지식인과 전위 예술가들의 소규모 집단이 설립한 '상황주의 인터내셔널(SI, Situationist International)은 수동적인 소비문화를 새로운 형태의 소외로 인식하고, 그에 도전하고자 했다. 상황주의 인터내셔널을 공동 창립한 파리의 한 집단이 1953년에 발행한 〈레트리스트 인터내셔널(Lettrist International)〉의 3호에 게재된 기 드보르의 선언에서는 거부의 목소리가 들린다. "그 어떤 가격에도 우리는 참여하고 싶지 않다. 침묵하는 것을 받아들이고 싶지 않다. 그렇다, 받아들이고 싶지 않다. 다른 모든 사람과 비슷해진다는 것에 우리가 불쾌해 하는 것은 오만함 때문이 아니다."[161]

---

160 Karl Marx, *The Communist Manifesto* (London, 1998), 37쪽
161 Len Bracken, *Guy Debord, Revolutionay* (Los Angeles, 1997), 27쪽.

상황주의 인터내셔널은 '잊혀진 욕망들'을 겉으로 드러내야 할 필요성을 제기했다. 이런 필요성은 시민들을 '스펙터클'[162]의 수동적인 관찰자가 아닌 삶의 적극적인 참여자로 초대하는 '상황'들의 창출을 통해 더욱 커진다. 이런 맥락에서 '상황주의'라는 이름이 나온 것이다. '스펙터클'은 현대 자본주의 사회의 상품화를 지칭하는 상황주의자들의 신축적인 다목적 용어다. 이 용어는 소비자로 하여금 단순한 구경거리를 보는 청중의 심리 상태를 갖게 하는 표현들을 가리킨다. 이런 측면에서 볼 때 상황주의는 다다이즘의 영향을 받은 게 분명하다.

상황주의자들의 눈으로 볼 때 예술은 그 자체가 이런 구경거리의 일부, 다시 말해 지배 부르주아의 이익에만 봉사하는 기능적 논리가 만들어낸 문화적 황무지의 일부가 됐다. 상황주의자들의 평판이 최고점에 이른 때는 1966년이었다. 이 해에 스트라스부르 대학에서 〈학생 생활의 빈곤에 대하여〉라는 상황주의 팸플릿이 발행됐고, 법원은 이 팸플릿을 발행한 학생동맹을 폐쇄하라는 명령을 내렸다. 1년 반 뒤 파리에서 봉기가 일어났을 때 상황주의 인터내셔널은 이 팸플릿의 영향이 일정한 역할을 했다고 자처했다.

상황주의 인터내셔널은 아나키즘의 전통에 의식적으로 자신을 동조시키지는 않았다.[163] 하지만 다다이즘과 초현실주의에 대한 아나키즘의

---

[162] 상황주의자들의 이들 용어는 Stewart Home, *The Assault on Culture* (Edinburgh, 1991), 18, 29, 30쪽.

[163] 드보르는 개인주의 아나키즘을 '웃기는' 것으로 일축했다. 아나키즘 전반에 대해서는 혁명적 투쟁을 위한 방법보다는 혁명적 투쟁이라는 결론에 초점을 둠으로 인해 손상되고 있는 것으로 단언했고, 아나키즘은 모든 것을 평등화시키는 '순수 자유의 이데올로기'라고 말했다.[GUY Debord, *Society of the Spectacle* (Detroit, 1970, 개정판은 1983년), 4장 92~94절에서 인용함. 이 책은 www.nothingness.org에서 구입할 수 있음] 바쿠닌은 자신의 의견을 마치 마르크스처럼 권위주의로 끌어올렸다는 이유로 비판됐다. 동시에 드보르는 1936년 스페인의 사회혁명을 역사상 가장 앞서 나간 성과로 인정했다.

영향에 대해, 그리고 정치적 아나키즘 전반에 대해 상황주의 인터내셔널은 알고 있었다. 스펙터클의 본질과 목적, 그리고 수동적 소비로 유도하는 스펙터클의 기능은 계급에 기반을 둔 위계적 사회에 의존하는 정치 질서와 겹쳐져 있는 것으로 여겨졌다. 드보르는 소비자 자본주의가 물신주의와 물화 쪽으로 육박해 가는 것으로 스펙터클을 파악했다. 스펙터클은 특정한 대상이나 이미지이기보다는 스펙터클한 사회의 이미지들에 의해 조작된 사람들 사이의 사회적 관계라는 것이다. 이것은 단지 소비주의인 것만도 아니다. 사람들 스스로가 스펙터클을 만들어낼 수도 있고, 그럴 경우 소외는 새로운 대상화의 차원으로 끌어올려진다.

역설적이게도 상황주의 인터내셔널은 스스로를 비위계적 운동으로 정의했음에도 파벌 심리에 사로잡혔다. 이로 인해 무기력한 마르크스-레닌주의 분파 집단들에게나 어울릴 법한 추방과 사퇴 소동이 되풀이됐다. 이와 동시에 상황주의 인터내셔널은 전통적인 좌파 정당들이 생각해낼 수 있는 수준을 훨씬 넘어서는 도발적 분석 능력을 갖추고 있었다. 예를 들어 1871년 파리 코뮌에 대해 상황주의 인터내셔널이 1962년에 제시한 분석을 보면 중심 지도부가 없는 파리 코뮌의 축제적인 본질을 찬양하고 있는데, 이런 해석은 1968년 파리의 축제적인 분출을 예견한 것이었다.[164]

상황주의 인터내셔널이 활동하던 1960년대 초반에는 그 구성원들이 열망에 넘쳤고 그들의 목표를 이루기 위한 노력도 충만했다. 그러나 코펜하겐 항구에 있는 인어공주 상의 목을 베어낸 것을 '잊혀진 욕망들을 부추기는 방출'로 여기지 않는다면, 목적의식적으로 끝까지 이뤄낸 것은 거의 없었다. 하지만 상황주의자들은 그들의 엘리트주의에도 불구하고,

---

164 Braken, *Guy Debord*, 114~119쪽을 볼 것.

전복적 프로그램과 1968년 파리의 그래피티 예술가들에게 제공한 창조적 충동으로써 기억되고 있다. 당시 등장한 많은 유명한 구호들은 직접적으로 아나르코 상황주의자들의 텍스트에 의해 고무된 것은 아니었지만, 상황주의자들의 반항 정신에는 분명히 부합하는 것이었다.

> 현실주의적이 되어라, 불가능한 것을 요구하라
> 금지하는 것은 금지된다
> 욕망을 현실로 간주하라
> 상품은 민중의 아편이다
> 더 많이 소비할수록 삶은 더 짧아진다
> 예술은 죽었다. 그 시체를 소비하지 말라
> 절대 일하지 말라
> 달려라 동지들이여, 옛 세계는 등 뒤에 있다
> 도로포장 벽돌 밑에 해변이 있다

상황주의는 1960년대에 아나키스트임을 공언한 집단들과 직접적인 연관성을 갖고 있다. 상황주의자였던 한 사람은 1965년 네덜란드 암스테르담에 등장한 아나키스트 집단인 '더치 프로보스(Dutch Provos)'의 초기 활동가들 중 한 명이 되었다. 비슷한 시기에 독일 베를린에 세워진 '코뮌 1(Kommune 1)'의 창립자들 가운데 한 명도 이전에 상황주의자였다.

더치 프로보스는 1965년 여름 베를린에서 흰색으로 칠한 자전거들을 시민들이 무료로 이용할 수 있게 하는 방식으로 사유재산에 대한 선전 공격을 시작했다. 그러나 그들의 흰색 자전거들은 당국에 의해 몰수됐다. 더치 프로보스는 그 다음 해에 네덜란드 왕실의 결혼식에 연막탄 공격을 가하기도 했다.[165] 아나키즘 철학에 충실했던 더치 프로보스는 일부 단원들이 시의회 선거에 관여하고 자신들이 기존 자유주의 정치 질서에 빨려들었음을 깨닫고 1967년 스스로 조직을 해체했다.

상황주의 이론은 폭발적이었던 펑크(Punk) 운동의 문화적 선조로 여겨지곤 한다. 이런 측면이 가장 잘 부각된 작품은 그레일 마커스의 《립스틱 자국(Lipstick Traces)》(1989)이다. 그는 '더 클래시(The Clash)'와 '애덤 앤 더 앤츠(Adam and the Ants)'와 같은 일부 펑크 집단이 예술학교에서 다다이즘을 통한 문화적 이반의 전통을 만났을 가능성을 제기했다. 마커스의 이런 계보학은 펑크가 영국 노동계급에 뿌리를 둔 것이란 사실을 간과하는 것임이 분명하다. 하지만 펑크 운동이 상황주의의 핵심적인 관념들을 실행에 옮겼다는 점은 의심할 여지가 없다.

펑크가 침 뱉은 고급스러운 슈퍼스타 그룹들은 스펙터클의 본보기였다. 펑크의 폭발적 에너지와 속도는 언제나 음악적 현상 이상이었다. 반역적 펑크(Insurrectional Punk)는 스펙터클 사회의 이면에 있는 소외된 삶을 공격했다. 프롤레타리아의 무기력함은 실업자, 저임금 노동자, 사무직 노동자, 그리고 이른바 전문가들을 정당하지 못한 존재, 고여 있는 시궁창이라고 몰아붙였다. 이런 상황을 두고 드보르는 '세계의 프롤레타리아화'라고 표현했다.

《립스틱 자국》은 가수 조니 로튼을, 그로서는 이름을 들어본 적도 없는 기 드보르와 연결시키는 등 시간을 가로질러 문화적 계기들을 잇는 어려운 과제를 붙들고 씨름했다. 그러나 그레일 마커스는 그런 비틀린 접근만이 제공하는 풍부한 창조력을 알고 있었고, 그렇게 함으로써 상황주의

---

165 Motherfuckers, Yippies, White Partners와 같은 1960년대 다른 활동가들의 운동이나 더치 프로보스, 코뮌 1에 대해 더 많은 것을 알려면, Home, *The Assualt on Culture*, 12장을 볼 것.

와 펑크라는 두 운동을 아나키즘 전통으로 인도했다.[166]

　이와 매우 다른 영역에서 '심리지리학(psychogeography)'이라는 상황주의적 사고의 시도가 있었다. 이것은 도시 환경에 대한 개인들의 심리적 관계에 도전하고 그것을 재구성하려고 한, 시대에 앞선 시도였다. 심리지리학은 도시에서 전개되는 게임이나 장난들에서 '우회'가 실행돼야 한다고 지적했다. 상황주의 인터내셔널을 설립한 집단들 가운데 한 집단은 1955년에 '파리시의 합리성을 개선하기 위한 계획'을 발표했다. 이 계획은 공원을 밤에도 개장하고, 건물 지붕으로 올라가는 에스컬레이터들을 설치해 공중 도로를 건설할 것을 제안했다. 또 다른 상황주의자 이반 취트체글로프는 거리를 지나는 시민들의 감정과 부닥치고 그런 감정을 분출시키는 건물들의 해방적인 힘에 열광했다. 그래서 그는 물질적 만족의 과잉으로 인해 사소한 것으로 치부되거나 물화되는 인간의 감정들과 연관성을 갖는 형태로 건물을 설계하는 환상적인 심리건축에 몰두했다.

　도시 공간에 대한 상황주의자들의 이런 문제 제기는 '크리티컬 매스(Critical Mass)'나 '거리 되찾기(Reclaim the Streets)'와 같은 현대의 운동 방식들을 예고하는 것이었다. 아나키즘으로부터 영감을 받은 이들 운동은 너무 많이 규제되고 있는 공적인 공간들을 되찾고자 한다. 크리티컬 매스는 1992년 미국에서 시작된 뒤 전세계로 확산됐다. 이 운동은 베이 에어리어(Bay Area)[167]에서 자동차광들과 에스유브이(SUV)[168]에 반대하

---

166 John Savage, *England's Dreaming: Anarchy, Sex Pistols, Punk Rock and Beyond* (Mew York, 1991), 그리고 Neil Nehring, *Flowers in the Dustbin: Culture, Anarchy, and Postwar England* (Ann Arbor, MI, 1993)도 볼 것.
167 캘리포니아주에 있는, 9개 군에 둘러싸인 만(灣) 주변지역을 말한다. 약 700만 명의 인구가 거주하는 이 지역에는 샌프란시스코, 오클랜드, 산호세 등 유명한 도시 3곳을 포함해 101개의 도시들이 있으며, 빼어난 생태 환경으로도 유명하다. (역자)
168 'Sports Utility Vehicle'의 약자로, 비포장도로를 달리거나 레저용으로 적합한 차들을 말한다. 우리나라 자동차 종류로 보면 테라칸, 산타페, 렉스턴 등이 SUV다. (역자)

는 지역 차원의 시도로 시작됐으나, 그 후 반자본주의 운동의 중심 전략들 중 하나가 구현된 운동으로 인정받을 정도로 성장했다.

크리티컬 매스는 물리학자들이 사용하는 용어인 '임계질량(Critical Mass, 핵분열 연쇄반응을 유지할 수 있는 최소한게 질량)'을 그대로 가져와 자체 호칭으로 내세웠다. 이 운동을 통해 크리티컬 매스는 지도자 없는 대중의 직접행동이 폭발적인 사회적 힘의 동력을 촉진할 가능성을 갖고 있다는 것을 가리키는 정치적 은유가 됐다. 거리 되찾기는 1990년대 초 영국 런던에서 탄생한 뒤 크리티컬 매스와 비슷하게 들쭉날쭉한 궤적을 그리며 유럽, 오스트레일리아, 미주로 확산됐다. 이 운동이 전해 받은 아나키즘의 유산은 1997년 영국 총선 때 부각됐다. 당시 크리티컬 매스는 록 그룹 섹스 피스톨스(Sex Pistols)의 음악, 직접행동, 그리고 '투표에 신경 쓰지 말고, 거리를 되찾자!'는 구호를 통한 선거 무용론 주장 등을 융합시켰다.

제프 페럴은 독자들을 고무하는 그의 저서 《도시의 혼돈 속에서 거리를 해체하는 모험들(Tearing down the Streets Adventures in Urban Anarchy)》[169]에서 방부처리된 도시권력을 통해 표현되는 통제된 위계들을 전복하는 아나키즘적 충동과 같은 탈중앙화하고 지도자 없는 활동의 다양한 형태들을 열거했다. 그가 든 예는 스케이트보드 타기, 빌딩이나 철탑, 다리, 절벽에서 뛰어내리는 베이스 점핑, 힙합 스타일의 벽 낙서, 불법 마이크로 라디오 방송, 단순한 걷기 등이다.

아나키즘적 영감에 따른 이런 활동들은 공적 공간 또는 문화적 공간에 대한 대안적인 경험을 하게 해주며, 도시 공간이 계급지배 과정의 일

---

[169] Jeff Ferrel, *Tearing Down The Streets Adventures in Urban Anarchy* (New York, 2001), 6장.

부로서 고급주택화하는 데 대해 반대한다. 카프카(Kafka)적인 도시감시 체제, 즉 불안과 공포감에서 헤어나지 못한 채 소외만 심화시키는 감시체제를 공공 안전을 명분으로 확대 도입하는 것은 사회적 범죄의 원인을 없애야 할 필요성을 은폐한다. 이와 비슷하게 '관용을 전혀 베풀 수 없는 범죄'니 '삶의 질을 해치는 범죄'니 하는 개념들은 교양과 도시적 만족감을 바탕에 깐 그럴듯하고 호소력 있는 관념들의 배후에 존재하는 계급적 본질을 은폐한다.

욕망의 정치학

상황주의자들은 성(性) 문제도 다루었다. 성을 주제로 삼은 저술은 전통적인 공산주의나 사회주의보다 아나키즘 사상가의 저술에서 더 많이 발견할 수 있다.

상황주의 인터내셔널의 주요 인물인 라울 바네장은 1967년에 펴낸 책 《일상생활의 혁명(The Revolution of Everyday Life)》에서 1968년 파리의 건물 벽들을 도배한 많은 구호들을 주워 담았다. 그 가운데 가장 긴 구호는 이렇다.

> 일상생활을 명시적으로 언급하지 않은 채, 그리고 사랑이 지닌 파괴적인 성격과 제약조건들을 거부하는 행위가 가지는 긍정적이고 적극적인 점들을 이해하지도 못한 채 혁명과 계급투쟁을 말하는 사람들. 그들은 입에 시체를 물고 있는 것이나 다름없다.

여기서 느껴지는 감정의 블레이크적(Blakean)[170]인 울림은 아나키스트들이 갖고 있는 확신 두 가지를 반영한다. 그 하나는 성적 자유와 정치적 자유의 관계는 중요하다는 것이고, 다른 하나는 억압의 내부화한 구조들이 일부 사람들로 하여금 정치적 지배를 단순히 받아들이는 데서 더 나아가 그것을 갈망하게까지 만든다는 것이다. 이런 측면에서 아나키스트들은 1917년 이후 러시아 공산주의 정부의 역사가 '자유지상주의적 정신이 결여된 혁명운동에 일어날 수 있는 현상'을 보여준다고 생각한다.

물론 이런 생각을 아나키스트들이 처음으로 한 것은 아니다. 볼셰비키가 지배한 초기의 격동기에 발표된 새로운 결혼 포고령은 성 문제에 영향을 주는 반동적인 법률들을 쓸어냈다. 이혼은 쉬워졌고, 결혼하지 않은 가정에도 법률적 권리들이 완전하게 인정됐고, 유산과 동성애를 합법화하는 조처가 이어졌다. 그러나 정치적 권위주의가 뿌리를 내리면서, 그리고 이와 병행해 정치 이외의 다른 삶의 영역들에서 문화혁명이 붕괴하는 과정을 거치면서 그런 급진적 입법조처들은 취소됐고, 성 문제에 대한 소련의 공식적인 태도는 기존 서유럽 국가들과 그리 다르지 않게 돼버렸다.

슈티르너의 '머릿속 수레바퀴'나 블레이크의 '정신이 만들어낸 족쇄(mind-forg'd manacles)'[171]에서 벗어나기는 물질적 제약에서 벗어나

---

[170] 영국의 시인이자 동판화가인 윌리엄 블레이크(William Blake, 1757~1827)를 가리킨다. 블레이크는 18세기 후반부터 19세기까지 영국 낭만주의 문학의 대표자들 가운데 한 명이었다. 낭만주의 문학은 당시 풍미하던 과학적 사고에 한계가 있다고 보고, '세계의 절반을 창조하는 개인'의 상상력을 중요시했다. 블레이크는 실재를 '정신적 구조'로 여겼고, 상상력이 인간과 자연의 연관성을 깨닫게 해준다고 보았다. (역자)

[171] 1792년 블레이크의 시 '런던(London)'에 나오는 유명한 구절로, 외부의 권위에 의해 정신이 스스로 부과하는 사회적, 지적 제약을 의미한다. 블레이크는 풍부한 상상력을 통해 이 족쇄에 대해 공격을 해야 한다고 주장했다. 블레이크는 다른 시에서는 정신을 '족쇄'가 만들어지는 대장간이라고 묘사하기도 했다. 이런 점에서 그는 장 자크 루소의 영향을 받은 것으로 평가된다. 루소는 《사회계약론》에서 "인간은 자유롭게 태어났으나, 모든 곳에서 족쇄에 갇혀 있다"고 했다. (역자)

는 것만큼이나 어렵다. 그러나 자유지상주의적 사회주의자들은 블레이크의 아나키스트적 반란의 정신과 연결된 빌헬름 라이히의 사회심리학에서 그런 속박에서 벗어나기 위한 해방의 수단을 찾는다. 라이히는 고전적인 심리분석학에 내포된 반동적인 함의에서 벗어날 탈출로를 열어준다. 고전적인 심리분석학은 문명이 존재하려면 규율이 없는 본능적인 성이 승화돼야만 한다고 본다. 이에 대한 아나키스트들의 반대 주장은 블레이크의 시들에서 풍부한 표현을 얻는다.

블레이크의 형이상학적 변증법은 그의 시 〈천국과 지옥의 결혼(The Marriage of Heaven and Hell)〉에서 볼 수 있듯이 상반되는 명제들 위에 서 있다. "화가 난 호랑이가 조련된 말보다 더 현명하다. … 도로개량 작업은 도로들을 비좁게 만든다. 반면 도로개량 작업을 하지 않은 구불구불한 길은 천재의 길이다. … 저수지는 물을 담지만, 샘은 흘러넘친다." 블레이크는 "에너지는 영원한 환희"라고 선언하면서 이렇게 말한다.

> 욕망을 억누르는 사람들은, 자신들의 욕망이 억눌려질 만큼 허약하기 때문에 그렇게 하는 것이다. 욕망의 억제자인 이성은 욕망으로부터 그 위치를 찬탈하고, 저항하는 욕망을 지배한다. 그리고 욕망은 억제당하면서 점차 수동적으로 되어가고, 마침내 그저 욕망의 그림자가 돼버린다.[172]

블레이크는 그의 또 다른 시 〈전쟁을 위해 노예가 된 에너지(For war is energy Enslav'd)〉[173]에서 성적 억압을 창출하는 데서 문화가 하는 역할

---

172 William Blake, 'The marriage of Heaven and Hell', *Collected Poems* (Oxford, 1968), 149쪽.
173 William Blake, line 152 of Night the Ninth in 'The Four Zoas', *Collected Poems*, 361쪽.

에 대해 말하면서, 공격성과 억압의 형식들 사이의 유대관계를 지적한다. 이런 유대관계에 대해 나중에 라이히는 20세기 유럽 파시즘의 맥락에서 탐구하게 된다.

라이히(Wilhelm Reich)는 2차 세계대전 중에 《파시즘의 대중심리학(The Mass Psychology of Fascism)》을 저술했다. 이 책에서 라이히는 잔혹한 군사주의의 예로 〈뉴욕타임스〉에서 읽은 한 기사를 인용한다.

> 독일 아프리카 군단은 영국 제8군을 패배시켰다. 속도, 분노, 활력, 강인함을 갖고 있었기 때문이다. 전통적인 의미의 군인으로서의 독일군은 펑크적이다. 절대적으로 펑크적이다. … 독일 지휘관들은 과학자들이다. 그들은 살해를 위한 엄격한 수학적 공식을 끊임없이 실험하고 개선한다. … 그들에게 전쟁은 순수 물리학이다. … 독일군은 저돌적인 경마 기수의 심리를 갖도록 훈련된다.[174]

개별 인간이 어떻게 그렇게 기계적이고 가학적인 살해자가 될 수 있는지를 이해하고자 했던 라이히는 인간이란 두 가지 부분으로 이원화돼 있다고 본다. 그 중 한 부분은 성적인 만족, 음식, 자연과의 인접성에 생물학적으로 이끌리는 동물적 부분이고, 다른 한 부분은 동물적인 수준을 부정하고 기계적인 조직구조와 사고를 통해 진보하기를 추구하는 부분이라는 것이다. 기계는 인간의 생물학적 기관들을 엄청나게 확장하는 길을 열어준다. 그러나 이 과정은 경직적인 위계들을 창출하고, 인간 생물학에 대한 기계적인 견해를 부추기는 '기계문명'으로 발전했다. 이런 방

---

[174] Wilhelm Reich, *The Mass Psychology of Fascism* (London, 1977), 332쪽.

식으로 뇌가 신체 기관들의 사령관이 되고 국가주의적인 교육학이 자리를 잡는다.

> 유아들은 정해진 시간 간격을 두고 정확한 양의 우유를 마셔야 하고, 정확한 시간 동안 잠을 자야 한다. 그들의 식사는 지방 x온스, 단백질 y온스, 탄수화물 z온스를 정확히 함유해야 한다. … 아동들은 수학 x시간, 화학 y시간, 동물학 z시간을 공부해야 하고, 모두에게 이런 동일한 기준이 지켜져야 한다. 아이들은 모두 같은 양의 지혜를 습득해야 한다. 우수한 지능은 100점, 평균 지능은 80점, 우둔한 지능은 40점에 해당한다.[175]

이런 기계적인 과정은 경제발전과 병행한다. 사람들은 자연적인 것과 자발적인 것에 맞서 스스로를 무장하도록 가르쳐지며, 끝내는 "삶과 자유에 대한 치명적인 공포로 가득 차게 된다." 계속해서 라이히는 이런 과정이 국가의 위계질서, 책임에 대한 두려움, '지도자에 대한 갈구와 권위에 대한 열망'으로 이어진다고 설명한다.

라이히 자신은 결코 아나키스트가 아니었다. 그러나 아나키즘은 인간의 성에 관한 라이히 이론의 초기 표현들을 수용했다. 라이히의 이론은 이데올로기는 물질적 힘일 수 있다는 깨달음과 마르크스주의에 의해 틀 지워져 있다. 그럼에도 아나키즘은 즐거운 삶을 누리는 인간의 능력을 훼손하는 것이 명백한 권위 형태들을 사람들이 왜 거부하지 않는지를 이해하기 위한 한 방법으로 라이히의 이론을 채택했다. '오르가즘 잠재력'이

---

175 Reich, *Mass Psychology of Fascism*, 337쪽.

라는 라이히의 개념을 놓고 그것이 '성적 에너지와 오르가즘을 통한 그 방출이 한 개인의 건강 또는 건강하지 못함의 근본 원인이라는 믿음을 표현한 것'으로 거칠게 축소 해석함으로써 그것을 조롱하기는 쉽다. 나중에 라이히가 자기 생각을 표현하는 일부 방식들에서 이런 조롱을 자초했던 것도 사실이다.

그러나 라이히의 이론은 그의 《성격 분석(Character Analysis)》에 전개된 사상의 맥락에서, 그리고 이 책에서 프로이드와는 다르게 '이드(the id)'를 설명한 방식의 맥락에서 고찰될 필요가 있다. 라이히에게 인간은 세 가지 요소로 구성된다. 깊이의 측면에서 볼 때 뿌리에 해당하는 첫 요소는, 일과 사회적 관계들을 누릴 수 있는 자발적 능력이다. 이 자연적 능력은 불필요하게도 문화에 의해 억압된다. 그리하여 프로이드가 묘사한 대로 건강하지 못한 혼합물인 '무의식(the unconscious)'이 발생한다.

이것은 다시 제3의 단계인 허구의 사회적 가면으로 이어진다. 라이히는 이 허구의 사회적 가면을 '성격(character)'이라고 불렀고, 이는 프로이드의 '에고(ego)'와 같다. 다만 라이히가 에고를 건강하지 않은 것으로 봤다는 점에서는 프로이드와 다르다. 라이히에게 에고는 프로이드가 이드의 '소연(騷然, 들끓는 상태)'이라고 부른 것에 대한 불가피한 방어가 아니라, 무의식에 대한 불쾌하고 건강하지 못한 반응이다.

그에게 치료의 목적은 성격의 제거, 그리고 오르가즘 잠재력의 해방이었다. 그리고 그렇게 하려면 한 개인이 자신의 심리적 에너지를 감싸 두는 특정한 수단들, 곧 그의 성격을 드러내야 했다. 한 개인이 언어를 '어떻게' 사용하는가가 '무엇을' 말했는가보다 더 많은 것을 드러내준다고 생각한 라이히는 꿈, 말실수, 농담 등에 대해 설명하는 것을 그만두고 개인이 말하는 방식에 주목한다.

라이히의 이론 중 일부를 채택하는 것은 유행처럼 프로이드를 겨냥해온 비난과 같은 비난에 직면할 소지를 안고 있다. 라이히 이론이 단순하고 소박하다는 점에 비춰, 그의 이론을 채택할 때는 여러 가지 전제조건을 붙일 필요도 있다. 아울러 라이히 이론의 유토피아적이고 루소적인 측면은 상고주의의 심리분석학 버전으로 전락할 위험을 언제나 안고 있다. 그러나 마르크스와 프로이드를 융합하려고 했고, 그럼으로써 우리 문화의 지배적 패러다임들 가운데 하나를 해체하는 데 도움이 된 그의 시도가 지닌 가치를 아나키즘은 인정한다. 라이히는 자신의 이론을 사회의 억압적 본질과 관련시켰고, 해방은 정신과 병원에서 이뤄지기보다는 정치적 변화에 의해 좌우되는 사회적, 성적 관계들에 변화를 가져오는 데서 이뤄진다고 생각했다.

오스트리아 공산당의 일원으로서 라이히는 1920년대 말 빈에서 공산당의 성 클리닉을 개설했다. 그러나 당 기관원들은 라이히의 성 클리닉이 당의 대의에서 이탈한 것이라 보고 이를 폐쇄시켰다. 그들은 자본주의의 억압 이데올로기는 사람들 속에 내면화하며, 개인에 대한 억압은 마르크스주의 유물론 철학이 설명하는 바와 마찬가지로 그 사람의 본성 중 일부를 구성하게 된다는 라이히의 주장을 외면했다. 라이히의 관점에서는 1917년 러시아 혁명은 가부장적 성 문화와 가족 제도에 도전하지 못했기 때문에 변질됐다. 이는 다시 말해 사람들이 계속 복종하고 억압받는 상태에 남아 있었음을 뜻한다. 라이히는 청소년의 성행위와 자위를 건강한 활동으로 권장했는데, 이런 그의 태도는 1930년대 초 공산당에서 그가 축출되는 데도 영향을 주었다.

라이히는 결국 마르크스주의와 정치를 완전히 포기한다. 그의 치료는 물리적인 것으로 변해갔고, 그의 새로운 치료법은 리비도의 심리적 현실을 조정하도록 설계된 프로그램을 통한 '대화 치료(talking cure)'를 대체했다. 이런 과정을 거쳐 '오르곤(Orgone) 에너지'라는 생명력을 발견하게 되며, 이 에너지는 '오르곤 에너지장 측정기'라는 기계로 측정할 수 있다고 그는 주장했다. 라이히는 오슬로에서 자신의 이론에 약간의 수정을 가하는 작업을 한 뒤 1939년에 미국으로 건너갔다. 라이히는 편집증에 사로잡혔고, 그의 자위용 기구를 둘러싼 우스꽝스러운 논란이 벌어진 뒤에 유폐됐던 감옥에서 죽었다.

현재 프로이드가 상상력이 풍부하고 형이상학적인 작가로 재해석되고 있지만, 그의 작품에 대한 반동적인 독해가 여전히 지배력을 행사하고 있다. 이런 반동적인 프로이드 읽기는 인간을 근본적으로 음탕하며 도덕과는 관계없는 존재로 상정하며, 사람들의 정신 속에 위협적으로 잠복해 있는 비합리적인 충동들을 견제하기 위한 억압적인 통제를 필연적으로 요구한다. 이런 맥락에서 라이히는 여전히 중요하다. 왜냐하면 그는 프로이드에 대해 급진적이고 정치적인 해석을 함으로써, 성적인 것을 억제하기보다는 축복하는 것을 포함해 인간적이고 행복한 삶을 실현할 가능성들을 다른 이들에 앞서 지적했기 때문이다.

이제는 성에 대해 점점 더 개방적인 태도가 수용되고 있고, 수많은 성적 금기들이 거부되고 있다. 이런 점에서 적어도 세계의 일부 지역에서는 성적 억압을 정치적 통제와 관련시키는 것 자체가 근본적으로 부적절하게 여겨질 수도 있다. 그러나 이렇게 생각하는 것은 성적 해방의 개념을 협소하게 설정하는 것이다. 이런 태도는 성적 관계를 틀 짓는 소외된 노동과 계급의 세계를 편의적으로 배제한 채 성적 해방을 이야기하는 것이다. 이는 또 순응의 심리구조를 창출하는 가부장제와 가족의 지속적인 역할을 과소평가하는 것이고, 성적 행위에 대한 현대적 태도가 지닌 진보적 가치를 상품화시킴으로써 오히려 그것을 위축시키는 소비자 자본주의의 힘을 과소평가하는 것이다.

지리적, 문화적으로 한정된 일부 지역에서는 성적 혁명이 있었지만, 이런 경우에는 성을 소외시키고 물화시키는 새로운 방식들이 나타났다. 현대 자본주의는 노동계급의 정치적 요구를 수용해 흡수하거나 극복하는 법을 배워왔다. 이와 마찬가지로 현대 자본주의는 게이 및 레즈비언 생활, 10대의 성 행위, 기타 성에 대한 좀더 해방된 태도 등을 나름대로의 기준에 따라 감수하는 법을 배우고 있다. 궁극적으로 아나키즘은 논란 많은 성 관련 쟁점들이 정치투쟁의 대용물이 되거나 그것을 대체할 것이라고 주장하지 않는다. 완벽한 오르가즘이 더 나은 계급전쟁으로 이어진다는 주장도 하지 않는다. 아나키스트들이 주장하는 것은, 계급관계는 복합적이고 복잡한 결과들을 낳는다는 사실, 그리고 성이나 욕망과 관련한 쟁점들은 정치권력의 행사 및 권위와 복종의 문제와 밀접한 관계가 있다는 사실이다.

이런 생각들이 반영된 것이 바로 엘리오 페트리(Elio Petri)가 1971년에 만든, 철강노동자 루도비코 마사에 관한 영화 〈노동계급은 천국으로 간다(The Working Class Goes to Heaven)〉다. 재앙에 가까울 정도로 판에 박힌 마사의 소외된 노동이 낳는 효과는 영화의 시작 부분에서 클로즈업되는 그의 피곤한 얼굴과 기계적인 성생활에 선명하게 새겨져 있다. 스타하노프적인[176] 이 철강노동자는 작업 도중 사고로 손가락이 절단되기 전만 해도 일터에서나 침대에서나 '도구를 다루는 달인'이라는 말을 듣던 사람이다. 라이히가 《오르가즘의 기능(The Function of the Orgasm)》

---

[176] 옛 소련의 노동 영웅인 스타하노프를 빗댄 표현으로, 일에 중독될 만큼 열심히 일한다는 뜻이다. (역자)

에서 제시한 인간형의 개념을 구현한 듯한 이 철강노동자는 그 자신이 기계라고 스스로 믿을 뿐 아니라 "실제로 자동적으로, 기계적으로, 무감정하게 기능한다."[177]

이런 쟁점들과 그것들을 낳는 경험들은 정치의식 수준이야 어떻든 대부분의 사람들이 관심사로 느끼는 문제들과 직접 관련된 것들임에도 전통적인 좌익사상에서는 거의 다뤄지지 않는다. 오히려 셰익스피어처럼 아나키스트가 아닌 작가들이 이런 문제들을 많이 탐구해왔다. 셰익스피어는 1604년 《보복(Measure for measure)》에서 통상적인 스펙트럼의 정치적 예술 및 미학을 가로지르는 방식으로 이런 주제들을 탐색한다.

셰익스피어의 이 희곡은 억압적인 시장(市長) 안젤로를 통해 성의 변증법을 해부한다. 말할 때마다 첫 마디가 '언제나 복종하라…' 인 안젤로는 곧 수녀가 될 아름다운 여인 이사벨라에 대한 욕망으로 고통스러워한다. 그런데 이사벨라가 안젤로를 찾아와 남동생의 목숨을 살려달라고 애원한다. 성적 금기를 위반하고 한 여성에게 혼외 임신을 시킨 이사벨라의 남동생에게 안젤로가 사형을 선고했기 때문이다. 안젤로에게 행복이 결핍돼 있음이 드러나고, 그가 '모두를 구속하는 법의 족쇄들'이라고 부르는 것에 그 자신의 기쁨이 몰수당했음이 확연해지면서 관객들은 안젤로에 대해 연민의 감정을 느낀다.

법과 욕망에 대한 이 희곡의 관심은, 나중에 프로이드가 《문명과 그 불만(Civilization and its Discontents)》에서 말하는 '보수주의로의 회귀'를 성공적으로 피해 간다. 결혼과 사회질서에 대한 단순한 축복으로 대개 결말이 나는 문학 장르가 감당하기에는 이 희곡은 너무 심오하다. 이사벨

---

177 Reich, *Mass Psychology of Fascism*, 342쪽.

라의 남동생인 사형수와 그의 연인 사이의 성 행위는 이 희곡에서 유일하게 순수한 관계로 그려지며, 성도덕을 거부하는 인물 루시오는 관중의 동감을 얻을 수 있는 유일한 등장인물이다.

《보복》의 전복적인 긴장과 모호성은 이 작품을 셰익스피어의 '문제작'들 가운데 하나로 자리 잡게 했다. 《보복》의 이런 특징은 자유지상주의적인 입장에서 나온 것이 아니기에 그만큼 더 두드러진다. 자기의식적인 아나키즘 예술이 성에 초점을 맞추는 동안 클로드 페랄도(Claude Feraldo)의 〈보프(Bof)〉(1971)와 같은 영화는 성적 순응성을 태연하게 파괴하는 것을 통해 해방을 선동적으로 찬양하는 데 성공한다. 페랄도가 배달부 일을 그만둔 뒤 4년 만에 만든 이 영화는 영혼을 파괴하는 배달부와 직업의 지루함을 그리는 것으로부터 시작된다.

파리의 한 포도주 회사에서 일하는 젊은 배달부는 운 좋게도 가게 창문을 통해 한 젊은 여성 제르멩과 눈이 마주친다. 그들은 가정을 꾸리고, 남자의 아버지도 자신의 직업을 내팽개치고 두 사람이 있는 곳으로 이사한다. 아버지는 자신을 소외시키는 일을 하며 사는 삶에 반기를 드는 인물로 적격이다. 그는 "25년 빼기 휴일⋯. 내가 출근을 몇 번이나 했는지를 말해 보라"고 말한다. 제르멩은 서로 사랑을 나누자는 시아버지의 제안에 동의한다. 한 행복한 가정이 이들 세 사람을 둘러싸고 형태를 갖춰 나간다. 젊은 배달부도 직장을 버린다. 세 사람은 프랑스 남부로 함께 떠난다.

〈보프〉는 그저 설익은 현실도피를 보여줄 뿐이라는 비판을 받아왔다.[178] 그러나 이런 비판은 이 영화의 제목과 영화에서 보여주는 즐거운

---

178 Richard Porton, *Film and the Anarchist Imagination* (London, 1999), 162~164쪽.

성의 향연에 표현된 아나키즘적 시대정신을 놓치고 있고, 이 때문에 도발적인 미학에 이 영화가 기여하는 방식도 놓치고 있다. 이 영화에서 보이는 관능의 탐닉에 대한 찬양은 미숙함이나 성차별주의와는 거리가 멀다. 그것은 억압적인 가족구조의 대안을 찾는 담론이라기보다, 반란이 왜 가치가 있고 필요한지에 대한 은유에 더 가깝다. 이 영화에서 대사는 진부하게 느껴질 정도로 의도적으로 간단하게 처리돼 있다.

페랄도의 관심은 어떤 주장을 개진하고 발전시키는 데 있었던 게 아니라, 이 영화와 같은 줄거리에 대해 통상적인 영화들이라면 제기할 만한 유형의 우려를 오히려 제기하지 않음으로써 영화 내용을 전복적인 분위기와 융합하는 데 있었다. 〈보프〉는 등장인물들이 보여주는 보헤미안주의를 소중하게 여김으로써 성공을 거두고 있다. 등장인물들이 시골 길을 산책하는 모습을 원거리 촬영으로 보여주는 목가적인 장면으로 끝나는 영화의 종결부는 영화 첫 대목에서 보여준 소외된 일터에 대응하는 영화다운 수사학이다.

〈보프〉에 나오는 성적인 교류들은 알폰소 콰론(Alfonso Cuaron)의 〈그리고 네 엄마도 역시(Y TU Mama Tambien)〉(2001)[179]와는 정반대 방식으로 계급에 근거한 사회로부터의 집단적 이탈의 시작을 상징적으로 보여준다. 콰론의 이 영화에서는 테노치와 줄리오가 해방적이고 평등주의적인 기행들을 하는데, 그들이 현대 멕시코 사회의 계급위계 안에 곧 성인으로 포섭될 처지임을 고려한다면 그들의 기행은 해방이 아닌 갇힘을 의미한다.

---

179 멕시코 출신의 알폰소 콰론 감독이 만든 네 번째 영화로, 여자 친구들에게서 버림받은 부유한 10대 청소년인 테노치와 줄리오가 20대 후반의 아름다운 여성인 루이사를 만나면서 시작되는 로드 무비다. 이들 세 사람은 '천국의 입'이라고 불리는 가공의 아름다운 비밀 해변을 향한 여행을 시작하는데, 이 과정에서 납치와 토론, 성적인 대화가 이어진다.(역자)

아나키즘 영화가 아닌 〈그리고 네 엄마도 역시〉는 물론 〈보프〉와 같은 아나키즘 영화에서도 너무도 분명하게 나타난 '반위계적 힘으로서의 욕망의 환희'는 영화의 계보학상 초현실주의와 루이스 브뉘엘[180]의 〈황금시대(L'Age d'or)〉(1930)[181]로 거슬러 올라간다. 브뉘엘의 이 영화는 블레이크적으로 이성과 욕망을 대립시키는 가운데 "군인, 성직자, 수도사, 수녀, 경찰, 비단 모자를 쓴 민간인 등"[182]이 참석한 국가주의적인 행사가 남녀 한 쌍의 열렬한 사랑의 행위로 파괴되는 장면을 통해 반란을 찬양한다. 충격을 받은 종교 및 국가 지지자들에 의해 여자가 끌려감으로써 두 남녀의 사랑은 때 이른 종말을 맞는다.

이 영화의 다른 장면에서는 투쟁이 개인의 정신 내부에서 일어난다. 분노한 주인공은 전나무, 쟁기, 기린, 대주교, 한 움큼의 깃털을 잇달아 창문 밖으로 내던진다. 한 해석에 따르면 여기서 창문 밖으로 내던져진 것들은 각각 가족, 일, 명예, 종교, 물질적 안락을 상징한다고 한다.[183] 브뉘엘이 30여 년 뒤 《비리디아나(Viridiana)》(1961)[184]를 만들 때도 그의 반교권주의와 반권위주의가 강력한 힘으로 작용했다.

이 영화의 제목이기도 한 등장인물 비리디아나는 곧 수녀가 될 여성이다. 셰익스피어 희곡에 나오는 이사벨라처럼 비리디아나의 차가운 신

---

180 루이스 브뉘엘(Luis Buñuel, 1900~1983)은 스페인 출신의 영화감독으로 1946년 멕시코로 건너가 멕시코 시민이 됐다. 후기에는 약해지기는 했으나, 관객들을 충격에 휩싸이게 하는 장면을 담은 초현실주의 계열, 부르주아와 종교를 비판하는 영화를 많이 제작했다고 한다. (역자)
181 초현실주의 화가 살바도르 달리와 함께 쓴 작품으로, 하나가 되려는 한 쌍의 젊은 남녀의 욕망이 광적인 주교들과, 18세기 프랑스의 실존인물인 쾌락주의자 마르키 드 사드의 추종자들에 의해 끊임없이 방해받는다는 기괴하고 환각적인 줄거리로 돼있다. (역자)
182 David Robinson이 번역하고 편집한 Francisco Aranda, *Luis Buñuel: A Critical Biography* (New York, 1976), 76쪽. Porton, *Film and the Anarchist Imagination*, 238쪽에서 재인용.
183 Roger Cardinal과 Robert Stuart Short, *Surrealism* (London, 1973), 123쪽.
184 이상주의적인 젊은 수녀 지망생 비리디아나가 수녀가 되는 최종 선언을 하기 직전 어머니에 의해 부유한 삼촌에게 소개되고, 삼촌은 죽은 자신의 아내를 닮은 관능적인 비리디아나에게 점점 이끌리고 결국 자살한다는 내용이다. 칸 영화제에서 황금종려상을 수상했다. (역자)

앙심에는 억압된 성적 욕구가 깔려 있는 것으로 암시된다. 그녀는 수녀가 되기 위한 서약을 하기 전에 나무 십자가, 못, 가시 면류관이 든 짐을 들고 삼촌 집으로 여행한다. 비리디아나는 삼촌으로 하여금 음탕한 관심을 갖게 하고, 삼촌은 마음의 고통을 겪다가 결국 목을 매어 자살한다. 영화는 달콤한 신성모독으로 급진전한다. 삼촌의 자살에 당황한 비리디아나는 구원을 위한 혼란스러운 시도를 한다. 한 무리의 기괴한 거지들을 집으로 초대하는 것이다. 거지들은 주어진 기회를 한껏 즐긴다. 뒤이은 주연(酒宴)은 레오나르도 다빈치의 〈최후의 만찬〉을 라블레적[185]으로 뒤집고 비리디아나에게 성적 가해를 하는 장면에서 절정에 이른다.

이 영화는 프랑코와 가톨릭에 대한 브뉘엘의 의기양양한 반격이다. 멕시코 망명에서 돌아와 스스로 만들고 싶은 영화를 만들라는 프랑코의 초대에 대해 영화적인 반격을 가한 것이다. 영화 〈비리디아나〉는 해방이 위에서 오는 게 아니며, 삶을 부정하는 금욕적인 도덕에서 오는 것도 아님을 보여주고자 한다.

아나키즘과 초현실주의는 동의어가 아니다. 하지만 마음의 문화적인 상태, 다시 말해 '사조(思潮)'의 측면에서는 한 가문에 속하는 유사성이 있다. 아나키즘과 초현실주의는 삶의 가능성들에 관한 통상적인 가정들을 불신임한다는 도발적인 계획을 공유한다. 두 사조는 '현재 어떠한가'라는 현상태를 '어떻게 될 수 있는가'라는 가능태와 혼동함으로써 욕망이 불신되고 억압된다면 우리의 의식은 불완전하다고 주장한다. 둘 다 현실을 바꿀 수 있는 능력은 존재에 그 일부로 내재돼 있다고 보며, 마르크스주의 존재론을 초현실주의적으로 비튼다. "인간이 계획을 꾸미고 성

---

[185] 프랑스의 풍자 작가인 프랑수아 라블레(François Rabelais, 1483~1553)를 말한다. (역자)

패도 결정한다(Man proposes and disposes).[186] 자신이 전적으로 스스로에게 귀속되는 것, 다시 말해 날마다 더욱 강력해지는 자신의 욕망을 아나키한 상태로 유지하는 것은 자신에게 달렸다."[187]

나치의 유대인 대학살, 즉 홀로코스트가 있기 이전에 이미 블레이크, 셸리, 와일드와 같은 초현실주의자 내지 아나키즘 예술가들은 합리성의 가면 뒤에 은폐되거나 억압될 수 있는 것들을 보았다. 홀로코스트는 그들이 예언자임을 입증한 셈이다. 이런 사실은 초현실주의의 핵심에 있는 반란의 정신이 왜 문화적 아나키즘에도 똑같이 중요한지를 설명해준다. 비이성의 고삐 풀린 방종과 완전히 단절하고자 하는 움직임 속에서 이루어지는 신성모독, 반란, 무질서는 그런 행동이 부정하는 것들로 인해 오히려 긍정적으로 평가된다.

많은 초현실주의자들과 마찬가지로 앙드레 브르통(Andre Breton)은 위협적인 것으로 보이는 부르주아적 감수성이 그들을 간질이는 수준으로 미끄러져 떨어질 수 있음을 깨달았다. 브르통이 살바도르 달리와 소원해진 배경에는 바로 이런 가능성에 대한 인식이 깔려 있다. 브르통은 예술이 사회혁명으로 가는 지름길이 아님을 알았다. 그는 개인 정신의 해방과 사회의 변혁 사이에 다리를 놓는다는 희망을 품고 공산주의로 눈을 돌렸다.

그는 진리는 독립적 실체가 아니라 지식과 함께 구성되는 것이라는 마르크스의 입장을 이해했다. 브르통은 자유지상주의를 수용할 수 없는 공산당에서 불쾌한 경험도 했지만, 이런 경험이 초현실주의를 직접행동

---

[186] '계획은 사람이 꾸미되, 성패는 하늘에 달렸다(Man proposes, God disposes)'는 속담을 바꾼 표현이다.(역자)
[187] Cardinal과 Short, *Surrealism*, 36쪽에서 인용. '제2차 초현실주의자 선언'(the Second Surrealist Manifesto)에서 발췌.

과 연결하는 실천을 만들어내려는 그의 노력을 막지는 못했다. 초현실주의의 첫 번째 정치적 저항은 모로코에서 벌어진 프랑스의 식민전쟁에 대한 반대였다. 정치적으로 각성한 초현실주의자들은 스페인 내전에서도 프랑코에 맞서 피켓 시위 대열에 참여해서 투쟁했다.

아나키즘의 미학

〈보프〉와 같은 영화와 초현실주의와 같은 운동은 '아나키즘 미학이 있거나 있을 수 있느냐'라는 난제를 제기한다. 아나키즘은 모더니즘 형태의 미학적 형식을 갖춘 것으로 여겨져 왔다. 그리고 그 밑바탕에는 문화적 아나키즘의 여러 측면들, 특히 자유와 자율의 반공식적 형태로서의 예술에 대한 옹호와 합리주의의 한계에 대한 인식에 친화적인 모더니즘의 특징들이 깔려있는 것으로 간주돼왔다. 그러나 모더니즘이란 역사의 특정한 계기에 속하는 것이며, 아나키즘 미학을 타당성에 대한 고려도 없이 무조건 그런 계기들과 연결시킬 수는 없다.

초현실주의의 여러 측면들은 광고 산업에 의해 활용됐고, 아나키즘으로 분류될 수 있는 그 어떤 아나키즘의 미학도 그와 같은 상업화의 현실을 인정하지 않을 수 없다. 관건은, 정치에 초점을 둔 자유지상주의 좌파의 운동에서 나온 것이 아니거나 이에 동반된 것이 아닌 문화적 아나키즘의 형식들에 대해 어떤 가치를 부여할 것인가에 있다. 문화적 아나키즘이 모더니즘의 특정 측면들과 겹칠 경우 전면에 부각되는 아나키즘은 대개 개인주의적인 종류의 아나키즘일 뿐이다. 따라서 이런 종류의 아나키즘이 부각되면 그 결과는 계급 착취의 문제들을 편의적으로 제쳐둔 채 쪼

개짐, 다원성, 차이를 찬양하는 포스트모더니즘 성격의 단순한 스타일의 정치나 라이프스타일 아나키즘으로 이어지기 쉽다.

바로 이런 궤적을 우리는 미국에서 찾아볼 수 있다. 미국에서는 20세기 첫 20년 동안 모더니즘이 아나키즘 원리들로 가득했다. 예술가이자 예술 교사였던 로버트 헨리(Robert Henri)는 바쿠닌과 와일드를 읽었고, 엠마 골드먼의 강연을 들었다. 그는 예술적 개성을 권장함으로써 예술을 정치화하고자 했다. 그렇게 하는 것이 사회적 투쟁의 물질세계에 참여하는 것이라고 믿었기 때문이다. 그는 미국 기성세대 예술의 가치들은 권위적이며 부르주아 문화를 강요한다며 공격했다. 반면 예술가에게 꼭 필요한 표현의 자유는 모든 개인들이 갖는 권리의 일부로 간주했다.

헨리와 같은 미국의 아나키스트 예술가들 사이에는, 그런 자유의 달성이 자유시장 경제학이나 계급체제와는 양립할 수 없다는 명확한 인식이 있었다. 그들은 예술적 해방을 혁명적 정치와 융합하는 운동을 만들어 내고자 했다. 미국 전위예술에 끼친 자유지상주의의 영향에 관한 연구 결과를 담은 책 《아나키스트 모더니즘》은 맨 레이(Man Ray), 록웰 켄트(Rockwell Kent), 로버트 마이너(Robert Minor)와 같은 예술가들에게 아나키즘이 준 영향을 상세히 서술하고, 이들 예술가가 기여한 문화적 아나키즘의 조류가 왜 붕괴했는지를 설명하고자 했다.[188]

이런 문화적 아나키즘의 실패는 미국에서 정치적 아나키즘이 몰락했다는 좀더 넓은 맥락과 연결된다. 그 배경에는 정부의 일사불란한 억압이 있었고, 1917년의 러시아 볼셰비키 혁명이 준 충격으로 미국에서 아나키즘에 대한 정치적 지지가 쇠퇴했다는 사정도 있었다. 시사만화가 로버트 마이너의 운명은 미국에서 문화적 아나키즘이 쇠퇴하고 몰락한 경위

---

188 Allan Antliff, *Anarchist Modernism*, 213쪽.

를 집약적으로 보여준다.

　아나키스트를 자처한 마이너는 반전 풍자만화를 그리고, 엠마 골드먼과 알렉산더 버크먼이 편집한 잡지 〈어머니 지구(Mother Earth)〉에 기고했다는 이유로 1915년 〈뉴욕이브닝포스트(New York Evening Post)〉에서 해고됐다. 그는 1차 세계대전 중에 프랑스 전선을 방문한 뒤 귀국해, 타는 듯 강렬한 효과의 풍자만화를 그리기 시작했다. 그는 자신의 풍자만화 작품들을 뉴욕의 한 사회주의 신문에 기고했고, 1만여 명의 회원을 둔 아나키즘 조직인 '미국과 캐나다의 러시아 노동자 연합'이 펴낸 주간지 〈골로스 트루다(Golos Truda)〉에도 기고했다. 그 가운데는 '문명'이라는 제목의 유명한 풍자만화도 들어있었다. 이 만화는 피에 흠뻑 젖은 채 칼을 휘두르는 거대한 몸집의 사형 집행자가 피와 시체 조각들로 뒤덮인 늪을 건너는 모습을 그린 것이었다.

　마이너는 1918년 4월 미국을 떠나 러시아 페트로그라드(상트페테르부르크)로 갔다. 그곳에서 그는 러시아 아나키스트들에 대한 볼셰비키의 탄압을 목격했고, 그 해 말 미국으로 돌아가 러시아에서 발생한 일들을 알렸다. 권위적인 볼셰비키 당이 러시아 혁명을 위기에 처하게 하고 있다는 점을 인정할 수 없었던 미국의 사회주의자들은 마이너를 공격했고, 한편으로는 그를 회유했다. 마이너는 결국 볼셰비키에 대한 비판은 반공산주의 선전에 탄약을 제공하는 것이라는 주장에 굴복했다. 마이너는 회개하면서 '나는 내 생각을 조금 바꾸었다'는 제목의 글을 쓰기도 했다. 그는 또 "레닌은 결코 풍자만화를 그리지 않았다. 대신 자신의 모든 시간을 정치에 바쳤다"[189]라는 이유를 들어 예술 활동을 포기했다.

---

189 Antliff, *Anarchist Modernism*, 213쪽에서 인용.

아나키스트 조직들에 대한 미국 정부의 탄압과, 러시아 혁명이 낳은 충성과 신념의 충돌이 미국에서 아나키스트 예술이 붕괴한 데 큰 역할을 했다는 점은 의심할 여지가 없다. 그러나 또 다른 중요한 요인이 있었다. 그것은 바로 미국에서는 개인주의 아나키즘의 전통이 불균형하게 과도한 영향력을 발휘했다는 점이다.

맨 레이와 같은 예술가는 공산주의 아나키즘보다는 정치적 성격이 모호한 유럽 소용돌이파(Vorticist)[190] 예술의 개인주의로부터 더 많은 영향을 받았다. 소용돌이파 운동의 목소리를 대변한 잡지들 가운데 하나인 〈에고이스트(The Egoist)〉는 슈티르너의 《자아와 그 소유(The Ego and Its Own)》를 본떠 이름을 지었고, 에즈라 파운드(Ezra Pound)와 윈드햄 루이스(Wyndham Lewis)와 같은 예술가들을 매료시켰다. 이들 예술가는 슈티르너와 니체의 극단적 개인주의에 대해 우호적인 반응을 보였지만, 그것이 아나키즘에는 크게 도움이 되지 않았다.[191]

아나키즘 예술의 가치에 반대하는 하나의 조잡한 주장이 있다. 혁명 활동에는 규율이 선 조직이 필요하며, 억제와 복종의 심리구조에 대한 자유지상주의적 잡담은 계급체제를 철폐해야 한다는 과제에 직면해서는 별로 중요하지 않다는 주장이 바로 그것이다. 로버트 마이너와 같은 예술가들에게도 이런 비판이 가해졌다. 이런 비판에 대해 아나키스트들은 대

---

190 영국을 중심으로 1913년 시작해 1915년 말 붕괴하기까지 단명했던 '소용돌이파'(Vorticism)를 말한다. 윈드햄 루이스(1882~1957)를 중심으로 한 4명의 예술가가 자신들을 '반란예술센터(Rebel Art Center)'로 부른 것이 그 기원이다. 소용돌이파가 입체파나 미래파처럼 하나의 운동으로 불릴 만큼 독자적인 예술양식을 구축했는지에 대해서는 논란이 분분하다. 윈드햄 루이스의 개성이 이들의 분위기를 주도했다는 평이 지배적이다. (역자)

191 이는 David Weir, *Anarchy and Culture: The Aesthetic Politics of Modernism* (Amhurst, MA, 1997)에서 매우 명백해진다. 이 책은 (아나키즘은 정치적으로 실패한 반면, 미국 모더니즘 미학에서 문화적으로 성공했다는) 책의 주장을 뒷받침하기 위해 극단적인 개인주의의 견지에서 아나키즘에 대한 매우 협소한 관념에 의존한다. 미국 아나키즘의 간결한 요약을 보려면 Peter Marshall, *Demanding the Impossible* (London, 1993), 32장도 참조할 것.

개 문화적 형태의 반란이 정치사회적 투쟁을 대체하고자 하는 것은 아니지만, 의식을 고양시키고 통제와 착취의 체제가 지닌 취약한 단층들을 폭로한다는 과제에 중요한 기여를 한다고 대꾸한다. 이런 대꾸가 사실을 말하는 것일지는 모르지만, 아나키즘 미학으로 불릴 만한 것이 있을 수 있느냐는 문제에 대해서는 거의 아무런 답변도 하는 바가 없다.

어떤 형태의 예술이 다른 것들보다 본질적으로 더 아나키즘적이라는 것을 구별하려는 시도는 설득력이 없다. 예를 들어 아나키스트였던 미국 화가 월터 패치(Walter Pach)는 "입체파(큐비즘)는 모방(미메시스)을 버리고 추상(앱스트랙션)을 선택함으로써 집산주의 정신을 옹호하고 반란을 촉진했다"는 무익한 주장을 폈다.[192] 이런 주장은 초기 아나키스트인 프루동과 전혀 맞지 않는다. 프루동은 사실주의(리얼리즘)를 급진예술의 전형으로 간주했다. 이런 맥락에서 프루동은 구스타브 쿠르베의 작품들에 찬사를 보냈고, 거꾸로 쿠르베는 사실주의에 상응하는 정치적 진보성과 관련해 프루동을 지지했다.

결국 아나키즘 미학은 비위계적인 자유지상주의 원리들에 따라 근본적 변화를 지향하는 넓은 문화적, 정치적 운동의 일부로서만 존재할 수 있다. 예술은 삶에서 파생된 것이며, 아나키즘은 어떤 특정한 종류의 삶과 관련된 것이다. 다시 말해 아나키즘은, 엠마 골드먼이 "내가 장단 맞춰 춤출 수 있는 그런 혁명만을 원한다"고 말했을 때 그가 지칭한 유형의 실존에 관한 것이다. 이런 목적을 달성하는 데 적절한 종류의 정치적, 문화적, 개인적 변화에 관여하는 예술은 아나키즘 미학이라는 개념에 포함될 권리가 있다. 이처럼 반본질주의적이고 반규정적인 정의는 느슨한 것임

---

192 Antliff, *Anarchist Modernism*, 176쪽.

이 분명하다. 하지만 이런 정의는 폭넓은 아나키즘 예술 형태들을 포괄할 수 있다는 장점을 갖고 있다.

예를 들어 다다이즘을 희미하게 반영하는 '네오이즘(neoism)' 과 같은 최근의 선동적이고 반예술적인 조류는 물론이고, 영국 시인 셸리가 《시의 옹호(A Defence of Poetry)》에서 전개한 아나키즘적 상상력에 대한 찬가와, 우르술라 르갱의 《쫓겨난 사람들》과 같은 소설 작품에 이르기까지 다양한 예술 형태들을 포괄할 수 있는 것이다. 이렇게 포괄적인 정의는 미국적 '우회' 의 형식들로 관대하게 봐줄 수 있는 종류의 장난스런 행위들에 대해서도 비록 진지한 자세로는 아니더라도, 수용의 자세를 취할 수 있다. 미국적 우상파괴 행위들의 주변에 존재하는 것 중 하나가 이반 스탱 목사의 '서브지니어스 교회(Church of the SubGenius)' [193]다.

2차대전 이후의 소비자의 나라 미국을 상징하는 '파이프를 입에 문 세일즈맨' 을 풍자한 모습의 스탱 목사는 'JR 밥 돕스' 로도 불린다. 그는 사람들에게 '예언돼 있는 대사건' 으로부터 구원받도록 하기 위해 외계인의 도움으로 지구를 탈출할 수 있도록 해주겠다는 속임수를 쓴다. 그가 말한 대사건은 애초에는 1988년 7월에 발생하는 것으로 돼있었으나, 그날 대사건이 발생하지 않자 날짜가 바뀌었다. 그의 서브지니어스 교회는 인쇄물, 영화, 행사 등을 통해 비미국적 가치를 지닌 모순된 복음을 전파해왔다.[194]

---

[193] 모든 인간 행복의 필수조건인 신비한 실체인 '슬랙(slack)' 을 추구하는 사이비 기독교근본주의로, 1981년에 시작됐다. '디스코디어니즘' (Discordianism)의 변종으로 정교한 음모신학과 관련이 있다. '펜타바르프(the Pentabarf)' 라는 5계명을 갖고 있다. 그 가운데 5번째 계명인 '디스코디아의 원리' 는 "디스코디언은 자신이 읽은 것을 믿지 말라" 라고 한다. (역자)

[194] Porton, *Film and the Anarchist Imagination*, 244~245쪽을 볼 것. www.subgenus.com과 Home, *The Assault on Culture*, 93~94쪽도 볼 것. '서브지니어스 교회' 보다 더 심한 장난스런 행위들에 대한 설명으로는, V. Vale과 Andreas Juno가 편집한 *Pranks* (San Francisco, 1988), Ron Sakolsky와 Fred Wei-Han Ho가 편집한 *Sounding Off with CD* (New York, 1995)를 볼 것.

멋진 전복들(Chic Subversions)[195]

아나키즘 미학에 대한 위와 같은 느슨한 개념에는 문제점들이 있다. 그 느슨함으로 인해 아나키즘 미학의 개념이 안락의자에서 자유지상주의 이론가들이 생각하는 관념적인 아나키즘으로까지 확장될 수 있기 때문이다. 이반 스탱 목사의 '서브지니어스 교회'와 비슷한 부류의 장난들은 결국 무엇에 해당하는가? 대담하거나 터무니없는 예술가와 개인들의 작품을 다양하게 기록하고 있는 책《장난들(Pranks)》의 서문에서 주장된 바에 따르면 이론적으로 볼 때 그것들은 그럴 듯하게 보인다.

> 장난들은 현실, 신뢰, 복종, 사회계약과 같이 애초부터 의심스러운 개념들에 의문을 제기함으로써, 가끔은 사회관습과 사회제도들에 대한 깊고 지속적인 불신을 사람들 마음속에 심어 넣는 데 성공하곤 한다.[196]

아마도 가끔은 그럴 수 있을 것이다. 하지만 리들리 스콧(Ridley Scott)의 영화들이나 몬티 파이손(Monty Python)[197]의 촌극들에 대해서도 같은 말을 할 수 있을까? 선진 자본주의가 실제로 선진의 단계에 도달했다고 가정하고 이야기를 하자면, 선진 자본주의는 전복적인 장난들을 잘

---

[195] 멋진(chic)이란 말은 1970년대 중반 섹스 피스톨스(Sex Pistols)라는 밴드가 상징한 펑크가 지배 문화에 흡수됨을 상징하는 용어다. 1976년 말 패션 디자이너 잔드라 로즈(Zandra Rhodes)는 펑크 의상의 요소들을 이용하면서, 그것을 "충격적으로 멋지다(chic to shock)"고 선언했다. 펑크는 지배적인 중산계급 정서에 대한 저항의 수단으로 의미의 거부와 전복을 선택했는데, 섹스 피스톨스의 가사 중 일부인 "나는 뭘 원하는지는 모르지만 그걸 어떻게 가질지는 알고 있네"가 이런 측면을 상징하는 것으로 평가된다.(역자)
[196] Vale과 Juno, *Pranks*, 4쪽.
[197] 1969년 10월부터 영국 BBC에서 방송된, 유명한 장기 코미디 시리즈.(역자)

수용할 수 있음은 물론, 그것들을 그동안 개척되지 않은 사회문화적 삶의 새로운 영역들을 개발하는 창조적 원천으로 삼을 수도 있을 것이다.

유머의 본 뜻이 명백히 드러나는 상황에서는 장난들이 상당한 재미와 정치를 결합시킨다. '빌리 목사와 쇼핑을 중단한 교회(Reverend Billy & The Church of Stop Shopping)'와 같은 집단의 기행과 비교하면 이반 스탱 목사는 보잘 것이 없다. 이 집단의 일원으로 활약하는 빌리 목사는 뉴욕의 스타벅스 가게에 모이는 군중에게 그다지 신성하지만은 않은 커피 산업에 관한 진리를 설교해왔다.[198] 크기가 집채만 하고 35미터 거리 안에서는 놀라운 정확성을 보이는 노엘 고딘(Noël Godin)[199]의 투석기는 어떤가? 이 투석기가 반자본주의 시위에 투입된다면 훌륭한 목적에 사용될 수 있다.

프랑스의 조제 보베가 맥도날드 가게를 부수고 그 잔해를 한 지방도시 시청 바깥에 갖다놓은 혐의로 재판을 받을 때 이 투석기는 법정을 향해 사용될 계획이었다. 하지만 투석기가 재판관들을 정확히 맞출 경우 보베의 형량만 높아질 것이라는 판단에 따라 포기됐다. 빌 게이츠와 같은 이름난 인물들을 향한 고딘의 '파이 던지기'에 대해서도 같은 말을 할 수 있을까? 유명인의 얼굴에 크림 파이를 정확히 맞히는 거만한 인물들의 자존심을 깎아 내린다는 점에서 상당히 즐거운 장난거리일 수 있다.

하지만 다시 묻자면, 그래서 어떻게 된다는 말인가? 그저 느슨하게

---

198 Bill Talen, 일명 빌리 목사, '7월 12일 수요일: 뉴욕에 있는 스타벅스 세 곳 침입', Benjamin Shepard와 Ronald Hayduk, *From Act Up to the WTO* (London, 2002), 316~319쪽.
199 올해 55살의 벨기에 출신의 작가 겸 배우로 '파이를 던지는 아나키스트'란 별명이 붙은 인물이다. 1969년 프랑스의 여류소설가 마거릿 뒤라스가 공허한 소설을 쓴다고 항의하기 위해 그에게 파이를 던진 것을 시작으로 지금까지 32명의 역사가, 정치인, 영화감독 등의 얼굴에 파이를 던진 사람으로 유명하다. 1998년 2월 4일 브뤼셀을 방문한 마이크로소프트 회장 빌 게이츠도 그로부터 파이 세례를 받았다.(역자)

아나키즘적인 것으로 통하는 것들을, 특히 포스트모더니즘적인 방식으로 실천한 사람들은 5년 정도 지난 뒤에는 오히려 자신이 전복하겠다고 했던 조직에 들어가 열심히 일하게 될 가능성이 있다. 1968년 5월부터 헌신적인 아나키스트로 살아온 노엘 고딘은 분명히 그런 부류에 해당되지 않는다. 그러나 오늘의 젊은 해커활동가(핵티비스트)들 가운데 일부는 훗날 마이크로소프트의 임원이 될 것이라는 생각이 냉소적인 것만이 아니다.

머레이 북친과 같은 아나키스트가 볼 때 '서브지니어스 교회'와 같은 부류의 기행들은 자기중심적인 여피족의 유아적 놀이에 불과하며, 이런 지적은 분명히 옳다. 설사 이런 지적이 옳지 않다고 가정하더라도, 그런 식으로 하는 전복의 실천들은 제 아무리 반위계적인 성격을 갖고 있더라도 별 볼일이 없다. 그런 행동들은 모순과 갈등을 다룰 줄 아는, 정교하고 고도로 창조적인 문화질서 속으로 편입되고 말뿐 아니라, 그 과정에서 그런 행동들을 평안하고 안전한 것으로 만들어 버린다.[200]

아나키즘의 개념이 특정한 문화적, 예술적 맥락에서 이용될 경우 그 자체가 파악하기 어려울 정도로 모호하고 포괄적이라고 느껴질 수도 있다. 이런 측면에서 아나키즘은 포스트모더니즘의 일부 형식들과 비슷한 역할을 하며, 자본주의 질서에 대한 근본적인 공격 속에서 합리성과 휴머니즘이 전복적으로 해체되고 있다는 그럴싸한 주장의 공허한 담론에 묻혀버리기도 한다. 니체와 같은 사상가가 합리주의와 휴머니즘을 공격할 때는 풍부한 복합성을 갖추며, 그와 같은 복합성은 하찮은 방식들로는 탐

---

200 Murray Bookchin, *Social Anarchism or Lifestyle Anarchism* (Edinburgh and San Francisco, 1999), 3쪽. 포스트모더니즘에 대한 북친의 비판들에 대해 더 자세히 알려면, 그의 *Anarchism, Marxism, and the Future of the Left* (Edinburgh and San Francisco, 1999), 115~142쪽을 참조.

구되지 않는다. 반면 포스트모더니즘이 산업시대 이후의 현실을 전면적으로 관찰할 때 나타난 일반화는 그 냉정함에도 불구하고 피상적인 특징을 갖고 있다.

〈아나키스트 연구(Anarchist Studies)〉는 공상과학소설을 집중적으로 다룬 한 호에서 장 보드리야르(Jean Baudrillard)와 장 프랑수아 리요타르(Jean-François Lyotard)와 같은 포스트모더니스트들에 대해 이렇게 선언했다.

> 그들이 전개하는 비판들이 자본과 국가의 존재 자체에 대한 거대한 이론적 도전의 한 부분을 이룬다는 점에서 그들은 아나키스트다. … 포스트모던 아나키즘은 지배적인 정치경제 체제를 수용하는 심리와 기호의 구조 전체에 도전한다.[201]

그러나 이런 선언은 성급하고 편벽된 것이어서 무시해도 좋을지 모른다. 특정한 공상과학소설에 대한 〈아나키스트 연구〉의 주장들을 평가해 보면 이런 점은 더욱 분명해진다. 이런 주장들에서 특정 공상과학소설 작품들은 혁명적 프로젝트를 구성하는 것으로 간주된다. 이들 작품이 언어의 불안정한 본질을 미리 인식하기 때문이라는 것이다. 기표(the signifier)와 기의(the signified)를 분리하는 포스트모더니즘적인 상투성에 근거하고 언어를 언어 자체에 대한 분석의 원천으로 삼은 어떤 종류의 과학소설들은 아나키즘 성향의 혁명적 투쟁에 대한 은유로 간주되기도 했다.

---

201 Lewis Call, 'Anarchy in the Matrix: Postmodern Anarchism in the Novels of William Gibson and Bruce Sterling', *Anarchist Studies*, 7, no. 2 (Cambridge, 1999), 100쪽.

공상과학소설에서 로켓은 지구를 떠나 점점 더 높이 솟아오른다. 처음에는 지구의 중력이 로켓 안에 있는 모든 것들을 끌어당긴다. 그러나 가속으로 로켓의 속도가 초속 7마일의 중력이탈 속도를 넘어서자 가속이 멈추고 중력의 영향이 없어진다. 그 대신 무중력 상태가 된다. 그 전에 중력의 영향을 받던 사물들은 말랑말랑해지거나 중요치 않은 것이 돼버리고, 우주선 안의 여러 움직임들을 가르는 횡단면이 될 뿐이다. 우주는 위와 아래, 또는 낮과 밤으로 구성되지 않은 곳이다. 우주의 빛은 비스듬하게 펼쳐지는 색깔들로 비치지 않는다. 빛을 굴절시키는 대기가 없기 때문이다. '세계들(Worlds)'은 서로 너무 멀리 떨어져 있기 때문에 모든 노력들을 힘든 상승, 쉬운 낙하, 평형을 이루는 수평이라는 원칙에 구속시킬 수가 없다. … 그러자 지구에 구속된 의식은 잠깐이라도 유지될 수가 없다는 자유의 개념이 생겨난다.[202]

이런 설명은 훌륭하게 들릴 수 있다. 실로 아나키즘적인 미학으로 보일 수도 있다. 그러나 말 풍선 이상으로 생각할 수 있을까? 사실 이 글에서 '세계들(worlds)'을 '말들(words)'로 바꾸면, 위 인용문 전체가 포스트모더니즘적 야망을 표현하는 매력적인 수사가 된다. 그러나 수사 그 이상은 아니다. 예를 들어 윌리엄 깁슨(William Gibson)과 브루스 스털링(Burce Sterling)의 사이버펑크 소설은 포스트모던 아나키즘의 요소를 갖고 있다는 점에서 칭송돼 왔다. 두 작가가 합리성과 우주공간에 대한 통상적인 관념들에 도전하는 방식으로 인간의 주관성을 근본적으로 재구

---

202 Samuel R. Delaney, *The American Shore: Meditations on a Tale of Science Fiction by Thomas M. Disch* - 'Angouleme' (New York, 1978). *Anarchism Review*, 7, no. 2, 96~97쪽에서 인용.

성했다는 이유에서다.

기계기술의 '정신(mind)'을 인간의 의식과 결합시킴으로써 등장한 사이보그 세계는 부르주아 기호학에 대한 선동적 공격으로 간주되며, 그것은 새로운 종류의 반란적 마이크로 정치학의 윤곽을 그려 보여주는 것으로 간주되기도 한다. 이를테면 브루스 스털링의《신성한 불(Holy Fire)》(1996)에 보면 21세기 말에 정부는 막강한 의학-산업 복합체의 형태를 띠게 되는데, 상황주의적 성향을 지닌 한 무리의 반란자들이 이에 반기를 든다.

이들 반란자 중 드보르적 이론가가 좋아하는 도시 내 '심리지리학적 부분'에는 '해변 밑에 포장도로가 있다(Beneath the beach, The Pavement)'[203]는 낙서가 씌어있다. '탈인간적'인 노인들로 구성된 지배계급이 생물학적 불사(不死)에 거의 도달한 세계를 통치한다. 그러나 1000년 이상을 살 수 있게 된 첫 세대인 보헤미안적 성향의 이반자들 집단은 단순한 수명 연장만으로는 불충분하다고 생각한다. 이들은 극도로 지루하며 위험이 없는 세계를 거부하고, 기존 질서에 도전한다. 이들은 삶을 살만한 가치가 있게 해주는 실존의 한 측면인 '신성한 불'을 찾고자 하며, 사이보그에 가까워진 자신들의 운명에 대항해 인지능력의 강화를 실현하려고 자신들의 기술력을 사용한다.

《신성한 불》과 마찬가지로 윌리엄 깁슨의《이도루(Idoru)》에서도 불만을 품은 한 무리의 전설적인 인터넷 전문가들이 해킹을 통해 인터넷의 상업적 콘텐츠와 권위적 구조들을 제거한 뒤 남은 부분을 '성벽을 두른 도시(the Walled City)'로 전환시킨다. 이 성벽을 두른 도시는 '어둠의 도

---

[203] Bruce Sterling, *Holy Fire* (London, 1997), 166쪽.

시(City of Darkness)'를 뜻하는 '하크 남(Hak Nam)'으로 불리기도 한다.

> 하크 남의 설립자들은 화가 났다. 그동안 인터넷은 매우 자유로웠고 누구든지 원하는 것을 할 수 있었는데, 정부와 기업들은 그들이 할 수 있는 것과 할 수 없는 것에 그들과 다른 생각을 가졌기 때문이다. 그래서 하크 남의 설립자들은 대책을 강구했다. 그것은 한 조각의 옷감처럼 조그만 장소였다. 그들은 자신들이 좋아하지 않는 모든 것들을 기록한 살생부 같은 것을 만든 다음, 그것을 뒤집었다. … 그들은 법률에서 벗어나기 위해 그곳으로 갔다. 인터넷이 처음 나왔을 때처럼 아무런 법률도 갖지 않기 위해.[204]

사이버펑크는 '성벽을 두른 도시'와 같은 산뜻한 일회용 개념들이 그 부분적 특징을 이룬다. 그러나 그런 관념들은 현실의 부르주아적 형태들을 해체하는 시도가 되기 어렵다. 특히 그 서술 형식이 매우 진부한《이도루》와 같은 소설들 속에서는 더욱 그렇다. 매력적인 묘사와 생각을 자극하는 계기들을 지닌《신성한 불》은 비록 그 결말이 값싸게 느껴질 만큼 지나치게 균형이 잡혀 있고 합리적임에도 불구하고 읽는 재미를 느끼게 해준다.

그러나《신성한 불》의 아나키즘적 의도를 중시하는 주장은, 한 비평가가 도달한 다음과 같은 결론만큼이나 공허해 보인다. '다음 혁명의 바리케이드는 포스트 데카르트적인 가상공간에 세워질 것이다. 이 혁명은 시대에 뒤떨어지고 부르주아적인 합리적 주체성을 거부하는 사이보그들

---

204 William Gibson, *Idoru* (London, 1997), 221쪽.

에 의해 수행될 것이다. 만약 우리가 이 혁명에 대비해 준비를 하지 않는 다면, 우리는 역사의 쓰레기통에 처박힐 위험을 감수해야 한다."[205]

이런 글들이 주는 터무니없다는 느낌이 깁슨이나 스털링의 소설에 내재된 장점들을 훼손하는 것은 아니다. 하지만 포스트모더니즘의 넌센스가 그들의 작품에 배어든 탓에 그런 느낌이 생긴다는 점은 지적해 두어야겠다.

아주 기본적인 수준에서 위계적 구분이 사회의 계급적 구조화와 동의어인 것은 아니기 때문에 전복적 시도들 가운데 일부는 그저 '멋진(chic) 것' 일 뿐이다. 그러나 이런 점을 깨닫는다는 것이 모든 것을 계급투쟁으로 환원하는 일련의 순수한 원칙들에 근거한 편협한 독단으로의 후퇴하는 것은 아니다. 결코 그렇지 않다. 왜냐하면 위계들의 존재는 자본주의에 대한 근본적인 도전의 폭을 넓혀준다는 사실을 아나키스트들은 예리하게 인식하고 있기 때문이다.

위계는 권력과 부의 배분에서 비롯되는 신분의 구분이다. 반면 착취는 일하는 사람들이 생산한 경제적 잉여의 전유다. 계급은 이 두 가지를 연결하는 공통요소다. 그리고 이들 세 가지는 다양한 방식으로 겹쳐진다. 특히 노동의 생산활동과 가족 구조와 관련해 여성이 지배되는 방식에서 이런 겹침은 더욱 두드러진다. 그 가운데 어떤 것이 먼저냐는 문제는 '닭이 먼저냐, 달걀이 먼저냐' 는 문제와 마찬가지일 경우가 많다. 북친이 주장했듯이 계급 분할이 원시적 위계에서 비롯된 것일 수도 있고, 초기 공동체 사회에서 추장들이 등장한 것이 초보적인 위계를 창출했고 그 뒤 시간이 흐르면서 이런 초보적인 위계가 사회적, 경제적인 힘과 결합하면

---

205 Call, 'Anarchy in the Matrix', 116쪽.

서, 특히 잉여생산 및 정복전쟁과 결합하면서 계급구조를 초래했을 수도 있다.

러시아와 쿠바의 공산주의 역사가 입증한 대로 계급 분할이 철폐된다 해도 위계가 살아남을 가능성이 있다. 이런 가능성은 계급적 착취와 위계를 단순히 동일시할 수 없게 한다. 계급 분할이 철폐된 뒤에도 살아남는 위계는 제도적인 지배체제가 된다. 그런 상황에서 지배자의 위치를 차지하게 되는 사람들이 누리는 특권은 반드시 경제적인 것은 아니다. 소비에트 사회에서 발전한 위계들이 엘리트 개인 및 지배집단들에게 물질적인 이득을 가져다주었다는 점은 의심할 여지가 없지만, 그런 식의 이득이 위계들의 존재이유가 될 수 있는 것은 아니다.

플라톤은 《국가론》에서 물질적 호화로움을 즐기는 수호자를 그리지 않았다. 르갱은 소설 《쫓겨난 사람들》에서 초기의 위계는 관료제와 그 안에 있는 개인들의 사회적 권위에서 나온다고 했다. 실제 세계에서 여성에 대한 억압은 전통적인 계급 분할을 넘어선 방식의 위계와 관련을 맺고 있다. 직접행동 자체도 그 행동에서 주도적인 역할을 맡는 사람들과 덜 극적인 방식으로 참여하는 사람들 사이에 초보적인 위계를 만들어낼 수 있다. 1990년대 중반 영국 뉴베리 근처를 우회하는 도로를 건설하는 데 반대하기 위해 벌어졌던 시위가 바로 그런 사례로 꼽혀왔다.[206]

당시 9미터가 넘는 높이의 나무 위에서 농성한 활동가들이 얻은 명성은 지상에 있던 지지자들을 희생으로 한 그들의 행동을 과도하게 강조하는 결과를 낳았다. 이로 인해 우회도로 건설을 추진하던 사람들은 고민을 덜었다. 나무 타는 사람들을 고용해서 이른 아침에 나무에 오르게 한

---

[206] *The London Review of Books*, 24, no. 7 (London, 2002), 22쪽.

뒤 고공 시위자들을 기습하면 그만이었다. 결과적으로, 나무 위에서 농성했던 사람들로 인해 거대한 대중시위의 잠재력이 있었던 상황이 파괴된 것이다. 우회도로 건설을 추진한 세력은 직접행동 세력으로 확인된 한 무리의 활동가들을 겨냥함으로써 상황을 반전시켰다.

1999년 시애틀 시위나 그 뒤에 이어진 반자본주의 시위들에서는 이런 실수가 일어나지 않았다. 그 어떤 집단도 행동의 유일한 얼굴로 등장하지 않았고, 그렇게 등장하기를 원하지도 않는다.

6장 아나키즘적 긴장

더 이상 꿈꿀 수 없음은 죽음을 의미한다

- 엠마 골드먼

2001년 4월 퀘벡의 시위진압 경찰들

현실과 타협하지 않는 비판의 눈

마르크스는 포스트 자본주의 세계에 대한 임상분석을 시도하지 않았다. 공산주의 사회의 삶을 위한 프로그램을 제공하려고 하지도 않았다. 미래는 열린 책이었다. 이는 그 자신의 철학, 즉 되어감(becoming)의 존재론에 비춰 필연이었다. 미래는 무한한 가능성들의 상태, 그리고 끝없이 가능한 자기성취의 상태들이었다. 모든 것이 언제나 되어감의 상태에 있다고 한다면, 마르크스와 제휴한 아나키즘의 입장에서 미래는 상상할 수 없는 것을 상상하거나 불가능한 것을 요구하는 것과는 상관이 없다.

인간의 존재는 소외와 계급착취가 극복되기 전에는 완성될 수 없으며, 그 이후에 펼쳐질 상황은 상상력의 몫으로 남겨두는 게 최선이다. 이것이 바로 마르크스의 생각이다. 그가 사람들이 일과 놀이의 넓은 차원속에 노동시간을 수용하는 자본주의 이후 모습을 그리면서 여러 번에 걸쳐 생각했던 바다. 삶의 가능성들은 일 또는 노동의 세계를 훨씬 넘어선다. 해방된 세계에서는 사람들이 일 또는 노동을 중심으로 자신의 생활을 구축하도록 강요당하지 않을 것이다. 미래에 대한 이와 같은 유연한 접근은 반자본주의 운동의 특징이기도 하다. 반자본주의 운동은 기존의 사회적 관계들을 대체하기 위해 실행돼야 하는 구체적인 대안의 체제에 몰두하지 않는다는 점에서 그렇다. 초점은 '지금 이곳'에, 그리고 더 이상 냉전 이데올로기의 배후에 숨을 수 없는 자본주의의 공공연한 탐욕과 폭력에 맞춰져 있다. 새로운 반자본주의 운동을 배양한 것은 1990년대 탈냉전의 세계라는 맥락이었다. 1990년대는 옛 정치적 입장들, 다시 말해 냉전의 전사나 소련 변호론자, 또는 이 둘을 구분하는 울타리에 불만스러운 표정으로 걸터앉아 있던 개혁적 자유주의자 등이 사라진 연대였던 동시에, 지배적인 경제체제의 지구적 본질에 초점을 둔 범(汎) 반자본주의 운동이 출현한 연대였다.

아나키즘적인 사고와 행동은 언제나 세계적이었다. 그러나 현대적 아나르코 공산주의 전통이 분명한 모습으로 출현한 곳은 프랑스 혁명 이후의 유럽이었다. 봉건제의 죽음과 자본주의의 등장을 처음으로 목도한 유럽이 현대적 아나르코 공산주의를 출현시킨 것이다. 새 천년의 시작은 지구화한 자본주의의 힘을 재확인했다. 실로 그것은 국민국가를 약화시키고, 국민적 경계를 넘어서는 새로운 빈부간 전쟁터를 열었다. 반자본주의 운동은 그 자유지상주의적 정신과 직접행동에 대한 헌신에서, 그 탈중앙집중화한 조직에서, 그 유기체적 속성에서, 그리고 이윤 동기나 교조주의적 좌익 집단의 명령에 지배되지 않는 미래에 대한 전망에서 새로운 빈부간 전쟁의 일부인 동시에 아나키즘을 위한 전쟁이다.

적은 이제 더 이상 특정한 이 국가 또는 저 국가라는 관점에서 설정되지 않는다. 이제 적은 지구적 토대 위에 세워진 계획 속에서 현대 자본주의를 관리하고 진전시켜 가는 집행기구인 국제통화기금과 세계은행과 같이, 좀더 넓은 관점에서 설정된다. 이런 기구들은 국민국가의 역할을 부분적으로 빼앗았고, 국민국가의 힘을 상당히 떠맡았으며, 그들이 세계화를 방어할 때마다 되뇌는 방어논리를 들을 때면 쉽게 느껴지는 이데올로기적 무기를 손에 쥐었다.

그들은 전체 인구 중 일부에 대해 부의 축적을 허용하면 경제성장이 촉진돼 결국은 모든 사람들에게 성장의 혜택이 돌아가게 된다는 '흘러내려 적시는 효과(trickle-down effect)'를 주장했다. 국민적 무대에서도 보수적인 자유시장론자들과 그 정치인들이 자기네 정당의 이데올로기가 마치 합리적이고 존경할 만한 것인 듯 포장할 때면 언제나 이런 논리를 구사했다. 이제는 이런 논리가 전세계를 대상으로 한 지구적인 주장으로 제시되고 있다.

국민국가 안에서 자유시장의 부정의와 불평등에 대한 반대가 온건한 형태와 혁명적 형태를 취했던 것처럼 세계화에 대한 반대도 온건한 형태와 혁명적 형태를 취하고 있다. 개혁론자들은 세계은행이나 국제통화기금과 대화하는 게 가능하며, 심각한 결함을 가진 체제를 좀더 책임성 있고 민주적인 체제로 바꿀 수 있다고 생각한다. 자유민주주의와 제3의 길은 바로 이런 생각을 갖고 있다. 자본가들의 카르텔에 대해 몇 가지 양보 및 조정을 함으로써 기존 질서를 유지하라고 권유하는 조처도 이런 생각에서다. 세계화에 대한 근본적 반대는 지역화(localization)로써 세계화에 도전하며, 그 자본주의적 골격 자체를 해체하고자 한다. 이것이 장거리 무역의 종언을 뜻하는 것은 결코 아니다. 다만 우선 지역적인 생산을 하고 나서 지역에서 구할 수 없는 것들에 대해 장거리 무역을 하자는 원칙을 내세운다. 이런 원칙은 자유시장 세계화의 이데올로기적, 경제적 추진력과 상반되는 것이다. 무자비한 시장점유율 경쟁과 저비용 추구 대신, 지역화를 통해 지역적인 생산과 소규모 생산자들에 우선순위를 두자는 것이다.

자유시장 세계화의 저비용 추구는 제3세계 착취공장의 터무니없는 저임금 및 아동노동으로 이어지고 있다. 유럽에서는 바나나, 차, 커피 등을 여전히 수입할 필요가 있다. 하지만 지역화는 흥미로운 가능성을 새로이 만들어낸다. 경제가 어떤 목적에 봉사해야 하는가에 관해 의문제기를 하는 것도 새로운 가능성을 만들어내는 데 기여한다. 예를 들어 영국 버밍엄의 분할대여 농지는 유럽 최대의 고수풀 산지가 됐다. 자유시장 세계화는 국제적인 경쟁과 저비용 추구는 좋은 것이라는 원칙을 전제로 하고 있다. 반면 지역화는 지구적 경쟁 없이 사람들의 기초수요를 충족시키는 게 우선이라고 주장한다.

아나키스트들은 러다이트(Luddite)[207]가 아니다. 그들은 세계화라는 지금의 역사적 현실에 눈을 감기는커녕 이 역사적 과정을 나름대로 보다 정확히 파악하려고 한다. 과학과 기술에서 이뤄지는 세계화의 불가역적인 진보, 특히 경제적 세계화를 뒷받침하는 통신 및 교통 분야의 진보에 저항하는 것은 러다이트적인 태도일 것이다. 그러나 세계화가 어떻게 교묘하게 포장되는지를 보지 못하는 것도 그에 못지않게 근시안적이다.

스타벅스와 빅맥을 언제 어디서나 이용할 수 있는 세계는 기대할 수 있지만, 모든 사람이 다 좋은 레스토랑에 가고 최고 수준의 축구경기를 관람할 수 있는 세계를 기대할 수는 없다. 평등주의는 언제나 그래왔던 것만큼이나 지구촌에서 엄격히 통제된다. 미국의 '민주적 자본주의'는

---

[207] 1811~1817년 노팅엄, 랭카서, 체서, 요크셔 등 영국의 중북부 직물공업 지대에서 일어난 기계파괴 운동을 말한다. 러다이트 운동(Luddite Movement)이라는 명칭은 이 운동의 지도자였던 '러드'라는 사람의 이름을 따 운동에 참여한 노동자들을 '러다이트'라고 부른 데서 비롯됐다. 이 운동은 직물공업에 기계가 보급된 데다 나폴레옹 전쟁의 영향으로 실업자가 늘면서 임금이 하락하자 그 원인을 기계에서 찾게 되면서 일어났다. 칼 마르크스는 '기계 그 자체'와 '기계의 자본주의적 사용'을 구분하지 못했다고 이 운동을 비판했다. 이런 비판에도 불구하고 러다이트 운동은 '기술의 중립성'과 관련된 논란을 계속 일으키고 있다.(역자)

가난한 흑인이나 멕시코 출신 이주노동자를 포괄하지 못하고, 세계화한 경제의 혜택은 제3세계 전반으로 확산되지 않는다. 한편에는 현대적 삶의 현상으로서의 세계화, 다른 한편에는 경제적 신자유주의 근본주의로서의 세계화가 존재하며, 이 둘은 즐겁게 결합한다. 이런 결합은 이윤 및 기존의 부 분배 양식에 봉사하는 이데올로기와 기술 변화 사이의 구별을 흐릿하게 만들고자 하는 사람들에 의해 이뤄진다.

정치적 필요성이 있을 때는, 규제받지 않는 자유시장이라는 신자유주의의 교리가 고의적으로 포기되기도 한다. 이런 점은 미국이 2002년 철강산업에 대해 보호주의로의 복귀한 데서 볼 수 있다. 전세계에 걸친 재화의 자유로운 이동은 보편적으로 바람직한 것으로 선전된다. 그러나 노동의 자유로운 이동은 국내 정치권력의 이해관계에 따라 거부되고 통제된다. 가진 자와 그렇지 못한 자 사이의 빈부격차는 각국 내부에서도 국가들 사이에서도 지속될 뿐 아니라 전례 없이 공고해지고 있다.

아나키즘과 마르크스의 철학은 우리가 믿게끔 유도된 '불가피하고 자연적인 사실들'에 정면으로 도전한다. 그러한 사실들이란 우리들 대부분은 시장 법칙에 속박된 한낱 노동력에 불과하다는 것, 대부분의 사물들이 화폐 단위로 표현될 수 있다는 것, 삶의 질은 상품의 소유와 관계가 있다는 것, 행복은 공적 영역이 아닌 사적 영역에 속한다는 것 등이다. 이런 '사실들'은 미리 정해진 어떤 인간의 본질이나 자연의 형이상학이 낳은 결과가 아니라 역사의 결과다. 그런 사실들이 언제나 변할 수 있는 불확정한 상황에서 비롯됐다는 일반적인 의미에서뿐 아니라, 특정한 서구 자본주의 역사에서 비롯됐다는 의미에서도 역사적이다.

마르크스가 묘사한 소외가 100년이 넘도록 인간의 의식 속에, 적어도 산업화가 앞서 진행된 선진 자본주의 지역 사람들의 의식 속에 층층이

쌓아올려진 세계에 우리는 살고 있다. 다른 방식의 삶에 대한 상상력이 자아의식에서 배제된 소외된 존재 상태를 자본주의가 어떻게 창출하는지를 해명하려면 니체와 푸코 등의 관점이 필요하다. 변화가 반드시 더 나은 삶을 가져다줄 것이라는 보장은 없다. 그리고 아나키스트들은 모든 문화와 모든 사람들이 "탐욕과 천박한 순진성이 뒤섞인 서구적 문화를 중심으로 삶을 집중시킬 가능성"[208]을 무시하지 않는다. 하지만 '사실들'을 변화시킬 수 있는 가능성은 언제나 존재한다.

자유지상주의적 사회주의를 믿는다는 것은 인간 존재의 완벽성에 대한 유토피아적인 믿음에 의존하는 게 아니다. 다만 상호부조와 연대가 삶의 개선을 위한 기본 원칙들이 된다고 믿을 따름이다. 이와 비슷하게 아나키즘은 단일의 강압기구로서의 정부는 철폐해야 한다고 보지만, 조직하고 관리하고 우선순위를 설정하는 활동을 요구하는 복잡한 체제의 관점에서는 정부가 필요하다는 점을 예리하게 인식하고 있다. 아나키즘이 무작정 분출해 흘러가도록 방치될 수는 없다. 강요된 권위의 철폐가 절대적인 자유와 같은 것은 아니다. 현실적으로 절대적 자유는 착취를 낳으며, 결국은 한 집단에 의한 지배로 이어진다.

아나키즘이 거부하는 것은 삶을 '승자와 패자가 갈리는 경제적 경기장에서 벌어지는 게임'으로 보는 부르주아적 사고방식이다. 아나키즘은 자본주의가 사람들을 불행하게 만들고, 소외의 원인은 '사람들의 수요 충족에 수요와 공급의 법칙을 적용하는 것'에 있다는 확신을 마르크스와 공유한다. 마르크스는 인간의 수요 충족에 수요와 공급의 법칙을 적용하는 것이 어떻게 삶의 질을 피폐하게 만드는지를 음울하게 표현했다.

---

208 Peter Høeg, Miss Smilla's Feeling for Snow (London, 1996), 316쪽.

수요와 공급의 법칙이 궁극적으로 낳는 피폐한 삶의 모습에 대한 마르크스의 설명은 이렇다. "먹고 마시기와 자식 낳기, 또는 기껏해야 거주하고 치장하는 등의 동물적 기능에서만은 자유롭다고 스스로를 느끼지만, 인간적 기능에서는 다른 동물과 다를 바 없는"[209] 지점까지 간다는 것이다. 마르크스는 물론 먹고 마시기와 자식 낳기 등에도 진정으로 인간적인 가치가 들어있다는 점을 인정한다는 단서를 달았다. 그러나 이런 단서는 그런 행위들이 삶의 다른 측면들로부터 어떻게 유리되어 그 자체가 목적이 돼버리고 본래의 가치를 상실하는지를 강조하기 위한 것이었다.

현대 자본주의와 소비자 문화가 초래하는 삶의 천박화에 대해서는 마르크스주의 논문들보다 아나키즘의 문헌들이 훨씬 더 강력하게 맞서고 있다. 마르크스가 음울한 측면들을 갖고 있었던 것처럼, 아나키스트들도 때로는 종말론적 분위기에 빠져 공포감을 드러내기도 한다. 마르셀 얀코(Marcel Janco)의 가면[210], 한나 회흐(Hnannah Höch)의 사진작품 〈아름다운 부인(Fröliche Dame)〉[211]과 나란히 서있는 독일인 전쟁피해자의 사진을 통해 그레일 마커스(Greil Marcus)[212]가 보여주었듯, 다다이즘은 1차 세계대전의 추잡함에 대한 분별 있고 세련된 반응으로 볼 수 있다.[213]

1966년 미국의 아나키스트 집단인 블랙 마스크(Black Mask)는 뉴욕

---

209 Karl Marx, *Early Writings* (Harmonsworth, 1975), 327쪽.
210 마르셀 얀코(1895~1984)는 다다이즘을 창시한 그룹에 속하는, 루마니아 출신 화가다. 다다이즘은 1차 세계대전이 한창이던 1916년 2월 시인 후고 발(Hugo Ball)과 그의 동료 에미 헤닝스(Emmy Hennings)에 의해 창시됐다. 1차 대전의 발생 원인이 현대 서구문명 자체에 있다고 본 다다이스트는 '카바레 볼테르(the Cabaret Voltaire)'라는 한 카페에 모여 시를 낭독하고, 예술 작품을 전시하고, 각종 공연을 펼치는 '다다 저녁'을 열었다. 얀코의 가면은 이런 행사들을 위해 얀코가 디자인한 기괴한 형태의 가면들을 말한다. 대중의 분노를 유도해낼 목적이었다고 한다. (역자)
211 한나 회흐(1889~1979)는 독일 출신의 여성 사진예술가로, 1918년 베를린의 '클럽 다다'에서 유일한 여성이었다. 〈아름다운 부인〉은 회흐의 1920년 작품이다. (역자)
212 1945년 미국에서 태어난 유명한 칼럼니스트이자 문화비평가. (역자)
213 Greil Marcus, *Lipstick Traces* (London, 1990), 223쪽.

에 있는 '현대예술 박물관'에 반대하는 1일 시위를 벌이며 박물관을 파괴할 것을 요구했다. 그들은 성명에서 박물관과 그 소장품들을 문자 그대로 파괴하자는 뜻은 아니라고 설명했다. 바쿠닌의 유명한 말처럼, 파괴의 열정은 창조의 충동이기도 하다.[214] 1970년대 중후반에 처음 일어난 거센 펑크의 물결에서처럼, 겉으로는 상반돼 보이는 이런 감정들은 하나로 합쳐져 분출될 수도 있다. 그 과정에서 시(詩)는 민중의 통속적인 수사 아래 매장되기도 한다. 흥겨운 허무주의로 비쳤던 것들이 부르주아의 이상에는 들어있지 않은 것들에 공격적으로 대면하면서 통렬한 사회정치적 비판이 될 수도 있다.

섹스 피스톨스의 아트 디렉터였던 제이미 레이드(Jamie Reid)와 같은 사람들은 자신들이 아나키즘의 전통 속에서 활동하고 있음을 분명히 의식하고 있었다. 섹스 피스톨스의 노래 〈신이여, 여왕을 구하소서(God Save the Queen)〉는 그 분노의 열정에서 볼 때 셸리의 〈아나키의 가면(The Mask of Anarchy)〉과 쌍을 이루는 것이었다. 엄청난 검열에도 불구하고, 그리고 섹스 피스톨스를 로드 스튜어트의 싱글 앨범 다음인 2등으로 떨어지도록 하기 위해 순위조작을 시도한 문화적 게리맨더링에도 불구하고, 대중은 섹스 피스톨스의 이 노래를 차트 1위에 올려놓았다.

애국적인 가두파티들을 벌이도록 고무한 '왕실 희년(royal jubilee year)'에 〈신이여, 여왕을 구하소서〉가 거둔 당당한 대중적 성공은 상황주의가 예감했던 것과 같은 '체제의 균열' 바로 그것이었다. 짧은 동안이나마 소비자 문화는 '너무 공허해', '우리는 상관하지 않아'[215] 하는 감성

---

214 Michael Bakunin, *Selected Writings* (New York, 1974), 58쪽.
215 섹스 피스톨스의 앨범 Nevermind The Bollock/Flogging A Dead Horse/etc…(헛소리, 헛수고 등에 개의치 마라)에 실린 노래 'Pretty Vacant' (너무 공허한)에 나오는 가사임(역자).

에서 이윤을 뽑는 데 어려움을 겪는 것처럼 보였다. 하지만 그 균열의 단층은 곧 보수공사로 메워졌고, 시장조사와 마케팅은 모든 가치에 대한 무관심을 이용할 수 있도록 해주었다. 그러나 갈라졌던 틈은, 자유주의자들이 그 틈에 종이를 덮어 바르는 것을 단호하게 거부하는 방향으로 가는 '미래로의 길'을 제시했다.

섹스 피스톨스의 펑크는 노동계급의 경험에 뿌리를 둔 열정으로 쇼핑, 여행, 음악, 정치와 같은 부르주아적 구경꾼으로서의 삶의 영역들 모두를 거부했다. 이에 대해 나중에 이뤄진 이론화 작업은 사회주의노동자당(Socialist Workers' Party)와 같은 조직들로 하여금 '인종차별에 반대하는 록 음악'을 시도하고 그것을 이용할 수 있도록 했다. 이런 사회주의노동자당의 노력은 마치 이 조직이 지금은 반자본주의 운동을 시도하거나 그것을 이용하려고 하는 것과 비슷했다. 그 과정에서 애초의 아나키즘 정신은, 셰인 맥고완(Shane MacGowan)이 말한 대로 희석됐다. "클래시(The Clash)[216]와 마찬가지로 당신은 그들이 그것을 정치화했다는 것을 안다. 사람들이 정치적으로 사고하기 시작했다. 옛 히피들은 머리를 잘랐고, 거기에 익숙해졌다. 그것은 사회에 대한 히피의 보복이었다. 진정한 펑크는 정치에 관심을 갖지 않았다."[217]

정치는 미래를 위한 프로그램에 기초하지만, 펑크 문화는 삶이 앞으로 어떻게 될 것인가가 아니라 현재의 삶 자체에 관한 것이었다. 사물이 지금 존재하는 방식에 맞서는 이런 직접적인 반란의 정신은 우리가 어떻게 살고, 어떻게 행동하면서 타인과 관계를 맺고, 어떻게 옷을 입고 처신

---

216 1970년대 영국 펑크의 폭발기에 결성된 밴드. 엄청나게 큰 사운드로 명성이 자자했다.(역자)
217 Victoria Mary Clarke와 Shane MacGowan, *A Drink with Shane MacGowan* (London, 2001), 198쪽.

할 것인지 등에 관한 아나키즘의 관심에 본질적으로 중요한 측면이다. 1968년 파리의 벽들에 씌어진 낙서들 가운데 '도로포장 벽돌 밑에 해변이 있다!'는 선언이 있었다. 아나키스트들은 너무나 견고해 보이는 현실을 찢어내고, 바로 지금 여기서 대안을 실행하고자 한다.

아나키스트들은 삶을 조직하는 더 나은 방식을 지향하는 열정을 갖고 있고, 사람들이 너무나도 쉽게 상상력을 버리고 현실과 저열한 타협을 할 뿐 아니라 더 나아가 그렇게 하는 것이 최선이라고 확신하는 데 대해 분노한다. 아나키스트들은 이런 열정과 분노로 인해 스스로 부정적인 태도로 빠지곤 한다. 와일드가 셸리에 대해 말했듯이, 때로 반란의 분위기가 너무 강렬해지는 탓에 완벽한 인격은 반란이 아니라 평화를 위해 분투한다는 점이 망각되곤 한다.

오늘날의 아나키스트들은 대부분 이런 교훈을 배웠다. 반자본주의 시위자들이 폭력행위의 형태들을 거꾸로 전도시키는 것이 그것을 보여준다. 반자본주의 운동과 그 존재 양식은 아나키즘이다. 여기서 아나키즘이란 일회성 사건이 아니라 하나의 과정이다. 혁명은 일회성 사건으로 계획할 수 있거나 계획돼야 하는 것이 아니다. 혁명은 더 이상 기존 질서를 폭력적이고 강제적으로 전복한다는 관점에서 정의될 수 없다. 혁명은 이제 권력 행사와 정부 행정에 대한 우리의 사고방식에 심대한 변화를 일으키는 것이 돼야 한다.

전통적 아나키즘의 파괴적 측면은 혁명적 행동을 통해 정치권력을 장악한다는, 역시 전통적인 사고와 결부된 것이다. 그런 파괴적인 접근방식은 이제는 거꾸로, 이데올로기적 지배를 확대하고 강화하려는 오늘날 지구적 자본주의의 특징이 됐다. 미국이 자유시장 세계화 세력에 영토적 표시를 하기 위해 대규모 폭력을 휘두르고, 그렇게 함으로써 자신의 지배권을 더욱 확고히 하려고 한다는 점을 깨닫고, 이에 대응하는 것이야말로 진정한 도전이다. 미국만이 아니다. 국가 당국들이 반자본주의 시위자들을 향해 기꺼이 실탄까지 사용하고자 하는 모습을 볼 수 있듯이, 폭력과 국가권력은 언제나 동행한다. 조직적인 폭력 행사가 위계적 명령구조와 분리될 수 없듯이, 아나키즘과 평화주의도 분리될 수 없다. 그런데 국가가 폭력의 문제를 정의하거나 규정하려고 한다. 이런 사실을 무시하고 수수방관하는 태도를 취하는 것은 문자 그대로나 은유적으로나 스스로를 기만하는 것일 수 있다.

아나키즘은 현 상태에 대해 근본적인 비판을 가하고, 가능한 상태에 대한 근본적 전망을 제시한다. 이런 맥락에서 아나키즘은 현 상태에서 가능한 상태로 이행하도록 하는 신뢰할 만한 프로그램을 제공할 능력이 있음을 보여줄 필요가 있다. 새로운 아나키즘은 정당을 반대한다. 그렇다고 해서 정치권력의 문제를 다뤄야 할 필요성을 모르는 것은 아니다. 아나키즘이 반(反) 정당의 입장을 취하는 것은 좌파가 정당을 신뢰했던 과거의 파국적 오류를 피하기 위한 것이다. 정당에 대한 좌파의 그런 신뢰는 사회주의에 필요했던 정치적, 사회적 조건들을 방해하는 결과로 이어졌음이 이제는 분명해졌다. 지도부와 당 기구에 대한 신뢰는 문제에 대한 해결책이 아니라 문제의 일부가 돼버렸다.

자유시장, 자유주의적 자본주의, 국가사회주의의 이데올로기를 각각 대변하는 정당들도 존재한다. 이들이 각자 권력을 잡으면 자신의 신념과 정책을 실행하기 위해 기존 법률을 수정하거나 해체하고 새로운 법률을 도입한다. 이것이 바로 정당이 작동하는 방식이다. 아나키즘은 이런 식으로 작동하지 않는다는 '타고난 결함'을 갖고 있다는 것이 자유지상주의적 사회주의에 동조하는 사람들을 비롯해 아나키즘을 비판하는 사람들의 관점이다. 따라서 이들은 아나키즘은 하나의 정치세력으로 진지하게 고려할 필요가 없다고 생각한다.

의회에서 의석을 획득하는 것은 아나키즘과 관계없는 일이며 투표는 협잡이라고 아나키스트들이 말한다고 해서 그들이 의회를 제거할 수 있는 것도 아니고 정치인과 그들이 행사하는 권력을 없애지도 못한다는 것이다. 아나키즘 비판자들에게 이런 아나키스트들의 태도는 실패를 인정하는 것이나 다름없는 것으로 보인다. 왜냐하면 그들은 뭔가 다른 방식으로 권력과 정치가 존재할 수 있음을 알지 못하기 때문이다.

아나키즘적 방식은 그들이 볼 수 있는 시야 바깥에 있다. 정부의 본질이 쟁점인 상황에서 '아나키스트들은 정부를 믿지 않는다'고 주장하는 것은 범주 설정의 오류인 것과 마찬가지로, 아나키스트들이 정당 조직에 반대한다고만 생각하는 것도 잘못이다. 조직적인 아나키즘 정당이 없었다면 1930년대 스페인의 사건들은 일어나지 못했을 것이다. 당시 스페인에서는 대중 노동조합 운동과 행정기구의 형태를 띤 조직적인 아나키즘 정당이 있었다.

반자본주의 운동은 전통적인 의미의 정당이 아니다. 반자본주의 운동은 노동운동과 연결고리를 형성하고 미래의 투쟁을 위해 자율적으로 구성되는, 탈중앙화하고 비위계적인 조직을 대변한다. 아나키스트들과 지도자의 관계도 이와 비슷하다. 아나키스트들이 언제나 지도자를 불신했다고 해서, 많은 상황에서 전면에 나서게 되는 사람들이 있었고 그 가운데는 종종 카리스마를 지닌 개인도 있었다는 사실에 대해서까지 눈을 감는다면 그것은 잘못이다.

고도로 카리스마적인 부사령관 마르코스를 가진 사파티스타 운동은 모든 형태의 '카우디요(caudillo)', 다시 말해 족장이나 지역 우두머리가 제기하는 위험을 잘 알고 있었다. 사파티스타는 초기의 한 성명에서 그들이 스키 마스크를 쓰는 것은 보안을 위해서만이 아니며, 그것은 '카우디리스모(caudillismo), 즉 족장주의에 대한 백신'을 상징하는 것이기도 하다고 설명했다.[218] 지도자의 등장은 아마도 피할 수 없을 것이다. 구조적으로 지도자의 등장을 허용하거나 수용하지 않는다면 비공식적이고 비민주적인 지도부, 계급전쟁연맹(CWF)의 용어를 빌리자면 '목소리 큰 자들의 독재' 외에 다른 대안이 없다.

신념과 원칙 그 이상의 것

과학이 사실과 관찰의 목록을 넘어서는 그 이상의 것이듯, 아나키즘은 신념과 원칙들의 조합을 넘어서는 그 이상의 것이다. 전통적인 마르크스주의와 사회주의는 원칙들의 조합이었고, 따라서 그 원칙들을 실행하기 위해 국가권력을 획득해 사용하는 게 관건이었다. 이렇게 말하는 것은 물론 거친 단순화이긴 하지만, 아나키즘은 목적만큼이나 수단도 대단히 중요시한다는 점을 부각시키는 데 도움이 된다. 목적과 연결된 수단이야말로 아나키즘의 메시지다. 자유롭게 스스로 창출되는 비위계적이고 탈중앙화한 조직, 연대, 행동양식들이 바로 아나키즘이며, 이런 것들이 바로 아나키즘을 혁명적으로 만든다.

바리케이드를 습격해 파괴하는 것도 상황에 따라서는 혁명적인 것일 수도 있지만, 바리케이드 습격 자체가 혁명적인 것은 아니다. 엠마 골

---

218 Zapatista communique, 1월 6일, 1994년. Bill Weinberg, *Homage to Chiapas* (London, 2002), 198쪽에서 인용.

드먼은 아나키즘이란 미래에 대한 이론이 아니라 "우리 삶의 일상 사건들에서 끊임없이 새로운 조건들을 창조하는 살아있는 힘 … 인간의 성장을 가로막는 모든 것에 대항하는 모든 형태의 반란 정신"[219]이라고 말했다. 이런 의미에서 아나키즘은 하나의 의견, 하나의 나침반, 하나의 잠재력, 하나의 환경적 분위기가 아니라 하나의 사상(idea)이다. 아울러 아나키즘은 양적인 게 아니라 질적인 것이며, 되어감과 자율성의 관점에서 세계와 삶의 가능성에 올바로 방향 설정을 하고자 하는 욕망이다.

아나키즘의 특이성은 더 나은 세계에 대한 이상적이면서도 실제적인 전망, 인식론적인 마르크스주의 철학, 그리고 정치학의 핵심 질문들 가운데 하나인 '왜 욕망은 자신에 대한 억압에 그렇게 쉽게 굴복하는가'에 응답하는 근본적 심리학을 향한 노력을 종합한다는 데 있다. 아나키즘은 미래를 기다리지 않으며, 천년왕국의 복음에 의존하지도 않는다. 하나의 과정, 하나의 존재 방식으로서의 아나키즘은 사람들이 정의의 필요성을 느끼고 신분이나 위계와 관계없이 자발적으로 다른 사람들과 협력할 때 발생한다.

그런 순간을 만들어내는 계기는 개인적인 문제나 작은 집단의 문제일 수도 있고 대중적인 문제일 수도 있다. 그런 계기들은 자유지상주의적 사회주의를 지향하는 길을 가리킴으로써, 한 치도 움직일 수 없는 장기판 같은 지경에 이른 전통적 국가사회주의의 속박에서 벗어나 인간적 진보를 추구할 수 있는 공간과 방향을 열어줄 수 있다.

아나키즘은 하나의 긴장이다. 사물이 지금 있는 방식과 있을 수 있는 방식 사이에, 존재와 되어감 사이에, 절망과 희망 사이에, 고독과 연대 사

---

219 Emma Goldman, *Anarchism and Other Essays*, intro. Richard Drinnon (New York, 1969), 63쪽.

이에, 공산주의와 개인주의 사이에, 마르크스와 니체 사이에, 권력과 합리주의의 한계 사이에, 폭력을 거부하는 것과 평화주의의 한계를 인정하는 것 사이에 존재하는 긴장이다. 아나키즘은 지도부, 조직 형태 및 정부 구조에 대한 태도들 사이에, 현재의 행복을 창조하는 것과 자본주의에 대한 저항을 준비하는 것 사이에, 예술의 내용과 그 미학적 형식 사이에 존재하는 긴장이다. 새로운 아나키즘은 이런 긴장들을 필요하면서도 강력한 동력으로 수용하며, 아나키스트들은 그런 긴장들과 더불어 살아간다.

분노여단 운동으로 23살에 투옥된 존 바커는 이런 긴장을 자신의 젊음을 구성하고 이끌어가는 한 부분으로 인정하고 기꺼이 받아들였다. "진지하게 신념을 지키면서도 좋은 때가 오기를 원한 것은 순진무구했던 시절의 생각이었다고 할지 모른다. 그러나 지금도 그런 생각이 영원히 실현 불가능한 심리인 것도, 돌에 새겨진 모순과 같은 것도 아니라고 본다."[220]

사파티스타의 마르코스는 긴장을 다룰 줄 안다. 그는 자신이 속한 운동에 유머, 현실주의, 자기반성을 주입하는 데 긴장을 이용한다. 그가 발표한 성명들 가운데 일부는 사파티스타 운동에 의문을 제기할 줄 아는 가공의 정글 딱정벌레 '두리토(Durito)'와 대화하는 형식을 취하고 있다. 이런 성명들에서 마르코스 자신은 기발하게도 자신에 대해 일련의 혐의들을 제기하는 기소자의 역할을 맡는다.[221] 인디미디어는 기술을 일과 행

---

[220] www.christiebooks.com
[221] "사나이들(machistas)이 그를 페미니스트라고 비난한다: 유죄 / 페미니스트들이 마초라고 그를 비난한다: 유죄 / 공산주의자들이 아나키즘적이라고 그를 비난한다: 유죄 / … / '역사적 전위'가 시민사회에 호소하고 프롤레타리아에게는 안 그런다고 그를 비난한다: 유죄 / … / 성인들이 어린아이라고 그를 비난한다: 유죄 / 아이들이 그를 성인이라고 비난한다: 유죄 / 정통 좌파가 동성애를 비난하지 않는다고 그를 비난한다: 유죄." (La Jornada [Mexico City](1995년 5월 5일) / Bill Weinberg, *Homage to Chiapas*, 201쪽에서 인용.)

동은 물론 놀이와 오락의 수단으로 활용하는 것을 통해 자본주의의 헤게모니에 도전하고자 한다. 아나키즘적 긴장은 반자본주의 시위의 핵심에 가시적으로, 전술적으로, 그리고 정치적으로 존재한다.

최근 덴마크 코펜하겐의 엥하베 광장에서 열린 메이데이 행사에서 아나키스트들은 자체 대오를 만든 뒤 도시를 가로지는 더 큰 규모의 대열에 합류했다. 집회는 무기력했다. 주위에 수없는 칼스버그 맥주병들이 나뒹구는 행사장의 모습은 집회를 진지한 행사와는 사뭇 거리가 멀어보이게 했다. 그런데 이 행사에 참여한 사람들 가운데 젊은이들이 놀라울 정도로 많았다. 이 행사에 아들이 나타날 것이라고 생각하고 그를 찾던 한 노인은 생각에 잠긴 모습으로 아나키즘은 꿈이라고, 그러나 아들이 그런 꿈을 갖고 있기에 자신은 그만큼 더 아들을 사랑한다고 내게 말했다.

오스카 와일드는 유토피아가 들어있지 않은 세계지도는 들여다 볼 가치가 없다고 말했다. 그런 세계지도는 인간 본성이 깃들 나라를 누락시킨 셈이기 때문이라는 것이다. 마찬가지로 아나키즘이 깃들 장소가 들어있지 않은 세계지도는 사용할 가치가 없다. 그런데 최근 지구적 자본주의의 세계를 관통하는 길이 그려진 새로운 세계지도가 만들어지고 있다. 그 지도 속에 들어있는 Ⓐ표시[222]는 마르크스와 아나키즘이 만나기로 돼있는 약속장소, 다시 말해 아나키즘을 통해 마르크스로 돌아가는 지점이다.

혁명은 이제 더 이상 에이젠슈테인(Sergei Mikhailovich Eisenstein)[223]의 눈을 통해서만 볼 필요가 없다. 그런 역사적 계기는 지나갔다. 그런 계

---

222 Ⓐ는 오래 전부터 아나키즘을 상징하는 표시로 사용돼 왔다. 오늘날에도 건물 벽 등의 낙서에서 이 표시를 볼 수 있다.(역자)
223 볼셰비키 혁명 이후 적군에 가입한 소련 영화감독 세르게이 미하일로비치 에이젠슈테인(1898~1948)을 말한다. 몽타주 기법 등으로 영화제작 과정에 커다란 발전을 가져온 인물로 유명하다.(역자)

기가 다시 찾아올 수도 있지만, 1999년 시애틀과 2001년 제노바에서 일어난 사건들이 역사의 새로운 계기였다고 생각하는 시대가 올 수도 있다.

자본주의의 몰락을 예언하는 게 아니다. 신문은 유명 인물이 숨을 거두기 전에 그의 부음 기사를 준비할지 모르지만, 어떤 것들은 사망 통고가 미리 이뤄진다고 빨리 죽지 않는다. 반자본주의 운동은 스스로를 재창조하며 제 갈 길을 가야할 것이다. 국가권력은 시애틀에서는 손을 놓고 있었으나 제노바에서는 그렇지 않았다. 반자본주의 운동을 시험해보거나 억제하기 위한 경찰의 감시와 침투는 강화될 것이다. 그러나 반자본주의 운동은 아나키즘의 본질을 갖고 있기에 그 힘이 쉽게 꺾이지 않을 것이다.

> 그들은 지금 우리를 쏠 수 있다. 좋다, 어서 해라. 그들은 우리를 감옥에 가둘 수 있다. 좋다, 그렇게 하고 싶으면 하라. 그들은 우리를 때릴 수 있다. 그렇게 해봐라, 나는 더 잘 때릴 수 있다. 그들은 2층 창문 밖으로 우릴 내던질 수 있다. 그러나 우리는 날 수 있다. 그들은 자신들이 독점한 미디어에 그런 것은 실을 수 없다고 말할 수 있다. 그렇게 해라. 그들은 우리의 정의를 자신들의 폭력과 동일시할 수 있다. 물론 그들은 그럴 것이다. 그들은 이상을 훔치기 위해 자유주의자들을 징집할 수 있다. 그들이 그러리라는 것은 누구나 알 것이다. 그들은 우리에게 무엇이든 금지할 수 있다. 그들은 우리를 막아서고, 우리와 싸우고, 우리에게 위협을 가하고, 우리를 죽일 수 있다. 그들은 공항, 역, 도로를 폐쇄할 수 있고 우리의 정신도 닫아버릴 수 있다. 그들은 도발할 수 있고, 음모를 꾸밀 수 있다. 그들은 사기를 치고, 변영할 수 있다. 왜곡하고 파괴할 수도 있다. 그들은 자신들에게 맞는 법을, 더 많은 법과 조례를 만들 수 있다. 그들은 우리를

공격하고 자신들의 단짝들을 부자로 만들어줄 더 크고 좋은 무기를 축적할 수 있다. 그들은 우리에게 쓰레기 같은 연예물을 팔 수 있고, 공포도 팔 수 있고, 우리를 팔아치울 수도 있다. 그들은 우리를 시민이라고 부르지 않고 소비자라고 부를 수 있다. 그들은 우리가 분노한 게 아니라 무관심한 거라고 이야기할 수 있고, 우리가 환상에서 깨어난 게 아니라 흥미를 잃은 거라고 이야기할 수 있다. 그들은 우리를 절망에 빠뜨리거나 울릴 수 있고, 공포에 휩싸여 그들을 증오하게 만들 수 있고, 도망가 숨게 만들 수도 있다. 그들은 우리의 일, 우리의 돈, 우리의 생명을 가져갈 수 있다. 그러나 우리에게는 정의와 정열이 함께 하고, 명예와 사상이 함께 하고, 품위와 욕망이 함께 한다. 이제 우리는 쏟아지는 비처럼 멈출 수 없게 된다. 지금은 그들이 바로 우리를 쏠 수 있다. 좋다, 어서 쏴봐라.[224]

---

[224] Adam Porter, 'Year Zero', www.yearzero.org

| 옮긴이 후기 |

아나키즘, 더 나은 세계를 향한 창조적 전복

이 책은 우연히 만났다. 번역의 기회가 찾아왔을 때 의지가 발동했다. 아나키즘을 '무정부주의'로 옮기는 것은 잘못이라는 평소 갖고 있던 생각이 이 책에 대한 지적 호기심을 자극했다. '사회주의 국가들이 왜 망했을까'를 고민하다가 사회주의에서 일터가 운영되고 작동하던 방식이 자본주의와 그리 다르지 않았다는 데 원인이 있었던 게 아닌가 하고 나름대로 판단했던 경험, 그리고 최근 들어 반세계화 투쟁 속에서 아나키즘이 다시 부상했다는 보도도 작용했던 것 같다.

박홍규 영남대 교수의 서평에 나오는 표현대로, 이 책은 매우 현란하다. 정치사상과 미학을 넘나들고, 150년에 가까운 세월을 가로지르기 때문이다. 옮기면서 정말 많이 배웠다. 특히 1990년대 초반부터 미학이나 문학, 음악과는 거의 담을 쌓고 지내온 터라 '괜히 번역을 시작했다'는 생각이 여러 번 들었을 정도다. 적어도 '좀더 알아보고 싶다'는 옮긴이 개인의 호기심은 넘치도록 채운 셈이다.

옮기면서 가장 염두에 뒀던 것은 '도대체 아나키즘이 뭐냐'는 의문에 대한 답을 찾는 거였다. 지은이는 "궁극적으로 아나키즘은 하나의 정치운동, 철학, 또는 예술적 감각의 측면에서 정의될 수 없다. 아나키즘은 그 모든 것이며 그 이상이다. 여기서 발생하는 긴장이야말로 아나키즘을 그토록 가치 있고 중요하게 만드는 것"(1장)이라고 강조한다. 이에 비춰볼 때 "모든 지배나 통치의 권위를 불필요하고 바람직하지 않다고 여기며, 개인과 집단의 자발적 협력에 기초한 사회를 옹호하는 정치이론"(브리태니커-웹스터 사전)이라는 설명을 포함해 사전에 나오는 아나키즘에 대한 정의들은 지은이에게 흡족하지 못할 것이다.

오히려 지은이가 이 책에서 아나키즘과 거의 같은 의미로 사용하는 '자유지상주의적 사회주의자'로 자처하는 미국의 언어학자 노엄 촘스키가 아나키즘에 대해 내린 정의가 더 적확한 것 같다. 촘스키는 아나키즘이란 어떤 '교리'가 아니라 "다양한 표현방식을 갖는 사고와 행동의 역사적 경향"이자 "인류 역사의 영구적인 흐름"으로 규정했다.

이 책이 강조한 아나키즘의 사고와 행동 방식을 요약한다면, '사회적 개인'의 철학에 따라 다양한 '직접행동'으로 중앙집중적인 권위를 거부하는 수평적, 분권적인 비정당 형태의 결사체 속에서 자치와 자율을 옹호하는 것이라고 할 수 있다. 특히 지은이는 초기 마르크스의 철학에서 제시된 '사회적 존재론'을 수용하고, 이에 근거해 부르주아적인 개인주의나 자유주의로 치우치는 아나키즘의 조류들을 경계한다. 하지만 지은이가 말한 '정당이 아닌 형태의 결사체'의 구체적인 모습이 어떤 것인지는 다소 모호하다.

1936~1939년 스페인 내전은 자주관리의 형태로 아나키즘 원칙들을 국지적으로 구현하는 데 성공했다고 평가된다. "전반적으로 집단공장과 집단농장들은 비이윤적인 토대에서 자체 업무를 수행하고, 국가나 당의

통제 없이도 참여의 원칙에 따라 농장들과 수천 개의 기업을 운영할 수 있는 능력을 과시했다. 카탈루냐의 주도인 바르셀로나에서는 구두 닦는 일에서부터 공중위생을 돌보는 일에 이르기까지 모든 것이 공적 통제 아래 있었다."(4장)

스페인 내전에서 구현된 이런 아나키즘 사회의 모습은 마르크스가 《고타강령 비판》에서 언급한 내용과 매우 닮았다. 마르크스는 국가의 지원을 통해 생산협동조합을 건설하려는 국가주의자 페르디난트 라살레에 대해 이렇게 비판한다. "노동자들이 사회적 규모로, 그리고 무엇보다 자신의 나라에서 전국적 규모로 협동조합적 생산의 조건을 확립하려고 하는 것은, 현재의 생산조건을 혁명화하고자 노력한다는 것을 의미할 뿐이다. 그것은 국가의 도움을 빌려 협동조합적 단체를 수립하는 것과는 아무런 공통점도 없다. 그러나 현재의 협동조합 단체들에 관한 한, 정부나 부르주아의 피보호자가 아닌 노동자의 독립적인 창조물인 한에서는 가치가 있다."

물론 스페인에서 구현된 자주관리 모델은, 사회주의가 무너지고 난 뒤 가급적 구체적으로 지속 가능한 진보적인 사회 및 경제운영 원칙을 찾고자 하는 많은 독자들의 갈증을 충분히 풀어주지는 못할 것이다. 하지만 이 책에서 묘사되는 아나키즘이 대안사회의 운영 원리를 찾는 노력에 던져준 지적 자극은 매우 풍부하다.

이를테면 이 책에서 설명하는 '협동조합적 자주관리'는 '지역교환거래 제도(레츠)'와 충분히 연결될 수 있다. 1982년 캐나다의 한 마을에서 마이클 린튼이 시작한 레츠는 국가에서 발행한 법정통화나 은행에서 발행한 화폐가 없이도 거래를 할 수 있게 하는 시스템이다. 그 핵심은 이 제도에 참가하는 사람들이 애초에 0인 계좌를 개설하고 자신이 제공할 수 있는 서비스나 재화의 목록을 여기에 올린 다음 '자발적으로' 교환하는 것이다. 재화나 서비스를 제공받는 사람은 그때마다 새롭게 계좌에 거래를 기록함으로써 지역통화를 발행한다. 모두가 화폐를 발행할 권리를 갖는 셈이다. 모든 참여자의 흑자와 적자를 더하면 0이 된다.

이런 레츠는 '아나키즘이란 말을 하나의 정치철학으로 사용한' 피에르 조제프 프루동이 대안사회를 꿈꾸며 제안했던, 그러나 로버트 오웬의 경험에 비춰 보면 실패할 수밖에 없었던 이른바 '노동증서'가 실현 가능한 현대적 형태로 태어난 것일지도 모른다. 일본의 문학평론가인 가라타니 고진은 레츠를 전국적인 규모로 확장하는 내용의 '시민통화 Q'를 제안하고 있다.

이 책의 지은이가 세계화에 맞서 지역화(localization)를 옹호하는 것도 같은 맥락이다. "세계화에 대한 근본적 반대는 지역화로써 세계화에 도전하며, 그 자본주의적 골격 자체를 해체하고자 한다. … 우선 지역적인 생산을 하고 나서 지역에서 구할 수 없는 것들에 대해 장거리 무역을 하자는 원칙을 내세운다. 이런 원칙은 자유시장 세계화의 이데올로기적, 경제적 추진력과 상반되는 것이다."(6장)

지은이가 묘사한 현대적 아나키즘이 자본주의에 반대하는 이유는, 사회주의자들이 자본주의에 반대하는 이유와 매우 비슷하다. "자본주의 경제 시스템은 노동하는 보통 사람들의 희생 아래 한 특정 계급의 수중에 필연적으로 불공정한 특권적 권력을 쥐어주는 것"이라는 얘기다. '유너보머'로 알려진 테드 카진스키의 상고주의(尙古主義)에 대해서는 그가 비판의 대상으로 삼은 자본주의에 대해 '분석의 빈곤'에 빠져 있었음을 꼬집는다. 지은이는 또한 아나키스트는 러다이트(기계파괴주의자)가 아니라고 강조한다. "과학과 기술에서 이뤄지는 세계화의 불가역적인 진보, 특히 경제적 세계화의 근간을 이루는 통신과 교통 분야의 진보에 저항하는 것은 러다이트적일 것이다. 그러나 세계화가 어떻게 교묘하게 포장되어 제시되는지를 보는 데 실패하는 것 역시 이에 못지않게 근시안적"이라는 것이다.

그동안 아나키즘에 따라다닌 주요한 편견 중 하나는 '모든 형태의 정부를 거부한다'는 것이었다. 이에 대해 지은이는 단호하게 주장한다. "국가를 의미하는 '정부'와 행정을 의미하는 '정부'"는 구분해야 하며, 아나키즘이 거부하는 것은 "국가에 의해 신성시되고 강요된 중앙집중적 권위라는 형태"라는 것이다. 이런 점에서 '국가사회주의'로 귀결된 레닌주의를 강력히 비판한다. 하지만 현실에서 나타난 결과로서가 아니라 이념과 주장의 측면에서 보면, 레닌 역시 '중앙집중적 권위와 조직적 폭력의 독점체로서의 국가의 사멸'을 주장했다는 점은 아나키즘과 비슷하다. 옮긴이는 레닌주의를 어떤 고정된 이념이 아니라 "구체적 상황에 대한 구체적 분석" 속에서 나온 '정치학'으로 이해하며, 거기엔 당연히 많은 모순과 긴장이 있을 수밖에 없었다고 본다.

적어도 이 책에서 묘사되는 현대적 아나키즘은 마르크스주의 어법으로 얘기하자면 '가치로서의 사회주의'와 모순되지 않는다는 게 옮긴이의 생각이다. 다만 '정책으로서의 사회주의'의 입장에서는 세계화 속에서 '반(反) 국가'라는 아나키즘의 구호가 매우 모순적으로 들릴 가능성은 있어보인다. 아나키즘이 말하는 '반 국가'라는 것이 고삐 풀린 자본이동의 자유에 대한 국가의 통제권 확립 등을 통해 국민국가를 강화하는 측면들에 대해서도 반대하는 것인지 여부가 실천적 의문으로 남을 것이란 얘기다. 물론 이 문제는 '거부해야 할 국가로서의 정부'와 '행정을 의미하는 정부'라는 원칙적 구분에서가 아니라, 구체적 상황의 맥락 속에서 정책적으로 다뤄져야 할 사항이라는 게 옮긴이의 생각이다. 한국에서 '국가복지의 강화'라는 논점 역시 마찬가지일 것이다.

그렇다면 '국가는 필연적인 중앙집중적 권위'라는 본질주의적 개념보다는 '계급관계의 응축'이라는 마르크스주의 개념이 당면한 실천들을 해결하는 데는 훨씬 더 유용한 개념이 아닐까 싶다. '필연적인 중앙집중적 권위'로 파악하는 국가관은 '국가는 지배계급의 도구'라는 마르크스주의 일각의 도구주의적 국가관과 비슷한 효과를 낳기 때문이다. 이런 논점들을 포함해 아나키즘의 지적 계보학을 다루고 있는 이 책은 반자본주의 반세계화 투쟁 속에서 새롭게 부상한 '현대적 아나키즘'과 마르크스주의, 그리고 그 밖의 다른 진보적 사상들이 서로 대화해야 할 필요성이 있음을 말해 준다. 생산적이고 건설적인 대화를 위한 풍부한 논점들을 담고 있기 때문이다.

이 책에서 오역은 전적으로 옮긴이의 책임이다. 불완전한 초고를 읽으며 많은 문맥을 바로잡아 준 필맥 출판사 관계자들과 추천의 글을 써준 박홍규 교수에게 진심으로 감사의 말씀을 드린다.

2003년 9월 25일
조준상